TEORIA PURA DO DIREITO: REPASSE CRÍTICO DE SEUS PRINCIPAIS FUNDAMENTOS

ARNALDO VASCONCELOS

TEORIA PURA DO DIREITO: REPASSE CRÍTICO DE SEUS PRINCIPAIS FUNDAMENTOS

2ª edição

Revista e ampliada

Rio de Janeiro
2010

2ª edição – 2010

© *Copyright*
Arnaldo Vasconcelos

CIP – Brasil. Catalogação-na-fonte.
Sindicato Nacional dos Editores de Livros, RJ.

V45t
2.ed.

Vasconcelos, Arnaldo, 1937 – Teoria pura do direito: repasse crítico de seus principais fundamentos / Arnaldo Vasconcelos. – 2.ed., rev., e ampliada. – Rio de Janeiro : GZ Ed., 2010.
316 p.

Inclui bibliografia e índices
ISBN 978-85-62490-20-0

1. Direito - Filosofia. I. Título.

09-5769.
                              CDU: 340.12

O titular cuja obra seja fraudulentamente reproduzida, divulgada ou de qualquer forma utilizada poderá requerer a apreensão dos exemplares reproduzidos ou a suspensão da divulgação, sem prejuízo da indenização cabível (art. 102 da Lei nº 9.610, de 19.02.1998).

Quem vender, expuser à venda, ocultar, adquirir, distribuir, tiver em depósito ou utilizar obra ou fonograma reproduzidos com fraude, com a finalidade de vender, obter ganho, vantagem, proveito, lucro direto ou indireto, para si ou para outrem, será solidariamente responsável com o contrafator, nos termos dos artigos precedentes, respondendo como contrafatores o importador e o distribuidor em caso de reprodução no exterior (art. 104 da Lei nº 9.610/98).

As reclamações devem ser feitas até noventa dias a partir da compra e venda com nota fiscal (interpretação do art. 26 da Lei nº 8.078, de 11.09.1990).

Reservados os direitos de propriedade desta edição pela
GZ EDITORA

Travessa do Paço nº 23, salas 609, 610 e 1.208 – Centro
CEP: 20010-170 – Rio de Janeiro – RJ
Tels.: (0XX21) 2240-1406 / 2240-1416 – Fax: (0XX21) 2240-1511
site: www.editoragz.com.br
e-mail: contato@editoragz.com.br

Impresso no Brasil
Printed in Brazil

"Assim, o senso de possibilidade pode ser definido como capacidade de pensar tudo aquilo que também poderia ser, e não julgar que aquilo que é seja mais importante do que aquilo que não é."

Robert Musil, *O Homem sem Qualidades*, p. 14.

SUMÁRIO

Prefácio à 2ª edição	IX
Prefácio à 1ª edição	XV
Apresentação	XIX

Capítulo I – Que é a teoria pura do Direito?	1
Capítulo II – Formação e bases filosóficas da teoria	37
Capítulo III – Uma teoria do direito positivo, positivista, realista e empirista	95
Capítulo IV – Uma teoria pura do direito puro, eminentemente formal	125
Capítulo V – Uma teoria do *dever ser*, da coação e da NFH	157
Capítulo VI – Uma teoria científica, anti-ideológica e antijusnaturalista ..	203
Capítulo VII – Conclusões	247

Bibliografia	253
Índice Onomástico	271
Índice Alfabético-Remissivo	277

PREFÁCIO DA 2ª EDIÇÃO

1. Esta é uma nova edição da minha *Teoria pura do direito: repasse crítico de seus principais fundamentos*, publicada originariamente, em 2003, pela Forense. Traz, agora, o selo da Editora GZ, criada e dirigida por Guilherme Zincone, dinâmico livreiro com vocação para o ofício de editor de obras jurídicas, herdada de sua genitora Regina Bilac Pinto, os quais prolongam valorosa tradição familiar de mais de cem anos. Apraz-me ter o nome vinculado aos tempos inaugurais desta novel casa editora.

2. Sai essa 2ª edição com as tradicionais emendas de erros de digitação, com aprimoramentos de ordem semântica e estilística e com mais alguns poucos e curtos acréscimos consistentes em reforço de posições teóricas por mim assumidas acerca de teses centrais da teoria pura do Direito. Dentre essas, destacam-se duas bem significativas no campo da epistemologia, a saber: a pureza metódica em grau absoluto, matriz de contradições insanáveis, e o monopólio cognitivo da ciência de índole positivista e caráter meramente descritivo, gerador de mutiladoras reduções na esfera da realidade jurídica, descaracterizando-a e empobrecendo-a.

3. No espaço de seis anos, que vai da 1ª à 2ª edição do livro, as posições aqui firmadas foram continuamente postas à prova, tanto nos debates das salas de aula, dos seminários e congressos jurídicos, quanto, de modo muito especial, no diálogo silencioso das leituras e releituras de textos pertinentes ao assunto. Nesse setor, ressalta o contato mais estreito com a Epistemologia Jurídica, disciplina que atualmente leciono na pós-graduação, a qual, por seus próprios atributos e objetivos, parece mais apta a monitorar a leitura crítica de uma construção tão ampla e multifacetada como a teoria kelseniana do Direito e do Estado.

4. Em boa verdade, contudo, de nenhuma das regiões dos saberes envolvidos nesse repasse crítico surgiu algo capaz de provocar alterações sensíveis nos pontos de vista originariamente adotados. Não que eu não estivesse predisposto a tais atitudes, certo, como de há muito estive, do caráter provisório do saber humano e da fertilidade do erro, por isso mesmo plenamente justificável. De tal modo que é com idêntico empenho que busco tanto as ratificações fortalecedoras, como as correções tornadas necessárias. Corrigir-se significa, também, um modo possível de estender e refinar o conhecimento.

5. A questão das muitas e diversas inconsistências da obra de Kelsen não deixa de suscitar inquietações, e se procuro entendê-las, apenas consigo visualizar, cada vez e sempre, um mesmo motivo principal, que a tenha inviabilizado desde suas origens. Trata-se simplesmente do seguinte: a incompetência inata e incontornável do sistema positivista de conhecimento, que Kelsen adotou com obstinação, para dar conta, de modo satisfatório, de qualquer projeto teórico de caráter científico, como sempre pretendeu ser a teoria pura do Direito. Isso de conjecturar a possibilidade de uma ciência superior inteiramente desvinculada da metafísica constituiu seu erro fatal, que o obrigou a ocupar grande parte de seu tempo tentando inutilmente justificá-lo.

6. Com efeito, através das grosseiras lentes do positivismo, não se consegue alcançar as coisas em sua total dimensão, pondo-as, assim, a salvo das visões parciais e empobrecidas, únicas propiciadas pelo mundo opaco dos sentidos, e com as quais bem se bastam as doutrinas positivistas. Tal posicionamento importará, sempre, o corte ao meio da realidade, com desprezo de sua metade mais elevada, aquela correspondente ao domínio do espírito. E é este, movido pela imaginação criadora, que ilumina as ideias modelares das transformações das coisas da natureza em obras humanas. Vê-se, pois, que, na perspectiva unilateral do positivismo, fica de todo abolido o chamado conhecimento reflexivo, que se volta para as vivências e as ações das pessoas, alimentando sua consciência crítica, nota constitutiva da dignidade humana.

7. Foi exatamente pela tentativa desesperada de recuperar o positivismo a qualquer custo, que Kelsen viu ruírem as premissas fundamentais da teoria pura do Direito e do Estado, a exemplo da figura basilar da norma fundamental hipotética, coluna de sustentação de todo seu sistema jurídico. Ao abandonar, por fim, a doutrina mantida durante décadas, segundo a qual referida norma estava pressuposta por nosso pensamento, tomando-a, a partir de então, por mero ente fictício, Kelsen estava tirando a prova derradeira da incapacidade do positivismo para substituir a metafísica em sua função fundamentadora primordial.

8. Para todos aqueles que queriam ver, já estava claro, muito antes da desoladora confissão de Kelsen e desde o princípio, quais instrumentos fizeram falta incontornável na elaboração da teoria pura. Foram, sem dúvida, aqueles que, uma vez presentes, teriam permitido alcançar a outra metade do Direito como ente total, completo em sua constituição ontoaxiológica de ser que é enquanto deve ser. A parte degradada, como ficou fácil descobrir, diz respeito tanto às questões do fundamento, em seu preciso sentido de realidade transcendente, quanto a das ins-

tâncias jurídicas de valor, a saber, justiça e legitimidade. Tudo isso objeto daquilo que o positivismo ortodoxo, em nome do almejado conhecimento puro e exato, mais abomina, e que é a especulação metafísica. Detesta-a, contrapondo-lhe a física como modelo concreto de excelência no conhecimento.

9. Acontece que essa mesma física, desde o início do século passado, em razão especialmente da teoria quântica, teve seus nítidos limites com a metafísica tornados praticamente indiscerníveis, assim desfazendo a certeza absoluta que os positivistas creditavam a seu conhecimento. Coisa talvez pior ocorrera a outra ciência, que com a física disputava a palma da pureza e da exatidão, a matemática, na qual o princípio superior das provas, denominado axioma, tem de ser aceito sem provas para que tudo o mais possa ser provado.

10. Da leitura da teoria kelseniana do Direito e do Estado dá para imaginar que muitas das posições adotadas por seu autor teriam, talvez, obtido mais consistência doutrinária e concretude social se tivessem incorporado princípios e argumentos tirados da dialética. Em questões que dizem respeito a assuntos humanos, caso do Direito, é de certo a lógica dialética a indicada, e nunca a fria e inflexível lógica formal, quanto menos por sua cegueira congênita para a realidade dos valores. Ora, sendo o Direito um objeto cultural inteiramente mensurável através de valores, – máxime os valores do jurídico, do justo e do legítimo –, não se pode ver como emprestar-lhe apropriada conformação, a não ser mediante a lógica material ou dialética. Demais, o método dialético, quando aplicado às ciências do espírito, constitui recurso indispensável para lidar com as naturais antinomias da vida humana, sendo o homem mesmo um ser de contradições.

11. Vale ressaltar que o tom francamente afirmativo dessas notas prefaciais não visa, de modo algum, transmitir a ingênua impressão de que seu autor acredita ter pleno domínio da teoria pura do Direito. Antes, pelo contrário, está bem convicto de que empreendimento de tal porte escapa à capacidade intelectual de uma só pessoa. Na hipótese presente, pessoa essa, além do mais, sem longo treinamento e especialização no estudo de sua ampla e diversificada temática. Basta lembrar que a obra de Kelsen, até agora catalogada, já atinge o montante de quatrocentos e oitenta e três títulos, produzidos em diversos países e em várias línguas. Dentre esses, sobressaem os escritos polêmicos, em considerável quantidade, a envolver figuras de eminentes jusfilósofos de todas as partes do mundo. Citam-se, como principais, os nomes de Fritz Sander, Max Adler, Heinrich Triepel, Carl Schmitt, Julius Stone, Alf Ross, Carlos Cossio, Eugen Ehrlich, Jan-Magnus Jansson, Paul Anselek e Eric Voegelin. Tendo em conta o rigor argumentativo comumente empregado nesse tipo de disputa em torno do deslinde de posições doutrinárias em confronto, delas se esperava que tivessem papel decisivo na elucidação de pontos que, nada obstante, permanecem ainda obscuros ou controversos. Faz-se necessário, ainda aqui, revisão acurada dos resultados desses debates.

12. Mas, ainda não será tudo. Essa grandeza toda de textos representa imenso desafio na busca de unidade e coerência de um longo e acidentado itinerário de pensamento, que se foi manifestando através de mais sessenta anos de intensa e fértil atividade acadêmica. O qual, inclusive por isso mesmo, resultou vincado de profundas antinomias. Quanto a esse aspecto, avulta a questão maior, consistente na exigência de descrever e caracterizar as versões distintas e contraditórias da teoria, decorrentes de viradas decisivas de seu pensamento em ocasiões marcantes de sua vida. Seu início, bem conhecido, é A *Teoria do Estado de Dante Alighieri*, publicada em 1905, quando o autor tinha apenas vinte e quatro anos de idade. Muitos o consideram texto extravagante no conjunto dos escritos de Kelsen, ele próprio tendo dado mostras de guardar reservas quanto ao mesmo, tanto que o manteve no quase esquecimento.

13. O último livro publicado, a *Teoria Geral das Normas*, é obra póstuma, aparecida em Viena em 1979, seis anos após seu falecimento em 1973, e no Brasil em 1986, treze anos depois. Conta a edição brasileira com mais de quinhentas páginas. Nela, Kelsen ensaia pôr-se ao corrente da evolução e dos progressos da filosofia e da teoria da ciência verificados durante os longos anos de construção e reconstrução de sua teoria geral do Direito. Revisita então, através de retoques de índoles diversas, alguns deles de modo detalhado e sistemático, imensa gama de temas recorrentes em sua obra. É o caso, por exemplo, da teoria da plenitude do ordenamento jurídico, aceita, finalmente, em suas discussões com Carlos Cossio por ocasião das conferências argentinas de 1959, e agora ratificada em curto capítulo desse livro (1986: 168).

14. Deverá caber aos cursos de pós-graduação, de modo especial, a árdua tarefa de tentar compatibilizar as novas posições aí expressas com o conjunto anterior da obra kelseniana. Sobretudo com relação àqueles pontos em que Kelsen, embora mudando nitidamente de postura teórica, não explicita essa atitude, nem a justifica. E em não sendo possível tal compatibilização, partir, se for o caso, para a configuração de um novo Kelsen, ao lado dos três já suficientemente caracterizados.

15. Na fase constitutiva da teoria pura, fazia Kelsen questão de proclamar que tal empreendimento não era produto exclusivo de sua lavra, mas obra comum de todos os integrantes daquilo que denominou escola jurídica de Viena. Achavam-se congregados em torno dele, com propósitos comuns, juristas de várias partes do mundo, o que deveria conferir à doutrina que se ia formando, além de inusitado poder de penetração em diferentes sistemas jurídicos, inegável caráter social e democrático. E, por isso mesmo, também maior vulnerabilidade a dissensões e a

rompimentos, coisas que muitas vezes viriam a ocorrer. Qual teria sido o perfil do núcleo básico da escola, Kelsen mesmo o revelaria, em carta de 1932 a Giorgio Del Vecchio. Cita-lhe, então, acompanhados de vínculos de origem, os nomes, em número de doze, dos "estudiosos que pode considerar integrantes da escola da doutrina pura do Direito".

16. A lista elaborada por Kelsen é esta: Alfred Verdross, Viena; Adolf Merkl, Viena; Felix Kaufmann, Viena; Fritz Schreier, Viena; Josef L. Kunz, Viena; Prof. Weyr, Tchecoeslováquia; Leonid Pitamic, Iugoslávia; Charles Eisenmann, Estrasburgo; Tomoo Otaka, Japão; Kissaburo Jokota, Japão; Luis Recasens Siches, Espanha; e Luis Legaz y Lacambra, Espanha. Ressalva Kelsen a omissão proposital do nome de Fritz Sander, "porque, embora de início tenha sido ele um seguidor muito ortodoxo da doutrina da escola, depois, porém, a atacou violentamente". (2008:16). Acrescente-se que, de 1932 em diante, data em que Kelsen elaborou essa relação, o número de adeptos da teoria aumentou, pelo mundo afora, em quantidade talvez incalculável. E, o que reveste caráter de novidade, houve, em dimensões nunca antes alcançadas, ensaios de aplicação da teoria a muitas disciplinas jurídicas, do Direito nacional ao Direito internacional, do Direito material ao Direito processual, do Direito público ao Direito privado, com destaque para os Direitos constitucional, civil, tributário e penal.

17. As referências aos componentes da escola jurídica de Viena, especialmente aos da primeira geração, têm o propósito de evidenciar outro importante fator a interferir no balanço da teoria pura do Direito, já de si tão problemático. Dado por certo, consoante afirmava Kelsen, que a teoria pura era obra comum dos integrantes da escola, caberia apurar a parte devida a cada um deles, se o seu autor principal, a partir de certo tempo, não tivesse passado a tratá-la como obra pessoal sua. Com efeito, durante os constantes e longos debates da sua vida acadêmica, em pouquíssimas vezes, pelo que sei, Kelsen identificou elementos doutrinários tomados de empréstimos de seus companheiros de escola. Esse o caso, relativamente a Cossio, da teoria negativista da existência de espaços vazios de juridicidade, afirmada também, entre outros, por um de seus contendores, Eugen Ehrlich, em obra intitulada precisamente *El Ámbito de lo no Jurídico*, a qual alcançou boa acolhida nas esferas jurídicas brasileiras em edição da Universidade Nacional de Córdoba, de 1960.

18. Diante de tudo que acaba de ser dito, parece plenamente justificável a enorme diligência com que escrevi este livro, sempre procurando guiar-me por dois princípios: 1º – máxima fidelidade às ideias expostas; e 2º – em decorrência disso, formulação das críticas rigorosamente com base naquilo que Kelsen realmente tenha dito, e nunca em afirmações reelaboradas de maneira livre por mim próprio ou colhidas ao acaso, de segunda mão. Isso deve explicar a grande quantidade de citações textuais de Kelsen que fiz, e para as quais não poupei esforços, às vezes, até, colhendo a mesma posição duas ou três vezes em obras distintas, tal era meu desejo de identificar-lhe o pensamento com a maior precisão possível. Não tenho certeza se o consegui, mas tenho de sobra a consciência de havê-lo tentado com determinação.

19. Posso, assim, parafraseando Santo Agostinho, afirmar que as fortes críticas aqui formuladas se dirigem mais exatamente contra as posições doutrinárias de Kelsen, e nunca contra a pessoa humana do jusfilósofo que, com seu extraordinário cabedal de conhecimentos, marcou de modo indelével o inteiro espaço da cultura jurídica do século passado. Por isso, ler Kelsen significará sempre tomar contato direto com a filosofia contemporânea do Direito. Minha singela pretensão, quanto a Kelsen, é ter de algum modo contribuído, embora especialmente por meio da crítica de sua teoria, para a compreensão do Direito como obra humana objetivada através das dimensões axiológicas do jurídico, do justo e do legítimo.

Campus da Unifor, Fortaleza, 13 de julho de 2009
Arnaldo Vasconcelos

PREFÁCIO À 1ª EDIÇÃO

O livro do Prof. Arnaldo Vasconcelos tem como epígrafe uma citação que muito me comove. Vejo nela o jurista, impregnado de amor pelas humanidades. Refiro-me às palavras do romancista austríaco Robert Musil, justamente colhidas no texto de sua obra mais forte e universalmente conhecida: *O homem sem qualidades*. Isso indica o gosto de Arnaldo Vasconcelos pelas artes, em particular as artes literárias, sustentáculo, através dos tempos, de todas as obras da linguagem criadas pelos homens, inclusive Montesquieu com o seu grandioso *L'Esprit des Lois* e *The Common Law* de Holmes.

A *Teoria Pura do Direito: Repasse Crítico de seus Principais Fundamentos*, vem hoje à luz apenas para receber formalmente a sua consagração. Consagração, além de jurídica, intelectual e literária. É obra de importância fundamental, há muito esperada, uma elaboração sofisticada de nossos círculos acadêmicos. Caracteriza-se pela coerência e pela qualidade da pesquisa desenvolvida: eis a sua indiscutível qualidade.

Trata-se de investigação destinada a dar conta, com propriedade e espírito crítico, da obra *Teoria Pura do Direito*, de Hans Kelsen, nas suas implicações metodológicas e doutrinárias. O pensamento de Kelsen recebeu, indubitavelmente, considerável influência das formulações positivistas desenvolvidas através do Círculo de Viena. Um núcleo famoso, do qual fizeram parte Schilick, Neurath, Carnap, Wittgenstein, e, por algum tempo, o mago da filosofia das ciências: Karl Popper.

Uma outra linha essencial ao Círculo de Viena e aos Positivistas em geral, também assimilada por Kelsen, refere-se à distinção entre juízo científico e juízo de valor. Às ciências, admitem os neopositivistas, não importam os juízos de valor e nem têm elas estatutos para tanto. Aplicando tais considerações ao Direito – não obstante este pertencer ao mundo dos valores – entende Kelsen que compete à Ciência do Direito tão somente conhecer os valores, mas não produzi-los. A consequência lógica a extrair dessa asserção é que o Direito não tem como fundamento a justiça, mas se consubstancia numa teoria cujo propósito consiste apenas no conhecer qual o seu objeto de análise, ou seja: o que é e como é o Direito. Exclui-se, assim, das preocupações dos juristas, qualquer investigação acerca de como o Direito deve ser, limitando-se, tão somente à constatação – repita-se – do que de fato ele é. Neste sentido, afirma Kelsen:

"Devo me contentar com a justiça relativa. Assim, posso dizer apenas o que é a justiça para mim. Como a ciência é minha profissão e, portanto, a coisa mais importante de minha vida, a justiça é para aquele ordenamento social sob cuja proteção pode prosperar a busca da verdade."

É sob esse ângulo, exatamente, que se desenvolve a crítica de Arnaldo à teoria kelseniana. Não é possível obter uma compreensão da vida social, – vida esta, cujas condições de possibilidade estão diretamente embricadas com o Direito, – sem que se inclua nela uma visão metafísica do homem, sem que se penetre na problemática dos seus fins.

A excelente análise levada a efeito por Arnaldo trilha esta senda, movida pelo seu empenho em demonstrar a natureza ético-filosófica do Direito. Aliás, sendo Arnaldo um verdadeiro Filósofo, filiado à tradição aristotélico-tomista, dele não se poderia esperar outra postura. Ao criticar as bases doutrinárias que dão sustentação à Teoria Pura do Direito, Arnaldo procurou confrontar a obra de Kelsen com as suas próprias inconsistências, através de uma análise percuciente do Positivismo e do seu papel na formulação da teoria do filósofo vienense. Na sua opção por um realismo desenraizado do mundo fático, Kelsen deixa-se escorregar para um idealismo logicista que impossibilita uma análise empírica consistente entre a pureza normativa que pretende edificar e o mundo do Direito enquanto vida, enquanto história, enquanto fenômeno social. Daí toda a sua dificuldade em caracterizar a Ciência Jurídica como meramente descritiva e da incompatibilidade de acomodar, dentro do seu sistema, o mito da norma fundamental; da falta de precisão e concisão que estigmatiza o seu controverso antijusnaturalismo. Todas as tentativas de Kelsen para, num esforço fantástico, superar essas aporias, e dar sustentação lógica e metodológica à sua teoria, longe de contribuírem para o seu fortalecimento, serviram, isto sim, para aprofundar a crise do positivismo no século XX, com suas repercussões nas bases teóricas de sustentação da doutrina do Direito.

Arnaldo procura fazer um diagnóstico dessas inconsistências, a partir da falência de um paradigma humanista, que servisse de antídoto ao ceticismo científico-epistemológico que marcara, indelevelmente, o espaço histórico em que Kelsen circunscreveu-se. Afirma Arnaldo:

"A falta capital de Kelsen terá sido a não adoção, como atitude preliminar, de uma Antropologia Filosófica com base na qual tivesse podido projetar com maior grau de autenticidade sua teoria jurídica. Vivendo numa época de esgotamento intelectual e de pessimismo, em que tudo se esperava do progresso da ciência de índole positivista, só pôde encontrar ressonância, para seus sentimentos negativos referentes à condição humana, na ultrapassada teoria do homem-mau-por-natureza, proposta por Thomas Hobbes ainda no século XVII. Toda a imensa quantidade de estudos dirigidos à decifração do enigma do homem, produzida pelas disciplinas filosóficas e científicas desde Hobbes até sua iniciação intelectual, em 1911, Kelsen parece tê-la deixado à margem, em nada dela se aproveitando. Nessas condições, aparece mais como vítima do cientificismo do seu tempo, cujas expectativas não conseguiu ultrapassar. Não terá Kelsen se advertido, provavelmente, de que, se é o homem que faz a teoria, é a teoria que faz o homem."

Uma outra análise feita por Arnaldo que em sua crítica à obra de Kelsen, sequente e consequentemente aprofunda a anterior, é quando, no Capítulo VI, trata da incompreensão, assinalada por muitos especialistas, em relação ao modo como Kelsen entende o Direito Natural. Inspirado no postulado kantiano da não comunicabilidade entre o ser e o dever-ser, para negar a validade daquele Direito, Kelsen interpreta-o como oriundo de uma natureza legisladora que, em última análise, poderia até ser confundida com a criação divina. Com isso, demonstra haver-lhe passado um tanto quanto despercebido a vertente do Direito Natural moderno, fundado pelo jurista holandês Hugo Grócio. Grócio sustenta que o Direito Natural tem, por si, existência absoluta, independente de qualquer outra ordem de realidade, até mesmo da teologia e da religião. "Esse Direito existiria, – afirma Grócio, – ainda que Deus não existisse, porque tem suas raízes na natureza do homem." Entre as coisas próprias dos homens está o *appetitus societatis*, isto é, uma comunidade pacífica e ordenada, conforme a própria racionalidade. Grócio foi chamado por Vico o "jurisconsulto do gênero humano" e é um dos monumentos culturais do século XVII.

Do ponto de vista formal, a obra apresenta-se bem estruturada: os argumentos, coerentemente desenvolvidos, dentre a enorme variedade dos temas e da distribuição da matéria pelos diferentes capítulos. O ensaio atinge um nível de perfeição raramente alcançado em trabalhos acadêmicos, não só pela agudeza da análise, pelo estilo, pela perfeita adequação das ideias e da força geral da apresentação.

Entre tantos temas importantes, cito mais uma passagem para ilustrar a qualidade da obra. Refiro-me, a afirmativa, logo no primeiro item do Capítulo I, quando expressamente "apenas quem tem o conhecimento do processo de como alguma coisa se formou, poderá dominá-la". Essa asserção é confirmada por Ernst Cassirer, em seu livro *As Ciências da Cultura*. Ao citar Giambattista Vico, lembra-nos Cassirer que a verdadeira meta do saber é o autoconhecimento humano, e que nenhum ser conhece e penetra verdadeiramente algo, senão aquilo que ele próprio cria. O campo de nosso saber nunca vai além dos confins de nossa própria criação. Assim, o que os homens criam pode ser conhecido em sua totalidade, mas no mundo da natureza é diferente. A natureza – diz Cassirer – é obra de Deus, razão pela qual só a natureza divina poderá conhecê-la em toda sua extensão. É por isso que se diz que não há progresso na poesia, mas há progresso nas ciências, na incessante busca do homem de conhecer a natureza.

Por fim, a própria *Teoria Pura do Direito* de Kelsen, apesar de ter sido denominada de reducionista, considera que o intérprete é sempre um inovador do Direito. A norma dispõe, por conseguinte, de potencialidades ilimitadas em seus contínuos desdobramentos e inovações no campo da hermenêutica. Por isso ela é semanticamente plurívoca e estará sempre aberta à discussão e formulações acerca de seu conteúdo doutrinário. Aliás, Michel Villey afirmava que a linguagem jurídica é, por natureza, polissêmica.

Como dizia o grande jurista e filósofo americano Oliver Wendel Holmes Jr., os grandes livros estão destinados a se converter em monumentos. Sua primeira vida é a das ideias, que em geral duram dezesseis, dezessete ou vinte anos. Mas, logo essas obras passam ao âmbito dos valores históricos, assinalando momentos grandiosos da evolução do espírito humano. Conquistando uma posição cultural de natureza permanente, essas obras tornam-se marcos definitivos, a mostrar a grandeza das criações do espírito. A *Teoria Pura do Direito* de Kelsen, apesar das inconsistências já apontadas, inscreve-se como um dos grandes paradigmas da Filosofia do Direito no século XX. É uma obra perene que pode ser considerada um daqueles monumentos espirituais a que se referia Holmes.

Por outro lado, o trabalho desenvolvido por Arnaldo Vasconcelos abre uma nova perspectiva crítica à compreensão da construção doutrinária desse grande jurista de Viena e, por esta razão, é obra de magnitude a ser criticamente objeto de reflexões pela comunidade acadêmica.

Recife, janeiro de 2003

Prof. Dr. George Browne Rêgo

APRESENTAÇÃO

1. Parecia-nos, desde muito, que a obra principal de Hans Kelsen, a *Teoria Pura do Direito*, estava a merecer um repasse crítico de seus principais fundamentos. Afinal de contas, esteve ela presente, durante grande parte do século passado, em nossas salas de aulas dos cursos de bacharelado e de pós-graduação em Direito. E tanto se falava em Kelsen, que a impressão geral era de que o jusfilósofo austríaco, sozinho, representava todo o pensamento jurídico da época, os outros aparecendo apenas como meros coadjuvantes do extraordinário painel de ideias por ele produzidas e postas em debate. Em seus escritos polêmicos, aliás, Kelsen mesmo, algumas vezes, nos sugere ser essa ideia verossímil.

2. Verificou-se, depois, tratar-se, na imensa maioria dos casos, de uma adesão à primeira vista, portanto, sem qualquer consistência, predispostas como estavam nossas faculdades de Direito para o acolhimento de uma teoria que revestisse os dois valores então dominantes na esfera do saber intelectual, quais sejam, o positivismo e o *status* de ciência. Na verdade, entendia-se que uma coisa pressupunha a outra: o positivismo haveria de ser necessariamente científico. Deu-se, então, a coincidência. O que esperávamos era justamente aquilo que se propunha Kelsen: uma teoria positivista do Direito positivo, na qual a cientificidade aparecia como condição primordial. Além do mais, a teoria sempre foi tida como muito acessível, dada sua inteligibilidade e coerência, frequentemente proclamadas.

3. Na recepção da doutrina kelseniana, que se daria naturalmente a partir das salas de aulas, verificou-se duplo equívoco, durante muito tempo mantido encoberto. Parece ter sido decisiva, para tal ocorrência, a superficialidade com a qual fora, em geral, abordada, a saber: leitura e discussão de um pequeno texto selecionado pelo professor, em tempo muitíssimo reduzido e quase sempre sem um prévio traçado do contexto da obra. No mais das vezes, nem isso ocorria. Apenas um aluno fazia breve exposição de um tema retirado da obra de Kelsen, em seguida transformada em objeto de debates. Tão grave quanto a primeira omissão, foi esta outra: a ausência de uma visão panorâmica da filosofia do Direito, encargo quase sempre requerido apenas do especialista da matéria, o professor da disciplina respectiva. Faltou, pois, um quadro de referências doutrinárias que permitisse o confronto das teorias, através do exame simultâneo de suas semelhanças e diferenças, sem o qual o conhecimento jamais poderia revestir a solidez indispensável à autonomia da reflexão.

4. Esses graves defeitos, congeniais do processo assistemático de conhecimento, impediram que se descobrissem, de imediato, os dois primeiros equívocos fatais da teoria pura, e que eram estes: seu positivismo não revestia a forma clássica do conceito, pela qual sempre o havíamos entendido, nem sua condição de cientificidade fora definida por critérios contemporâneos, como era de esperar-se. Assim, contrariando todas as expectativas, do interior da teoria pura saía o que jamais poderíamos imaginar: um positivismo desnaturado, de índole nitidamente idealista, no qual o fato social era de todo descartado, e uma ciência superada, de feição exclusivamente descritiva, que nada se propunha dizer quanto à ação social do homem.

5. Parecia termos sido, todos, enganados. Por fim, até o próprio Kelsen. Constrangido, teve ele de admitir o grande equívoco em que incidira ao manter, durante décadas, a doutrina segundo a qual a norma básica estava pressuposta no pensamento jurídico. Afirmou, então, que essa norma, ponto arquimédico de seu sistema doutrinário, encontrava-se baseada num ato de volição fictícia, pelo que realmente não existia. Desse modo, via-se desmoronar toda a bela construção arquitetônica em que consistia a *Teoria Pura do Direito*. Kelsen, na oportunidade, já ultrapassara seus oitenta anos, sendo, portanto, muito tarde para novo recomeço.

6. Antes, porém, de qualquer dessas constatações, para muitos já estava claro, desde o princípio, que o projeto de Kelsen era de todo inviável. Melhor dizendo, continuava inviável, porquanto a doutrina positivista, que elegera como forma de conhecimento, mesmo em sua formulação original, permanecia sem condições de abranger, em sua completude, qualquer realidade que se lhe propusesse. Assim, no âmbito do Direito, o positivismo é incapaz de dar conta satisfatoriamente das questões referentes ao valor, o qual constitui, sem dúvida, a dimensão principal e prioritária do fenômeno jurídico. A melhor comprovação disso nos oferece a própria teoria pura, que deixou incólumes as questões da fundamentação e da legitimidade do Direito, apesar de ter dedicado a elas dezenas e dezenas de páginas. Apesar de tudo, a ortodoxia positivista de Kelsen explica, antes de tudo, as ambiguidades e antinomias em que, com frequência, incidiu no processo argumentativo de justificação de suas teses. Donde poder concluir-se que a inteligibilidade e coerência, geralmente atribuídas à teoria pura, não resistiriam a uma leitura mais acurada dos seus diversos textos.

7. Desse modo, a releitura dos textos, em que são expostos os fundamentos filosóficos da teoria pura, cada vez mais nos evidenciava a necessidade de

submetê-los à revisão crítica, a fim de que se pudesse decidir de sua consistência, não só do ponto de vista teórico, mas também da prática do Direito. Na segunda hipótese, caberia indagar especificamente sobre sua aplicabilidade. Entre outros elementos, a clara indicação de que a teoria se destinava a doutrinadores, e não a advogados, vinha confirmar, uma vez mais, as limitações que se impusera Kelsen. Esse, também, não nos pareceu um dado positivo, tanto que o procedimento estava a configurar cega submissão ao método, que passaria a importar mais do que o objeto de estudo, assim relegado à posição subalterna. Muitos dos deslizes de Kelsen encontram explicação nessa atitude. Foi o absolutismo metodológico, de fato, que o levou, quase sempre, a cometê-los.

8. Evidentemente, não imaginamos, nem de longe, devesse qualquer teoria ser submetida a prévias limitações, sendo o pensamento o único aspecto da realidade humana em que se permite o exercício da liberdade plena. O reconhecimento da ausência de resultados satisfatórios, por si só, tornaria efetivo o caráter pedagógico do erro. Não se pretende negar a Kelsen, nem ao mesmo, o direito de haver tentado experimentar velhas doutrinas já exauridas em suas potencialidades, consoante mostrou a avaliação científica do positivismo. Aquilo com o que não concordamos é com a ideologia do positivismo ortodoxo de Kelsen, que se quer passar pelo que não é. Vale dizer: que pretende haver solucionado problemas para cuja apreciação reconhecidamente lhe faltavam os instrumentos conceituais adequados. As três versões de sua teoria bem indicam a necessidade das emendas, que teve de fazer, na vã tentativa de garantir a incolumidade de seu método.

9. Nenhuma teoria, que descarte a condição metafísica do homem, pode pretender alcançar a compreensão das exigências de sua vida em sociedade. E como esta encontra os meios de possibilitação na pré-existência do Direito, não há como fazer por desconhecer- lhe a dimensão metafísica. Obra cultural, o Direito é medida das aspirações de seu criador, o homem. Por isso, uma teoria do Direito, que eliminasse a questão central da finalidade deste, como o pretendeu a teoria pura, estaria, com antecedência, destinada ao insucesso. Kelsen tentou contornar a questão, transferindo a instância da justiça para outro plano, que não o da Teoria Geral do Direito. Por injustificável, não pôde vingar o expediente. Sob nenhum pretexto pode-se desvincular o Direito de sua finalidade, porque somente para alcançá-la é que ele foi criado. Norma jurídica, que não vise a um fim precípuo, é algo inteiramente sem sentido na esfera da vida humana.

10. São desta magnitude as questões suscitadas pela *Teoria Pura do Direito*, a maioria delas envolvendo seus principais fundamentos doutrinários, a saber, positivismo, cientificismo, realismo, empirismo, purismo, formalismo, ideologia e antijusnaturalismo. Nenhuma das teses neles implicadas conseguiu manter-se, em sua formulação original, até à derradeira versão da teoria. Todas, cada uma à sua

vez, foram devidamente reconsideradas e retocadas, com imensos prejuízos para sua firmeza e coerência finais.

11. Demonstrar a veracidade do que acabamos de afirmar, constituiu o objetivo maior deste nosso repasse crítico dos principais fundamentos da *Teoria Pura do Direito*. Para garantir-lhe a autenticidade, firmamo-nos nos próprios textos de Kelsen, utilizados de diversas obras e sem parcimônia, donde se justificarem as repetições. Contudo, a crítica de feição ideológica, que lhe dirigimos, não pôde deixar de ser seguida do reconhecimento da grandeza de seu trabalho teórico, executado à base de condições doutrinárias adversas. Reconheça-se a Kelsen a determinação em ter tentado, a todo custo, executar o projeto teórico no qual acreditou firmemente. Apesar de tudo, valeu, e valeu muito. Com a *Teoria Pura do Direito* foi plantado um marco na história da ciência do Direito, o qual a ninguém será permitido ignorar.

12. Como pretendia Platão, estamos, pois, retornando à caverna para contar aos que aí permaneceram o que pudemos ver lá fora, através da leitura de Kelsen. Queiram os bons fados que consigamos desempenhar-nos satisfatoriamente desta empreitada. Mais, na verdade, para satisfação daqueles que nos desejarem ouvir.

13. Por fim, embora espiritualmente em primeiro lugar, o dever da gratidão. Ao agradecer à Universidade de Fortaleza a oportunidade do Curso de Doutorado em Direito, do qual resultou, como tese, este ensaio, faço-o homenageando a memória de seu valoroso fundador, Chanceler Edson Queiroz.

14. Estendo meu reconhecimento ao Dr. George Browne Rêgo, professor do Curso de Doutorado da Faculdade de Direito do Recife, mais do que Orientador, um dedicado Amigo.

15. Manifesto minha gratidão, por igual, à Maria Bernadete Maia Melo, ex-aluna do Curso de Mestrado em Direito da UFC, pela acurada revisão dos originais deste livro.

Arnaldo Vasconcelos

Capítulo I

QUE É A TEORIA PURA DO DIREITO?

1. Toda pergunta de cunho intelectual tende a encontrar a melhor resposta dentro de seu contexto histórico-doutrinário. Apenas quem tem o conhecimento do processo de como alguma coisa se formou, poderá dominá-la. Na esfera do pensamento jurídico, este é representado pelos escritos através dos quais a obra adquiriu forma, assim conquistando autonomia existencial e, portanto, condições concretas de cumprir sua missão, qual seja, fertilizar mentes com vistas à alteração da realidade circunstante. Logo, é nas obras fundamentais de Hans Kelsen que devemos recolher os elementos para a resposta desta nossa pergunta inicial: que é a Teoria Pura do Direito?

2. Mesmo assim, no caso presente, não podemos ter certeza de que será satisfatório o resultado a ser obtido, tantos são os trabalhos deixados por Kelsen, contados em mais de seiscentos títulos, entre livros e artigos, que ninguém, isoladamente, poderá ter a pretensão de dominá-los. Será, de igual modo, grandemente complexa e problemática a tarefa de tentar descobrir os pontos de convergência das múltiplas doutrinas que dão corpo à sua teoria geral, todas objeto de frequentes polêmicas, revisões e emendas. Demais, o itinerário desta teoria, tendo passado por sucessivos confrontos com os principais sistemas ideológicos do século XX, do liberalismo ao nazi-fascismo europeus, do capitalismo norte-americano ao comunismo soviético, com certeza deixou, nela vincados, traços marcantes dos respectivos embates doutrinários. Sem contar com as duas grandes guerras que atravessou, tendo a segunda repercutido profundamente na sua vida pessoal e na sua obra, levando-o a exilar-se nos Estados Unidos. Tudo isso se passa num arco de tempo que se estende por cerca de sessenta anos, contados do lançamento de seu primeiro livro, em 1905, A *Teoria do Estado de Dante Alighieri*, até a publicação, ainda em vida, de seu último trabalho, na Espanha, em 1966, intitulado *Justicia y Derecho Natural*. Sete anos depois viria Kelsen a falecer, em Berkeley, na Califórnia. A questão, que finalmente deverá ser suscitada, é a de saber se a teoria, apesar de tudo, conseguiu manter sua integridade doutrinária, apresentando-se com o perfil adquirido desde os primeiros momentos.

3. Os grandes acontecimentos, sejam pessoais ou sociais, constituem épocas históricas de passagem, promovendo superações e criando individualidades. Isso se aplica também ao mundo cultural. Veja-se, por exemplo, como existem, separados doutrinariamente pela Segunda Guerra Mundial, dois *Radbruch*: o positivista antijusnaturalista e o jusnaturalista antipositivista. Com relação a nosso autor, pode falar-se, com inteira procedência, nas imagens teóricas de nada menos de que três Kelsen, bem distintos e suficientemente caracterizados:

1º – o Kelsen europeu, concebido fundamentalmente segundo os princípios do idealismo transcendental de Kant e comprometido com o sistema de Direito continental europeu, de índole legislativa;

2º – o Kelsen norte-americano, reformulado para absorver a doutrina e as instituições do Direito de constituição inglesa, deste modo passando a vincular-se ao sistema do *Common Law*, inclusive em suas vertentes de cunho sociológico e psicológico. Estima Vladímir Tumánov que as mudanças promovidas na teoria pura, nessa ocasião, teriam revestido tal profundidade, a ponto de Legaz y Lacambra haver comentado que "o Kelsen que vive na América já não é kelseniano" (1984:197);

3º – por último, o Kelsen da *Teoria Geral das Normas*, trabalho publicado em 1978, depois de sua morte, portanto. Nesta obra, empreende a ingente tarefa de pôr seu pensamento à prova da nova temática jurídica, formada por linhas de pesquisas inteiramente alheias ao contexto doutrinário em que a teoria pura foi concebida, e as quais foram surgindo durante o longo período em que Kelsen só teve tempo para cuidar de aperfeiçoá-la e defendê-la. Haveria de saber, agora, se e em que medida as novidades trazidas ao mundo do Direito pelas lógicas matemática e deôntica, pela pragmática e pela teoria da linguagem podiam compatibilizar-se com a sua construção teórica.

4. Dadas essas circunstâncias, Miguel Reale caracterizou a *Teoria Geral das Normas* como "o diálogo de Kelsen com seus últimos contemporâneos" (1990b-200). Mais importante do que tudo isso, porém, foi o fato de Kelsen, ao afirmar de modo surpreendente que sua *norma fundamental* era uma *norma fictícia* (1986:326), ter destruído o ponto axial de sustentação de sua teoria, e, com ele, o próprio conceito de validade, que constituía, sem dúvida, sua essência ou seiva vital. A ausência dessa norma deixa o sistema desmobilizado e desfigurado a tal ponto, que já não se poderia mais fazer a distinção entre a ordem legal de um agente público e o grito de um assaltante que, de arma em punho, exige a carteira de alguém.

5. Não se tem ideia precisa, porém, se os maiores estorvos para a sistematização do pensamento de Kelsen advêm das alterações produzidas na Teoria Pura do Direito em consequência de um movimento interno de acomodação a seu modelo ideal, ou se decorrem, antes, das dificuldades naturais para compaginar os postulados do idealismo kantiano, sua marca originária e principal, com os traços do realismo de feição psicológica e sociológica assimilados da cultura jurídica anglo-americana.

6. Contudo, para o estudioso da Filosofia, quanto mais dificuldades, mais disposição para enfrentá-las. Demais, a grandeza da presença de Kelsen, que domina todo o século XX, qual um novo Kant a balizar os rumos dos estudos contemporâneos da Filosofia e da Teoria Geral do Direito, por si mesma já justificaria o esforço.

7. Afinal, ler Kelsen é, a um só tempo, realizar tarefa intelectual de tríplice significado, a saber: primeiro, tomar conhecimento do mais importante paradigma da ciência jurídica do século XX, utilizado tanto por juspublicistas, como por jusprivatistas, com domínio sobre imensa área geográfica de todo o mundo; segundo, desfrutar da oportunidade, sobretudo de índole pedagógica, de poder acompanhar passo a passo, através da edificante batalha das ideias, as vicissitudes da formação e desenvolvimento de uma teoria científica durante o longo espaço de cerca de sessenta anos; terceiro, presenciar a luta ingente pela salvação e recuperação da doutrina positivista, com profunda crença e exemplar denodo, à maneira do cavaleiro solitário de la Mancha, no momento em que a maioria dos circunstantes já acreditava terem sido esgotadas todas as virtualidades desse sistema filosófico.

8. Vejamos, então, onde se encontra preferencialmente exposta, nas obras de Kelsen, sua teoria jurídica. Será com base nesses textos que procuraremos traçar-lhe o perfil. O esboço inicial da teoria encontra-se no livro *Problemas Fundamentais da Teoria Jurídica do Estado*, de 1911. É dele que se há de partir. Temos, em seguida, lançada, em 1934, a primeira edição da *Teoria Pura do Direito*. Em 1923, Kelsen publica uma *Teoria Geral do Estado*, em cujo prefácio anuncia ser essa "la primera vez en la que mi doctrina aparece expuesta en forma acabada y sistemática" (1965:X). Há de se relacionar, em seguida, a segunda edição alemã da *Teoria Pura do Direito*, de 1960, o "principal trabalho" sobre o tema, conforme ele mesmo o indicou em *Contribuciones a la Teoría Pura del Derecho*. "Aí" – diz o autor – "assinalo seus elementos essenciais" (1969:49). Aliás, é precisamente este texto que ele sempre invoca, durante suas polêmicas, para tirar dúvidas a respeito da exatidão de suas posições doutrinárias. A última obra, em ordem de importância, é a *Teoria Geral do Direito e do Estado*, através da qual Kelsen tenta incorporar o Direito inglês e o americano à sua doutrina. O livro foi publicado na Califórnia, em 1945.

9. Com essa substancial reforma, parecia ter-se encerrado o contínuo processo de revisões da teoria pura. Daí o ter considerado Josef L. Kunz, um de seus mais próximos discípulos e fiel expositor de seu pensamento, que esta obra constituía "la versión definitiva de la teoría pura del Derecho" (1974:37). Efetivamente, não era de esperar ainda houvesse no corpo da doutrina, neste momento, qualquer questão de maior envergadura sobre a qual continuassem pairando dúvidas em seu espírito. Todas já teriam sido devidamente depuradas nas várias disputas em que se envolvera Kelsen, através dos anos, na intransigente defesa de seu ideário jurídico. Do ponto de vista substancial, a teoria pura, de há muito, estaria pronta e acabada. Essa, aliás, a ideia que também nos passa o próprio Kelsen através do prólogo da edição francesa da obra, aparecida em 1953, nos seguintes termos: "Abandonei também uma ou outra de minhas teses, quando entendi que não deveriam manter-se, mas creio que não modifiquei minha teoria em nenhum ponto essencial" (2001:07). Pelo que se depreende, essas transigências em pontos secundários antes visavam preservar a integridade do perfil ideológico da teoria.

10. As expectativas seriam, porém, frustradas. Em 1979, vem a público uma volumosa *Teoria Geral das Normas*, obra póstuma, onde procura Kelsen especialmente reforçar os fundamentos de suas principais posições doutrinárias. A par disso, a surpresa: depois de haver condenado o uso da ficção em ciência, por representar "uma mentira e um ultraje à vida" (1993:216), Kelsen a utiliza para a definição de sua problemática *norma básica*, ponto axial e fecho do seu sistema. Esta, escreve, "não é norma positiva, (...) senão uma norma pressuposta no pensamento do cristão, quer dizer, uma norma fictícia" (1986:326). Tal afirmação importa uma reviravolta completa na sua teoria, a ponto de ter afirmado Alf Ross, um de seus mais contundentes críticos, que haveria de "ir hasta el final: debe abandonarse la doctrina de la norma básica" (1971:147). No mínimo, terá havido uma imensa relativização da sua importância no que toca à existência e ao funcionamento da ordem jurídica de inspiração kelseniana.

11. Isso posto, iniciemos dando prioridade ao exame dos prefácios das edições de 1911 e 1923, da obra através da qual fora lançado o esboço da teoria pura, os *Problemas Fundamentais da Teoria Jurídica do Estado*. Continuemos com os prefácios que acompanharam as edições, de 1934 (1ª) e 1960 (2ª), da *Teoria Pura do Direito*. Idêntico destaque merecerá o prefácio à *Teoria Geral do Direito e do Estado*, datado de Berkeley, em abril de 1944. A alta importância desses textos, está em que Kelsen os elegia para neles registrar os movimentos da sua teoria, indicando as alterações porventura realizadas, sempre seguidas das razões que as motivaram.

12. Informa-nos Kelsen, no prefácio de 1960, que "o primeiro esboço" (1974:13) da teoria se encontrava em seu livro de 1911, intitulado *Hauptprobleme der Staatsrechtslehre*. Em vernáculo: *Problemas Fundamentais da Teoria Jurídica do Estado*. Abrindo o prefácio da edição de 1934, escreve: "Este pequeno trabalho contém uma breve exposição dos pontos essenciais das concepções científicas que, há cerca de vinte anos, eu e os meus discípulos temos defendido e que são conhecidas pelo nome de *Teoria Pura do Direito*" (1939:01). Este opúsculo ocupa apenas cento e doze páginas da edição brasileira, editada, em formato pequeno, por Saraiva&Cia.-Editores, de São Paulo.

13. O prefácio de 1960, antes referido, tem início com as advertências do autor de que o texto, que ora se publica, "representa uma completa reelaboração dos assuntos versados na primeira edição e um substancial alargamento das matérias tratadas" (1974:13). A obra, agora em volume de dimensões comuns, contém 484 páginas, na edição coimbrense de Armênio Amado, datada de 1974. Traz notas de rodapés sobre as principais alterações efetuadas. Entre as inovações introduzidas, destaca-se um capítulo especial de caráter epistemológico, de cerca de cinquenta páginas, intitulado *Direito e Ciência*.

14. Na chamada obra da fase norte-americana de Kelsen, a *Teoria Geral do Direito e do Estado*, o prefácio começa expondo seu objetivo, que "é antes reformular que meramente republicar pensamentos e ideias expressos" nas edições alemã e francesa. Essa reformulação atende a duplo objetivo: 1º "apresentar os elementos essenciais daquilo que o autor veio a chamar *teoria pura do Direito* de modo a aproximá-la dos leitores que cresceram em meio às tradições e à atmosfera do Direito consuetudinário"; 2º "dar a esta teoria uma formulação tal que a capacitasse a abranger os problemas e as instituições do Direito inglês e americano, além daqueles dos países que adotam o Direito civil, para os quais ela foi originalmente formulada" (1990:01). A 1ª edição brasileira do livro, de responsabilidade das Editoras Martins Fontes e Universidade de Brasília, tem 433 páginas e é de 1990.

15. Podemos, então, sumariar os fatos mais importantes da constituição da Teoria Pura do Direito. Como se viu, são em número de cinco os textos básicos através dos quais ela encontra sua forma definitiva, desde o esboço inicial, de 1911, até a radical reviravolta de 1979. A teoria pura, contudo, frequenta insistentemente todas as suas obras, tanto as de índole filosófica, como as de cunho político ou sociológico, à maneira de pano de fundo e elemento de contraste, para, assim, fazer sobressair-se. Seu principal doutrinador, Hans Kelsen, a apresenta como obra coletiva, dele e de seus discípulos. Assim o afirmou no prefácio à 2ª edição dos *Problemas Fundamentais*: "A teoria pura do direito (...) é obra comum de um grupo de homens, em contínua expansão, orientados, teoricamente, para o mesmo objetivo" (1997b:37). Todos formam a chamada Escola de Viena. O grupo original de juristas liderados por Kelsen, que lhe marca o início, era formado pelos seguintes nomes: Adolf Merkl, Alfred Verdross e Leônidas Pitamic. Vieram, em seguida, Josef L. Kunz, Felix Kaufmann, Fritz Schreier e Walter Henrich.

Depois, os estrangeiros, entre os quais destacaram-se Franz Weyr, Alf Ross, Charles Eisenmann, Julius Kraft, Tomoo Otaka, Carlos Cossio e Luis Legaz y Lacambra. Algumas dessas personalidades tiveram parte de suas doutrinas incorporadas à teoria kelseniana, consoante se verá no momento oportuno.

16. Lançados esses dados preliminares, passemos, então, à procura de respostas, ao nível propriamente doutrinário, para nossa pergunta inicial: que é a Teoria Pura do Direito?

17. Kelsen dá início à obra *Teoria Pura do Direito* com uma das suas muitas definições aplicáveis à indagação: "A Teoria Pura do Direito é uma teoria do Direito positivo – do Direito positivo em geral, não de uma ordem jurídica especial" (1974:17). Trata-se, pois, de uma teoria do Direito positivo de âmbito internacional ou universal, a saber, uma totalidade compreensiva das ordens jurídicas de todos os povos, em qualquer tempo. Kelsen já havia afirmado, na 1ª edição, que "a atitude da teoria pura do Direito é inteiramente objetivista e universalista. Dirige-se, fundamentalmente, à totalidade do Direito" (1939:46). Em *Derecho y Paz en las Relaciones Internacionales*, volta ao tema para explicitar em que consiste esse caráter totalitário: "podríamos expresar esto diciendo que pertenece a la naturaleza del orden coercitivo que nosotros consideramos un orden jurídico el intentar en principio el regular todas las relaciones humanas; y según esta tendencia establece una pretensión de totalitarismo" (1986b:98).

18. Todavia, afirmar meramente tratar-se de uma teoria do Direito positivo constitui, para Kelsen, um pleonasmo, porquanto para ele "o Direito é sempre Direito positivo" (1990:118). Ou, como sublinhara já no prefácio da 2ª edição dos *Problemas Fundamentais*: "Il fatto che la dottrina del diritto possa essere solo una teoria del diritto positivo viene in generale presupposto come ovvio" (1997b:18). Ficava descartado, de maneira decisiva, o chamado Direito natural. Mas, há um complemento necessário na página 161: "... é uma teoria do positivismo jurídico". De qual tipo seja este

positivismo, Kelsen o tornou explícito muito depois: "Il giuspositivismo tradizionale, e in particolare quello sostenuto da me, conosce solo um tipo di diritto, il diritto positivo" (1990b:77). Entenda-se: uma teoria universal do Direito positivo, segundo a doutrina do positivismo jurídico tradicional. Registram-se dois movimentos opostos: um de expansão – uma teoria universal e totalitária, e outro de redução – uma teoria positivista, sem mais nem menos. Estava firmada a opção, que Kelsen jamais renegaria: sua visão do mundo jurídico seria decisivamente positivista.

19. Para ele, positivista e realista. Entende Kelsen que um conceito implica o outro. Ficou isso claro ao declarar que sua teoria "se limita à análise do Direito positivo como sendo a realidade jurídica" (1974:14). Mas, outra vez aqui, do Direito positivo segundo a visão positivista. Como se lê adiante, na mesma obra: "Neste sentido, é uma teoria do Direito radicalmente realista, isto é, uma teoria do positivismo jurídico" (1974:161). Ser positivista é, pois, ser realista. A partir daí, torna-se difícil entender como se pretende realista uma ciência que, a fim de preservar sua pureza, "deve ser distinguida (...) da sociologia, ou cognição da realidade social" (1997:261). Ter-se-ia, por hipótese, um realismo fora da realidade social.

20. Já se vê que a realidade, a que se refere Kelsen, não é a realidade existencial ou social, por sua condição natural de despurificadora do Direito. Trata-se, antes, da realidade de conhecimento ou teórica, para recorrermos à terminologia de Theodor Geiger, o qual, a esta, contrapõe a realidade existencial ou pragmática (1972:47). Seu conceito decorre, como nos lembra Czeslaw Martyniak, da revolução copernicana da Escola de Marburgo, para quem o mundo é criação do pensamento. Adotada a premissa, "a única realidade é a realidade-pensada" (1937:174). Uma realidade idealista, na melhor tradição platônica. Arma-se a antinomia: *positivismo idealista*. Como quer que seja, esta posição é uma daquelas que foram revistas no contato de Kelsen com o sistema jurídico norte-americano, quando as objeções à Sociologia e à Psicologia foram minimizadas em

favor da compatibilização da teoria pura com o sistema de Direito anglo-americano.

21. Em continuação do período onde afirma ser a teoria pura "radicalmente realista, isto é, uma teoria do positivismo jurídico", Kelsen acrescenta: "Recusa-se a valorar o Direito positivo" (1974:161). E nega-se a fazê-lo em nome da neutralidade objetiva. Não via Kelsen que, assim agindo, estava apenas valorando o oposto do que desejava desvalorar, a saber, a neutralidade científica. No mundo dos valores, entidades bipolares, tudo passa justamente deste modo: a negação de um valor importa a afirmação do valor contrário. Por isso tudo, na tentativa de assegurar a neutralidade axiológica, tem de praticar nova redução, desta vez entre validade e valor. Validar passa a significar valorar. Nesses termos, escreve: "A norma considerada como objetivamente válida funciona como medida de valor relativamente à conduta real" (1974:38). Tudo dentro do figurino traçado por Max Weber, figura de grande audiência na época em que Kelsen iniciaria sua produção teórica. De acordo com o princípio programático de Weber, para fazer ciência haveria de manter-se, a todo custo, a distinção entre o conhecer e o valorar.

22. O preço desta neutralidade científica foi o aparecimento de mais uma antinomia interna na sua construção teórica. Acabamos de ver como Kelsen adotou o conceito neokantiano de realidade-pensada ou ideal, fundada no princípio de que o mundo é criação do pensamento. É de indagar-se, então: como criar o mundo de improviso, como fazê-lo com ausência de critérios, como construí-lo sem valoração? Nietzsche, bem próximo a Kelsen, com antecedência já desvendara o processo: "Nada que possua valor neste mundo o possui por si mesmo, segundo sua natureza – a natureza é sempre sem valor: atribui-se-lhe certa feita um valor e fomos nós que os demos, nós, os atribuidores! Nós criamos o mundo *que interessa ao homem!*" (1976:§ 301).

23. Sem qualquer reserva, a lição weberiana incorporou-se, desde logo e para sempre, ao arsenal retórico de Kelsen. Era a jus-

tificativa de que precisava ele para eliminar o transcendente dos quadros da teoria pura. Não podendo negar infinitamente a existência objetiva do valor, encontrou, todavia, meios de sempre evitar fosse tomado em termos metafísicos. Embora admita que as normas jurídicas contenham valores, ressalva que a descrição delas "realiza-se sem qualquer referência a um valor metajurídico e sem qualquer aprovação ou desaprovação emocional" (1974:125). A menção ao elemento emocional dirige-se, é evidente, à intrusa ideia de justiça. Argumento semelhante encontra-se no prefácio à edição espanhola da *Teoria Comunista do Direito e do Estado*, de onde retiramos este significativo trecho: "Es lógico que toda crítica presuponga un valor; pero el valor presupuesto por una crítica científica no es un valor moral o político, sino lógico; es un valor de verdad, no de justicia. El problema de este libro es el valor científico de la teoría comunista del derecho y del Estado" (1957:09-10). Seria de indagar, então: a verdade do Direito não é, por acaso, a justiça? Haveria outra, prioritária?

24. Qual seja o objeto da ciência do Direito, Kelsen o afirma em seguida, na mesma obra: "Como teoria, quer única e exclusivamente conhecer o seu próprio objeto. Procura responder a esta questão: o que é e como é o Direito" (1974:17). O problema, aqui, é de busca da natureza ou essência do Direito. No livro *Sociedad y Naturaleza*, a resposta apresenta maior especificidade: o objeto da teoria pura é "a análise da estrutura formal do Direito positivo enquanto sistema de normas" (1945:VIII). Explica Kelsen: "Por que descreve seu objeto – o Direito – em proposições de dever ser, a jurisprudência pode ser denominada uma teoria normativa do Direito" (1997:264). Esta foi, aliás, sua denominação inicial.

25. Indicado o objetivo da teoria pura, cabe indagar através do estudo de quais matérias Kelsen pretendia cumpri-lo. Ele mesmo as relaciona, de modo didático, no prefácio da *Teoria Geral do Direito e do Estado*, como se segue: "São temas de uma teoria geral do Direito as normas jurídicas, os seus elementos, a sua inter-relação, a ordem jurídica como um todo, a relação entre as diferentes ordens jurídicas, e, finalmente, a unidade do Direito na pluralidade das ordens jurídicas positivas" (1990:01). Se pretendêssemos indagar do conteúdo temático desse elenco de proposições doutrinárias, poderíamos, sem vulnerar sua integridade, reduzi-lo a três itens fundamentais, a saber: 1º – a teoria das normas como figuração essencial do Direito; 2º – a teoria do ordenamento jurídico como condição da funcionalidade interna de cada sistema jurídico; 3º – a teoria da unidade das diferentes ordens jurídicas mundiais através da primazia do Direito Internacional. Poder-se-ia chegar a essa unidade, pensa Kelsen, com "a determinação da esfera de validade da ordem jurídica nacional pela ordem jurídica internacional" (1990:341). Tudo ocorrendo na esfera da pura normatividade.

26. O Direito pertence, por seu caráter lógico, à esfera do dever ser, que envolve o mundo ideativo da normatividade. A propósito, anotou Angelo Falsea: "La nota opposizione tra essere e dover-essere... è esplicitamente interpretata da Kelsen nel senso del contrapposto tra realtà e idealità". Donde, acrescenta, poder reafirmar-se "il carattere normativo-ideale (e a contestare il carattere empírico-reale) del diritto" (1970:230-231). Tem-se, ao final, um Direito positivo de configuração idealista. Kelsen mesmo o confirma. São palavras suas, tiradas do texto dos escritos polêmicos dirigidos contra Alf Ross: "Pues una norma no es un hecho del ser sino una precripción del deber ser. (...) El conocimiento puede dirigirse al acto del ser o a su sentido normativo y de esta manera apunta a dos objetos diferentes, el uno real y el otro ideal" (1969:11). É normativa a esfera do dever ser. Em seu âmbito, adquire forma e realidade este ente ideal chamado Direito, produto exclusivo da abstração do pensamento.

27. Observa-se, de outra parte, que Kelsen identifica completamente Direito positivo com norma jurídica. Direito não é mais do que norma. Precisamente, a norma primária que estipula a sanção, sendo o Direito, como é, uma ordem coativa. Configura-se, através dessa nova redução, um normativismo jurídico absoluto, que constitui uma das notas definidoras da teoria pura. Já em 1927, quando a teoria ainda se encontrava em formação, Léon Duguit captou com segurança essa sua característica totalitária: "Il n'y a dans le monde juridique que des normes et des systèmes de normes. Telle est d'un mot toute la doctrine" (1927:42) Bem viu Duguit, no pannormativismo, toda a doutrina de Kelsen. Uma das consequências mais marcantes dessa redução normativa é o afastamento do fato social do âmbito do Direito, o qual é forçado a assumir, por esse meio, configuração unidimensional de todo insustentável.

28. O que pretende a teoria pura é conhecer o Direito que é, o Direito possível, não o Direito ideal, de modo algum lhe importando "a questão de saber como deve ser o Direito, ou como deve ele ser feito. É ciência jurídica e não política do Direito" (1943:17). Por isso, a teoria do Direito como ciência, apesar de criar o seu objeto, não prescreve, mas simplesmente descreve. Kelsen segue Karl Pearson, a quem cita, com destaque, na página de abertura dos *Problemas Fundamentais*: "The civil law involves a command and a duty; the scientific law is a description, not a prescription" (1997b:41). A teoria pura "limita-se a descrever o seu objeto" (1974:14), não pretendendo nunca ir além disso.

29. Caberia, então, indagar como atuaria essa ciência descritiva? "*Describir*" – diz-nos o kelseniano Robert Walter – "significa indicar cuál es el contenido de un orden jurídico. Su contenido consiste en *ordenanzas*, que pueden describirse por proposiciones tales como: Segundo el sistema A – que há de interpretarse normativamente – debe estatuirse en las cunstancias V, un acto coercitivo Z. (...) Esto es lo que se llama descripción" (1984:25). A ciência jurídica ocupa-se, pois, da descrição do conteúdo lógico das normas jurídicas. E essas, como ensina Kelsen, têm a forma de um duplo juízo hipotético, cuja parte verdadeiramente significativa pode ser assim expressa: dada a não prestação, deve ser a sanção. Privilegia-se o ilícito, o momento essencial da coação como sanção, consoante costuma acentuar Kelsen. É a ciência jurídica, portanto, conhecimento meramente descritivo. Como, aliás, preceitua a doutrina positivista.

30. Nada obstante essa restrição pertinente ao objetivo, Kelsen declara ter sido seu "intento elevar a jurisprudência (...) à altura de uma genuína ciência, de uma ciência do espírito" (1974:07). Não se vê como poderá ele compatibilizar o declarado perfil positivista de sua teoria com as notas definidoras da ciência do espírito de índole jurídica, as quais, segundo seu principal sistematizador, Wilhelm Dilthey, são de três ordens: fundamentação transcendente, expectativa teleológica e caráter volitivo do Direito (1948:96-98). Nada disto comportaria uma ciência meramente descritiva, como Kelsen pretende seja a Jurisprudência normativa.

31. Pelo que se viu, a teoria pura ocupa-se da descrição das normas hierarquicamente dispostas como ordem jurídica. Esta disposição, consoante Kelsen a imagina, assume a forma de uma pirâmide jurídica. Sendo o propósito da teoria "conhecer o Direito positivo na sua essência" (1939:2l), haverá, naturalmente, de investigar a respeito da natureza das normas, único meio, para Kelsen, através dos quais ele se manifesta. Nesta matéria, o primeiro Kelsen promoveu profunda reforma na ciência jurídica de sua época. Dando consequência à substituição da lógica aristotélica do ser pela lógica kantiana do dever ser, trocou a tradicional teoria da norma como imperativo por uma nova concepção da norma como juízo hipotético. A cópula de dever ser passa a amoldar o enlace dos elementos da norma, criando uma relação típica, que Kelsen, em contraste com o velho princípio da causalidade, chama de imputação. Justamente por seu intermédio, o mundo jurídico separa-se do mundo natural. O outro traço distintivo e complementar da essência do Direito positivo seria a coação, interposta para fixar os limites entre o Direito e a Moral. Por tal meio, afirmava-se autonomia da norma jurídica em face da norma moral. Imputação e coação passam a formar o círculo onde se contém a juridicidade ou essência do Direito positivo.

32. Verifica-se, desse modo, ter Kelsen se valido da lógica do dever ser como categoria gnosiológico-transcendental, em sentido kantiano, para, desse modo, livrar-se do critério metafísico-transcendente, utilizado pela ciência do Direito tradicional. Na primeira edição de sua obra principal, declara que, a fim de alcançar o resultado almejado, teve de romper "com a concepção tradicional que faz da norma de Direito um imperativo, à imagem e semelhança da norma da moral, apresentando-a, ao contrário, como um juízo hipotético no qual se ligam de modo específico um fato condicionante com uma conseqüência condicionada" (1939:26). Nesse novo contexto, o princípio da causalidade é substituído pelo conceito de imputação, "que constitui, para a teoria jurídica pura, a legalidade específica do Direito" (1939:27). Aliás, a afirmação de que a norma jurídica é um *juízo hipotético* é bem anterior à publicação da *Teoria Pura do Direito*. Aparece já nos *Problemas Fundamentais da Teoria Jurídica do Estado*, de 1911, como, igualmente, na *Teoria Geral do Estado*, de 1925.

33. É durante sua estada na América do Norte, e sob a influência direta de John Austin, o grande teórico moderno do Direito anglo-americano, que Kelsen revê a doutrina da norma jurídica como juízo hipotético, a qual tanto esforço lhe custara para ser formulada, segundo registro feito no prefácio da 2ª edição dos *Problemas Fundamentais* (1997b:19). Mas, também, e em compensação, que tanto sucesso obtivera nos círculos da teoria jurídica de todo o mundo, confiantes que estavam muitos de seus integrantes de haverem encontrado, afinal, uma proposta capaz de enfrentar com sucesso a desgastada concepção imperativista do Direito, que deita suas profundas raízes na filosofia do autoritarismo. Essa posição aparece pela primeira vez em 1945, na obra *Teoria Geral do Direito e do Estado*, publicada na Califórnia (1990:36-37). Senhor das reduções, Kelsen agora pratica operação contrária, cria uma distinção, amplia: ao lado das normas jurídicas como *juízo*, situa as normas jurídicas como *comando* ou *imperativo*. São, as primeiras, especialmente denominadas regras de Direito. A diferença entre uma e outra, é esta: a norma jurídica, expressão de vontade de uma autoridade, é um comando, uma ordem, um imperativo, a regular a conduta recíproca das pessoas; a regra de Direito, formulada pela ciência para descrever as normas jurídicas, é um juízo hipotético, um preceito, nunca uma norma, porque jamais poderia estabelecer obrigações e direitos.

34. As críticas ao elemento psicológico ou volitivo da imperatividade, antes por ele mesmo formuladas com muita ênfase, levaram Kelsen a tentar contornar o problema a partir da criação da figura do *imperativo despsicologizado*. Eis como ele a concebeu: "La conducta humana es sancionada, estatuída o prescrita por una regla sin ningún acto de voluntad psíquica. El derecho podría ser denominado una orden *despsicologizada*" (1946:222). Ao igual que o criador da figura do imperativo independente, Karl Olivecrona, que através de recurso semelhante buscara eliminar a relação interpessoal do pretenso comando jurídico (1959:183-185), Kelsen também apelou para a imaginação ao criar essa misteriosa entidade. A principal consequência desse tipo de doutrina foi aumentar a distância entre a teoria e a prática jurídicas, o que é péssimo para a credibilidade do Direito. Seriam as pessoas seres autômatos, a obedecerem a ordens ou comandos não identificáveis? Na verdade, esse tipo de preocupação não frequenta o ideário de Kelsen, tanto que, no prefácio da primeira edição dos *Problemas Fundamentais*, declarou, sem meias palavras, que "o meu trabalho presta-se apenas a interesses teóricos, não práticos" (1997b:11). Nada de surpreendente para um autor que pretende eliminar do Direito todo conteúdo, em proveito exclusivo da forma.

35. Uma das marcas reveladoras do positivismo da teoria pura é sua visão do Direito como ordem coativa da conduta humana. Ressalva Kelsen que, neste ponto, "segue a tradição da ciência jurídica positivista do século XIX", a qual concordava "com o fato das normas jurídicas serem normas de coação, isto é, reguladoras da coação" (1939:29). Nos escritos polêmicos contra Alf Ross, Kelsen teve ocasião de explicitar melhor o sentido da caracterização do "derecho como um sistemas de normas coactivas de deber ser, es decir, de nornas que prescriben a ciertos órganos jurídicos que ellos, en determinadas condiciones, *deben* dirigir actos de fuerza contra seres humanos (1969:13). Não haveria de ser de outro modo, porquanto a teoria pura só poderia buscar conhecer a essência do Direito positivo, o único que reconhece, através de sua exclusiva forma de expressão, que é a norma jurídica. E a essência desse Direito é a coação. Frases deste teor, – "a coação, no sentido (físico) aqui definido, é um elemento essencial do Direito" (1990: 48), – podem ser repetidamente encontradas nas obras de Kelsen.

36. Para Kelsen, renunciar ao momento coativo do Direito só seria possível nas duas seguintes hipóteses: a – se a força coativa passasse a ter por base o valor; b – se o Direito positivo fosse tomado como manifestação de uma ordem absoluta, de índole natural ou divina. Contudo, a eventualidade de um Direito sem coação, por apresentar "acentuado sabor jusnaturalista" (1939:32), é, desde logo, descartada por Kelsen. No limite, e igualmente como na concepção também essencialista de Ihering, abolir a coação seria eliminar o próprio Direito.

37. De acordo com consabidas lições filosóficas de todos os tempos, tem-se por pacífico que o conceito de essência envolve as ideias de unicidade e permanência, ambas imprescindíveis à sua própria afirmação teleológica. Uma essência múltipla e transitória, seria coisa inconcebível por definição, porque sem qualquer finalidade. Se assim é, como entender a seguinte passagem de Kelsen, recolhida da 2ª edição da *Teoria Pura do Direito*: "Dizer que o Direito é uma ordem coativa significa que as suas normas estatuem atos de coação atribuíveis à comunidade jurídica. Isto não significa, porém, que em todos os casos da sua efetivaçãose tenha de empregar a coação física. Tal apenas terá de suceder quando essa efetivação encontre resistência, o que não é normalmente o caso" (1974:61). Não está Kelsen, por acaso, querendo dizer que o Direito só acidentalmente requer a coação, sendo-lhe esta, no ambiente de normalidade, de todo prescindível? Se assim de fato ocorre, como parece fora de dúvida, o Direito não é coativo.

38. Outro ajuste de contas, que a doutrina coativista de Kelsen está a impor, será este relativo à antinomia entre sua concepção ideal de norma como expressão de um dever ser meramente lógico e seu conceito inequivocamente empírico de ato coativo, ou coação. Com efeito, na 1ª edição da sua obra mestra, Kelsen censura a ciência jurídica de sua época por pretender ela, "em íntima conexão" com o jusnaturalismo renascente, "renunciar ao momento da coação como critério empírico do Direito" (1939:32). Por agora, registre-se apenas o impasse doutrinário.

39. A busca de pureza é outro princípio basilar da teoria pura. Está proclamado no prefácio à primeira edição da obra, de 1934: "Há mais de duas décadas que empreendi desenvolver uma teoria jurídica pura, isto é, purificada de toda ideologia política e de todos os elementos de ciência natural, uma teoria jurídica consciente de sua especificidade, porque consciente da legalidade específica do seu objeto" (1974: 07). Anote-se, desde logo, que teoria pura, para Kelsen, significa teoria purificada, e não originalmente sem impureza. Deve a ciência do Direito ser purificada, além das ideologias e da ciência natural, acima referidas, também da psicologia, da biologia, da ética e da teologia (1933:09). E mais ainda: da especulação metafísica, da filosofia da justiça, da doutrina do Direito natural, da política e da sociologia (1990:02-03). Libertando a ciência do Direito de elementos estranhos, Kelsen tentava evitar sua desnaturação. Uma ressalva que ele não se cansava de repetir: puro é o método da ciência do Direito, não o Direito ele mesmo.

40. Nos escritos polêmicos dirigidos contra Julius Stone, ratifica Kelsen: "O que quis dizer é que o adjetivo *puro* se refere à teoria do Direito, não ao Direito; o Direito não é *puro*, somente a teoria do Direito pode ser *pura*" (1969:79). Apesar de tudo, não parece plausível que a pureza do método, como Kelsen o maneja, não se transmita ao próprio Direito. Essa a inferência imediata que tiramos desta sua frase, tão clara como conclusiva: "É chamada *pura* porque procura excluir da cognição do Direito positivo todos os elementos estranhos a este" (1997:261).

41. Excluir da cognição do Direito positivo todos os elementos que lhe são estranhos, além de importar uma tarefa não descritiva e, portanto, estranha à ciência jurídica, só poderia significar duas coisas, nenhuma delas favorável a Kelsen: 1ª – eliminar *do conhe-*

cimento do Direito tais elementos redundaria, sem dúvida, na sua desnaturação, resultado sem dúvida nem interessante e nem útil; 2ª – a tarefa só teria sentido se tal supressão levasse diretamente ao Direito puro, o que, para Kelsen, não seria o caso. Demais, se Kelsen renuncia, em nome da pureza, a conhecer o Direito que é, na busca de um direito que, purificado, *deveria ser*, então mais uma vez contradiz um de seus princípios programáticos, a saber, aquele segundo o qual a teoria pura se restringiria ao conhecimento do que é e como é o Direito, e não de como este deveria ser (1974:17).

42. Na verdade, o que Kelsen pretende atingir através da pureza metódica é, precisamente, uma ciência jurídica rigorosa. Ele assim o proclamou na versão inicial da *Teoria Pura do Direito*, logo na página de abertura do livro: "A razão pela qual chamamos pura a esta doutrina do Direito, radica no fato de ela se propor, como única finalidade, obter um conhecimento preciso do Direito" (1939:05). Em Buenos Aires, na primeira de suas famosas conferências na Faculdade de Direito, em 1949, – depois reunidas, com os textos de Carlos Cossio, no livro *Problemas Escogidos de la Teoría Pura del Derecho* – Kelsen elogia a alta cultura jurídica da Argentina, cujos sábios doutrinadores se encontram à frente "em muitos domínios da Jurisprudência, sobretudo no da teoria *exata* do Direito" (1952:11). Entre parênteses: não se deixe passar despercebido o emprego, aí, do adjetivo exata, durante muito tempo usado para sublinhar o pleno rigor das ciências da natureza, tendo-se em conta o manifesto propósito de colocar o Direito, ciência do espírito para Kelsen, ao mesmo nível daquelas.

43. Dessa exatidão, que busca para a ciência jurídica, elegeu por modelo o saber matemático, tal como, antes dele, no século XVII, já o fizeram *Spinoza*, relativamente à Ética, e Leibniz, no que concerne ao próprio Direito. Já nos *Problemas Fundamentais*, Kelsen afirmara que, enquanto análise estrutural do Direito, a teoria pura poderia considerar-se uma espécie de "geometria do fenômeno jurídico". O principal dessa analogia está em que "la giurisprudenza, infatti, non è il diritto che regola, il diritto che crea, come la geometria non è la técnica della *formazione* dei corpi" (1997b:131). Isso porque suas noções básicas de ciência jurídica, tais quais as da geometria, são também apriorísticas e puramente formais.

44. O formalismo constitui, aliás, outra característica marcante da construção kelseniana, diretamente responsável por sua apregoada pureza. Afirma-o Norberto Bobbio: a teoria de Kelsen é *"pura perché formale"* (1992:08). Em outros termos: é uma teoria das normas jurídicas como puras formas ideais. O mesmo Bobbio nos põe em contato, num ensaio sobre *Kelsen y Max Weber*, com um trecho do prefácio da 1ª edição dos *Problemas Fundamentais*, onde o jurista austríaco declara sua atitude decididamente formal na apreciação das normas jurídicas. É esta a passagem referida: "la característica del fin cognoscitivo de mi trabajo consiste en que éste no quiere ir más allá de um tratamiento puramente formal de las normas jurídicas porque, segundo mi parece, en esta limitación está escondida la esencia del tratamiento formal-normativo de la jurisprudencia" (1989:58). Como se nota, admite Kelsen francamente ser o formalismo uma limitação, contudo uma limitação essencial à concepção normativa da ciência do Direito.

45. Caberia, então, indagar por qual motivo a ciência jurídica normativa, para constituir-se, teria de cindir o Direito ao meio, limitando-se ao estudo de uma de suas partes, a forma, com total desprezo da outra, a matéria. No seio da discussão que mantém com Jellinek sobre o tema, ainda nos *Problemas Fundamentais*, Kelsen explica que o jurista, diferentemente do sociólogo, há de partir apenas do pressuposto da existência da ordem jurídica constituída, em nada lhe interessando qual tenha sido sua origem e nem qual seja o fim pretendido. Em consequência, "la eliminación del factor fin de la construcción de los conceptos jurídicos hace que éstos queden reducidos a categorías *formales*" (1987:78). Logo a seguir, Kelsen ocupa-se em repelir a crítica de que esses conceitos jurídicos puramente formais seriam, enquanto fórmulas sem conteúdo, carentes de todo valor. Lembra que à ciência do Direito, de fato, não compete explicar a vida real, tarefa, antes, do sociólogo. Afinal, com novo argumento tirado da geometria, conclui seu raciocínio afirmando que introduzir no conceito o fator fim, "representa un error metodológico análogo al que se cometería si en una definición de la esfera, por ejemplo, se tuviese en cuenta el material que en un caso concreto revista la forma esférica" (1987:78).

46. A razão para o formalismo da ciência normativa é de outra espécie no prefácio da *Théorie Générale du Droit International Public. Problèmes Choisis*. Está dito aí que "une théorie générale du droit international doit être nécessairement – comme toute théorie véritable – abstraite et formelle. Car sa tâche est de simplifier la complexité des phénomènes concrets, en les réduisant à des points de vue généraux" (1933b:122-123). Para Kelsen, portanto, toda teoria jurídica verdadeira deve, necessariamente, simplificar a complexidade dos fenômenos concretos, reduzindo-os a noções gerais. Aqui, simplificar a realidade; lá, dividi-la. Mais uma vez, privilegia-se o método em detrimento de tudo mais.

47. Na esteira do formalismo, o que se coloca em primeiro plano é a questão do conteúdo, a saber, se o Direito positivo permanece ou não vazio. O fato de haver Kelsen afirmado que a norma jurídica está em disponibilidade para receber qualquer conteúdo (1934:61) deu origem à polêmica sobre se haveria uma tendência ínsita da teoria pura para os regimes autoritários. Kelsen creditou os posicionamentos afirmativos como decorrentes de ignorância ou de má fé. No primeiro caso, diz, "os argumentos (...) são dirigidos, não propriamente contra a Teoria Pura do Direito, mas contra a sua falsa imagem, construída segundo as necessidades do eventual opositor" (1974:09). Na segunda hipótese, "a censura de formalismo, que se dirige sempre à elaboração científica do Direito positivo, (...) constitui um notório preconceito jusnaturalista" (1946:20). Está ele bem convicto, portanto, de que o formalismo, apesar de representar uma limitação, constitui, porém, o aspecto próprio e essencial para o bom conhecimento do Direito positivo.

48. Uma das teses da teoria pura, de maior profundidade e repercussão, é aquela pela qual se eliminam as diferenças entre Direito e Estado, concebidos, então, como idênticos. Kelsen enfrenta, com esta proposta, cerca de vinte e cinco séculos de história das ideias políticas, desconsiderando, por ideológico, a distinção tradicional. Entende que a jurisprudência anterior cultivou tal dualismo a fim de preservar sua valiosa função ideológica. Nesse sentido, era "necessário representar o Estado como uma pessoa diferente do Direito, para o Direito poder justificar o Estado que o cria, para se submeter, depois, à sua obra. E o Direito só pode justificar o Estado sendo as duas naturezas fundamentalmente diferentes: aquele constitui uma ordem *reta, justa*; este é, essencialmente, poder" (1939:104).

49. Na margem oposta, Kelsen precisava eliminar, da sua teoria realista e pura, uma tal premissa epistemológica, que importava a pressuposição do Direito natural como instância legitimadora do Direito positivo e, em consequência, a negação da autonomia da ordem jurídica positivista, como ele a concebera. Este o motivo pelo qual a redução do conceito suprajurídico de Estado ao conceito de Direito positivo se tornara necessária, pois iria desempenhar a função de "prerrequisito imprescindible para el desarrollo de una auténtica ciencia jurídica como ciencia del Derecho positivo, depurada de todo Derecho natural" (1989:266). Este passaria, então, a ser o objetivo "de la teoría pura del Derecho que es simultáneamente la *teoría pura del Estado*"(1989:266).

50. Por esse motivo, a posição de Kelsen é a mesma relativamente à necessidade de legitimação do Estado. A propósito, afirma: "O desejo de legitimar o Estado como Estado de Direito é totalmente estéril, visto que qualquer Estado é, por natureza, um Estado de Direito". E o Direito, envolvido no conceito, "não é mais do que uma ordem coativa da conduta humana, prescindindo do seu valor de moralidade ou de justiça" (1939:107). Diante da redução do Estado à sua ordem jurídica, a questão permanece ao nível do próprio Direito, sendo tratada, em derradeira instância, em termos de *norma fundamental hipotética*.

51. Tem-se, aí, o ponto alto das concepções monistas, uma das características marcantes e permanentes do pensamento kelseniano. No prefácio da *Teoria Geral do Direito e do Estado*, Kelsen traça a abrangência desse monismo, indicando-lhe inclusive os objetivos: "Justamente como a teoria pura do Direito elimina o dualismo de Direito e justiça e o dualismo de direito subjetivo e objetivo, ela abole o dualismo de Direito e Estado. Ao fazê-lo, ela estabelece uma teoria do Estado como uma parte intrínseca da teoria do Direito e postula a unidade do Direito nacional e do internacional dentro de um sistema que compreende todas as ordens jurídicas positivas" (1990:04). Reafirma-se o grandioso propósito de criação de uma Teoria do Direito de cunho universal.

52. A redução do Estado ao Direito já está enunciada na primeira versão da Teoria Pura do Direito, nos seguintes termos: "O Estado, como pessoa, não é mais do que a personificação da ordem jurídica" (1939:106). Seguidamente, e apenas em termos diversos, Kelsen vai repetindo a mesma proposta através de suas muitas obras. Uma passagem mais, para ver-se como ele supervalorava essa ideia: "Y así puede también decirse que el *Estado es la forma perfecta del Derecho positivo*" (1946:22). As diferentes maneiras de dizer a mesma coisa também servem, a quem o faz, para confirmá-lo ou não no seu pensamento. Kelsen parece não ter nenhuma dúvida de que Estado é Direito, sem mais nem menos. Tal reiteração também se tornara desejável porque, em assim fazendo, ele tem oportunidade de mostrar como sua teoria foi capaz de resolver "el problema más difícil de la Teoria del Estado", qual seja, "la construcción teorética correcta de esta relación entre Derecho y Estado" (1934:129). De resto, é sempre proveitoso estar voltando a temas centrais da construção kelseniana, como este, em razão de novos matizes quase sempre evidenciados nessas recolocações.

53. Há, ainda, uma outra implicação desta tese que identifica o Estado com o Direito, a qual nos parece verdadeiramente surpreendente. E, uma vez mais, ela decorre da necessidade de preservação da pureza da teoria. No ensaio *Dios y Estado*, do início da década de 20, faz a insólita revelação, apontando-lhe a razão de ser. São suas palavras: "Esta teoría jurídica pura del Estado, que desintegra el concepto de un Estado distinto del Derecho, es una teoría del Estado... sin Estado. Y por más paradójica que parezca, solo de esta manera la teoría del Derecho y del Estado abandona el nível de la teología para acceder ae rango de la ciencia moderna" (1989:266). Pelo que a crítica de Hermann Heller neste exato sentido – uma teoria do Estado sem Estado constitui um paradoxo (1968:78) perde a condição original de censura, para tornar-se interpretação autêntica.

54. Todos esses predicados, com os quais procurou Kelsen garantir a pureza e fortalecer a integridade de sua doutrina da ciência, seriam insatisfatórios se, ao mesmo tempo, não fosse a ideologia afastada de seus domínios. Desde a primeira versão da teoria, em 1934, proclamou ele sua tendência antiideológica. Nesse sentido, lecionou: "a teoria jurídica pura... aspira a expor o Direito tal como ele é, sem o legitimar pela sua justiça, nem o desqualificar pela sua injustiça; procura conhecer o Direito real e possível e não o Direito justo. (...) Como ciência, só se julga obrigada a conhecer o Direito positivo na sua essência" (1939:20-21). Lê-se nas entrelinhas, claramente, a reprovação do jusnaturalismo, responsabilizado pelo caráter metafísico da jurisprudência tradicional, contra a qual diretamente se posiciona a teoria pura.

55. Na visão radicalmente positivista de Kelsen, o jusnaturalismo tem sempre se prestado a desempenhar a função ideológica de legitimar ou deslegitimar ordens sociais existentes, o que constituiria uma interferência política de todo prejudicial à ciência do Direito. Por ser autossuficiente, o Direito positivo dispensaria essa despurificadora intervenção do Direito natural. As preocupações tendentes a apurar a justiça ou a legitimidade do Direito positivo são inteiramente alheias aos objetivos da ciência jurídica pura. Para justificar sua posição anti-ideológica, Kelsen invoca de novo o princípio da prevalência da verdade científica, ao qual está disposto a tudo sacrificar. "Todas as ideologias" – afirma – "provêm de certos interesses, ou melhor, de um interesse que não é o interesse pela verdade" (1939:21).

56. Kelsen não pôde, porém, sustentar essa sua posição anti-ideológica em toda a linha e por todo o tempo. Ao aproximá-la do nível epistemológico onde operam as categorias do ser e do dever ser, teve de admitir o caráter ideológico do Direito positivo. Na mesma primeira edição da *Teoria Pura do Direito*, escreveu o seguinte: "O fato de declarar que o Direito constitui uma ideologia, em relação à realidade natural, e exigir, ao mesmo tempo, uma teoria jurídica *pura*, quer dizer, anti-ideológica, não é tão contraditório como à primeira vista parece" (1939:38-39). Com o intuito de justificar-se, invoca Kelsen a condição de plurivocidade do conceito de ideologia e o caráter relativo da antítese entre ideologia e realidade. Desse modo, diz ele, "se considerarmos o Direito positivo como uma ordem normativa em relação à realidade da natureza, que deve estar de acordo com o Direito positivo, como este pretende (mesmo que nem sempre assim aconteça), pode receber o nome de *ideologia*" (1939:39). Alguns anos mais tarde, em 1942, voltará ao tema, agora para melhor caracterizar o tipo de ideologia compatível com sua construção doutrinária. É o que veremos a seguir: "Se concebemos o Direito como um complexo de normas e, portanto, como uma ideologia, essa ideologia difere de outras, especialmente de ideologias metafísicas, na medida em que corresponde a certos fatos da realidade" (1997:221). O que jamais poderia admitir Kelsen, seria a possibilidade da existência de uma ordem jusnaturalista superior ao Direito positivo, com a presunção de transmitir-lhe validade. Isso é precisamente o que, para ele, representaria o conceito negativo de ideologia. Contudo, na sua estada na América do Norte, é levado a aceitar, relativamente à *norma fundamental hipotética*, "um mínimo de metafísica e, aqui, de Direito natural, sem os quais não seria possível nem uma cognição da natureza, nem do Direito" (1990:426). Assiste-se, pois, à incorporação da ideologia, agora em seu indesejável sentido metafísico, à Teoria Pura do Direito.

57. O objetivo último de Kelsen, com vistas ao qual parece ter montado toda a imponente arquitetura lógico-epistemológica da teoria pura, é, sem dúvida, a problemática questão da validade jurídica. Tudo, no Direito positivo, só adquire sentido a partir da validade de suas normas. Esta constitui, mesmo, seu princípio existencial. "Se dizemos que uma norma *existe*" – afirma Kelsen – "queremos dizer que uma norma é válida". E acrescenta: "A jurisprudência considera o Direito como um sistema de normas válidas" (1997:263). Estabelece-se, desde o princípio, uma identidade de sentido entre positividade e validade.

58. Considerada em seu aspecto funcional, a validade aparece como instância jurídica última e decisiva, ocupando os espaços naturalmente destinados, pelo que Kelsen chamou jurisprudência tradicional, às instâncias da justiça e da legitimidade. Para a teoria pura, o que vale está isento da demonstração de que tem valor. Este é o motivo pelo qual a validade constitui uma noção formal. A propósito, assim se expressa Kelsen: "A validade não é uma questão de conteúdo. Qualquer conteúdo pode ser Direito; não há conduta humana que não possa caber numa norma jurídica" (1939:61).

59. Contudo, o alargamento do âmbito da validade não se detém aí. Avança até incorporar o conceito de vigência, com este passando a confundir-se. Kelsen o afirma de modo direto: "... la soberania no puede ser una qualidad de un ser natural, (...) sino meramente una *propiedad del orden jurídico que se suponga como válido o sea como vigente*" (1934:136). Na página seguinte a essa citação, três vezes aparecem referências à validade como equivalente de vigência, entre as quais esta aqui: "Una multiplicidad de normas constituye un orden, esto es, un sistema indepiendente, cuando su validez o vigencia se deriva de una misma norma, la cual se la designa entonces con el nombre de *norma fundamental*" (1934:137). Trata-se, portanto, de atitude pensada, não de coisa acidental.

60. O encontro de mais uma redução não seria coisa de admirar no processo da lógica kelseniana. Seus leitores já estão acostumados com o constante apelo a tal recurso. O que causa verdadeiramente estranheza é o abandono do formalismo normativista, decorrente da sustentação da validade pela eficácia, ou seja, da tomada de um ser (a eficácia) como condição de um dever ser (a validade). Kelsen admitiu tal dependência em muitas de suas obras. Na *Teoria Geral do Direito e do Estado* há uma curta sentença para expressá-la: "A validade de uma ordem jurídica depende, desse modo, da sua concordância com a realidade, da sua *eficácia*" (1990:125). Deste modo se fecha o ciclo de mais uma doutrina fundamental da Teoria Pura do Direito.

61. Tem-se, aí, projetada em largos traços, uma síntese do que é a Teoria Pura do Direito como ensaio de compreensão total deste peculiar sistema regulador da vida de relações humanas, que se chama Direito, na visão especial de Hans Kelsen, jusfilósofo de maior nomeada do Século XX. Há, porém, uma outra face desta extraordinária obra, que não pode deixar de ser mencionada, porquanto reveladora da riqueza e complexidade do instrumental teórico mobilizado para executá-la. Referimo-nos ao fato de a construção kelseniana abranger, para muito além de uma complexa teoria geral do Direito positivo, um considerável elenco de disciplinas teóricas, com perfis perfeitamente caracterizados. Sem contar com a teoria pura do Estado, gerada como a outra face da Teoria Pura do Direito, podem ser relacionadas uma filosofia e uma lógica jurídicas, uma metodologia, uma teoria da interpretação, uma epistemologia e uma teoria da argumentação.

62. As bases filosóficas da teoria pura, explicitadas sobretudo a partir da troca de ideias e informações entre seu autor e Renato Treves, parecem conter elementos bastantes à projeção de uma filosofia do Direito de concepção kelseniana. No limite, não lhe faltará uma axiologia, mesmo que subalternizada por sua doutrina da validade, nem mesmo uma metafísica, embora se trate de modesta metafísica da imanência, assim mesmo suficiente para dar entrada do Direito natural na parte mais nobre do seu sistema, a *norma fundamental hipotética*. Não se pode olvidar, ainda, que o projeto de uma teoria do Direito como geometria do fenômeno jurídico aponta diretamente para o idealismo essencialista de Platão, donde Kelsen, aliás, deve ter retirado, também, o conceito de realidade aplicado a seu normativismo idealista e formalista.

63. A condição de Lógica Jurídica da teoria pura é reivindicada antes de mais pelo próprio Kelsen. Nas conferências de Buenos Aires, julgou ele oportuno advertir que "la ciencia del Derecho determina no solamente la estructura lógica, sino también el contenido de las regras del derecho".

Desse modo, "en tanto la teoría del Derecho se limita a estos problemas, forma parte de la Lógica; ella es Lógica del Derecho" (1952:57). Trata-se da lógica do dever ser, própria das ciências normativas. Em Kelsen, uma lógica puramente formal. E esta lógica domina tanto o estudo das normas em si, tomadas em sua peculiar forma de expressão de juízos hipotéticos, como se aplica, também, à sistematização que entre elas se impõe, a fim de garantir a unidade da ordem jurídica. A força e a dimensão do elemento lógico no pensamento de Kelsen têm sido reputadas tão expressivas, a ponto de muitos filósofos do Direito considerarem a teoria pura, com prioridade, uma Lógica jurídica. É o caso do finlandês Otto Brusiin, para o qual "la teoría pura del derecho constituye en realidad – y tanto si el mismo Kelsen lo reconoce o no – una lógica del pensamiento jurídico" (1959:207-208). Tal juízo encontra, de certo modo, validação no generalizado emprego de um termo de índole essencialmente lógica, qual seja, *coerência*, para caracterizar o modelo de ciência jurídica projetado por Kelsen na sua Teoria Pura do Direito.

64. Uma das preocupações permanentes de Kelsen consiste na metodologia. É através dela que pretende garantir um conhecimento voltado exclusivamente para o Direito, com total eliminação de todos os elementos que lhe seriam estranhos, a exemplo da ética, da política, da sociologia e da psicologia. Por esse meio, busca-se, antes de tudo, a pureza metodológica. Referindo-se a tal objetivo, afirma Kelsen, logo na página de abertura da *Teoria Pura do Direito*, "ser esse seu princípio metodológico fundamental" (1974:17). Na vertente oposta, sua tarefa principal é "evitar o sincretismo metodológico, que obscurece a essência da ciência jurídica e dilui os limites que lhe são impostos pela natureza do seu objeto" (1974:18). Fecha-se, desse modo, o cerco à intromissão de elementos estranhos no processo de conhecimento do Direito.

65. Estava Kelsen convencido, desde o princípio, da alta relevância do método para o sucesso do empreendimento que desejava levar a efeito. Não houvesse um método a balizar tarefas, não haveria condições da conferência de resultados. Nessa colocação da prioridade do método, talvez se manifestasse a influência de Hermann Cohen, neokantiano em quem reconhece precedência doutrinária e para o qual a filosofia era simplesmente uma metodologia da ciência. Esse entendimento, Kelsen o incorpora, sem reservas, a seu cabedal teórico. Já no prefácio da 1ª edição dos *Problemas Fundamentais*, escreve com determinação: "Il lavoro ha un carattere eminentemente metodológico" (1997b:05). Indica, a seguir, os motivos para que assim o seja: porque é ele construído a partir de ampla indagação sobre questões preliminares que costumam ser suscitadas no âmbito do conhecimento jurídico, além de ter de considerar-se que o tratamento de todos os problemas especiais do direito público, como é o caso, apresentam-se sempre vinculados a tais fundamentos de ordem epistemológica.

66. Colocando-se sob o prisma das especificidades da sua teoria, Kelsen aponta, entre outras, duas situações responsáveis pela primazia do método, quais sejam: 1ª – a teoria normativa, em face de sua pretensão de pureza, exige o traçado de limites que impeçam a descaracterização do seu objeto, justificando, assim, seu forte caráter metodológico (1997b:07); 2ª – a questão da possibilidade e da medida, pelas quais a ciência do Direito possa ser caracterizada como disciplina normativa, constitui problema cardeal a ser resolvido no âmbito próprio de uma metodologia jurídica (1997:08). Da presteza do método, portanto, dependerá, em larga medida, a sorte da teoria pura, tanto que as reformas para correção de rumo interferirão diretamente em posturas e procedimentos metodológicos. Observe-se finalmente que, quanto a essa tomada de posição em favor do privilegiamento do método, Kelsen caracteriza-se como típico pensador dos séculos XVII e XVIII.

67. É ainda Kelsen quem se antecipa no anúncio de que a Teoria Pura do Direito também cuida da interpretação jurídica. Já no parágrafo inicial da segunda edição da obra, logo após afirmar que ela constitui uma teoria geral do Direito, e "não interpretação de particulares normas jurídicas, nacionais ou internacionais", faz a ressalva: "Contudo, fornece uma teoria da interpretação" (1974:17). Ao tema, é dedicado o oitavo e último capítulo do livro, intitulado "A Interpretação", que se estende por dez páginas. Nesta parte se encontra desenvolvida sua tese principal sobre interpretação jurídica, já antecipada, ao tratar Kelsen da dinâmica do Direito, nos seguintes termos: "A norma jurídica geral é sempre uma simples moldura dentro da qual há de ser produzida a norma jurídica individual" (1974:337).

68. Esta fórmula, já de si muito livre, adquire ainda maior amplitude e flexibilidade ao ser retomada em seu contexto específico. A esse nível, tem-se o seguinte enunciado: "O Direito a aplicar forma, em todas estas hipóteses, uma moldura dentro da qual existem várias possibilidades de aplicação, pelo que é conforme ao Direito todo o ato que se mantenha dentro deste quadro ou moldura, que preenche esta moldura em qualquer sentido possível" (1974:466-467). Não precisa fazer apelos a razões transcendentes para ver que esse modo incondicional de dispor sobre o arbítrio do intérprete – "em qualquer sentido possível" – ultrapassa, de muito, a eticidade congênita ao Direito.

69. Kelsen, contudo, ainda não se detém nesses largos limites. Ao tratar de interpretação autêntica, abre a possibilidade de sua completa descaracterização. Para evitar dúvidas, reproduzamos, primeiro, o sentido atribuído à interpretação autêntica, e que é este: "Mas autêntica, isto é, criadora de Direito, é-o ainda a interpretação feita através de um órgão aplicador do Direito ainda quando crie Direito apenas para um caso concreto, quer dizer, quando esse órgão apenas crie uma norma individual ou execute uma sanção". Nessa hipótese, afirma a seguir, "não somente se realiza uma das possibilidades reveladas pela interpretação cognoscitiva da mesma norma, como também se pode produzir uma norma que se situe completamente fora da moldura que a norma a aplicar represen-

ta" (1974: 471). Sublinhe-se: a interpretação autêntica, aquela em que o órgão aplicador cria uma norma individual ou executa uma sanção, pode produzir uma norma inteiramente fora da moldura representada pela norma a ser aplicada. Eliminada a moldura, com ela se abandona o Direito que guarnecia. Ultrapassadas, agora, foram as próprias fronteiras do Direito positivo, já de si insuficientes para garantir-lhe dignidade ética. Então, nada impede que o Direito passe a ser produto do poder circunstancial do mais forte, vale dizer, assuma a forma aberta de um contradireito. Por essa via, a teoria pura disponibiliza-se, de outro modo mais, para os adeptos dos regimes autoritários.

70. A par deste aspecto negativo de cunho político-ideológico, existe outro impasse na doutrina kelseniana da interpretação, esse de ordem lógico-epistemológica, e que pode ser assim formulado: como conciliar uma ciência de tipo descritivo, portanto meramente reprodutiva do seu objeto, com uma interpretação de ordem criativa, por conseguinte, produtora dos seus resultados? Observe-se ainda que, neste ponto, Kelsen, sem qualquer justificativa, elimina a diferença entre aplicação e criação do Direito, eixos ao redor dos quais se tem situado toda a problemática da interpretação jurídica. De outra parte, ao identificar interpretação com criação, Kelsen acrescenta um complicador ao já intricado problema da *norma fundamental* hipotética, qual seja, o de saber quem e o que foi interpretado quando do surgimento dessa misteriosa entidade.

71. A teoria pura representa também, como concepção especial da ciência do Direito, uma consumada Epistemologia jurídica. Isso ela é, induvidosamente, em toda sua complexidade e extensão: a propósito de qualquer tema e em quase todas as páginas que lhe transmitem o conteúdo, repontam premissas e questões de ordem epistemológica. É com elas que Kelsen se tem de haver no plano especial da justificação científica. Na verdade, em Kelsen o saber epistemológico assume a condição teórica de requisito fundamental para construção de seu pensamento. O que Kelsen reivindica através dele, e a todo custo, é a autonomia científica do Direito positivo.

A propósito, informa Josef L. Kunz que, durante longa entrevista que tivera com Kelsen em Nova York, este lhe havia afirmado que "su pregunta no és: Que és el Derecho?, sino que se pregunta a la manera kantiana: Como és posible el conocimiento del Derecho?" (1974:46). Consoante se observa, tal indagação, que envolve toda a sua teoria, é de índole tipicamente epistemológica, formulada, além disso, no mais autêntico estilo kantiano.

72. Esta aguda consciência do seu mister o contrapõe à maioria dos assim denominados cientistas do Direito de nossa época. Com efeito, nessa área há muitos juristas que pretendem fazer ciência do Direito, – a julgar pelo que mandam escrever nas capas de seus livros, – sem, contudo, possuírem ao menos qualquer ideia do que seja cientificidade. Guiam-se, apenas, por vagas noções colhidas do senso comum universitário. Pode-se censurar Kelsen, entre outras coisas, por haver adotado uma epistemologia divorciada dos valores, e, portanto, em descompasso com sua época; pode-se criticá-lo, ainda, por ter sido pródigo no uso de reduções de todo gênero, assim desnaturando a realidade que enfrentava; pode-se, por último, reprová-lo em razão de haver ele multiplicado indiscriminadamente antinomias, numa operação intelectual que, quase sempre, apenas transfere as soluções dos problemas para níveis superiores; não se pode, contudo, acusá-lo de falta de domínio de seu ofício.

73. Há a destacar, ainda, o fato de que a Teoria Pura do Direito inclui, também, uma teoria da argumentação jurídica. Kelsen foi, talvez, o jurista mais combativo do século XX. As audazes inovações por ele introduzidas no pensamento jurídico valeram-lhe violentas críticas, sempre contestadas com firme determinação, a exemplo das disputas travadas, entre outros, com Fritz Sander, Carl Schmitt, Max Adler, Julius Stone, Alf Ross, Carlos Cossio, Eugen Ehrlich, Jan-Magnus Jansson e Paul Amselek. Passa Kelsen a impressão de servir-se dessas oportunidades para reforçar suas posições, e nunca para simplesmente repeti-las. Sente-se, nos seus argumentos, incontida satisfação em demonstrar pleno domínio das matérias versadas, raiando às vezes à pura erudição, como ocorre com frequência nas

notas que acompanham o texto da *Teoria Geral das Normas*. Para assim proceder, teve de apurar as técnicas de seu raciocínio, apresentando-o para as tarefas dos torneios filosóficos. Sim, filosóficos mesmo, porque o normativismo kelseniano é uma ciência filosófica de cunho idealista, muito além do positivismo que com insistência afirma professar. Teve, portanto, de desenvolver uma teoria da argumentação jurídica.

74. A argumentação em Kelsen não tem o caráter de recurso meramente retórico, sem, contudo, deixar de ligar-se de modo decisivo a essa arte tão condenada pelo pensamento racionalista moderno, máxime o de conformação positivista. É sem dúvida de feição retórica a habilidade que emprega para impressionar os leitores e, por esse meio, predispô-los a seu favor. Nesse sentido, seu ponto de partida é quase sempre a declaração de que o opositor não lhe entendeu o pensamento, estando, portanto, criticando o que ele não afirmara. Isto é mais de que uma simples maneira de contestar. Representa, antes, uma técnica civilizada de desmoralização, nos moldes do melhor estilo sofístico desenvolvido na Grécia clássica, inclusive pelo Platão socrático, como bem pode observar-se no diálogo *Górgias*. Sirva de exemplo um pequeno trecho da introdução à reposta dada às objeções de Julius Stone, da Universidade de Sidney: "La crítica está basada en una presentación muy defectuosa de mi teoría. Para defenderla, basta con rectificar la presentación del profesor Stone" (1969:49). O aspecto emocional dessa declaração não se pode conciliar com a racionalidade do discurso científico.

75. Em geral, porém, a argumentação em Kelsen funciona como meio de prova, o que é perfeitamente legítimo no domínio das ciências culturais ou filosóficas, em que o cálculo ou a experimentação são impraticáveis. Vale recordar, a propósito, a lição de Chaïm Perelman: "... a prova em filosofia não apresenta o caráter coercivo e demonstrativo a que nos habituaram as ciências formais; ela é argumentativa e depende de premissas e de argumentos cuja força e cujo alcance são apreciados diversamente" (1997:289-290). Esses, como anteriormente lembrara, envolvem as "numerosas espécies de prova dialética ou retórica" (1997:266-267). Se esses meios de prova não parecem tão seguros como aqueles utilizados pelas ciências naturais e formais, a exemplo da botânica e da matemática, são, contudo, os únicos possíveis no domínio das ciências culturais. Portanto, não há como dispensá-los.

76. A teoria da argumentação em Kelsen, a qual nos vimos referindo, é da mesma linha desta proposta por Robert Alexy, que a define em termos de *teoria do discurso racional como teoria da justificação jurídica* (2001:179-186). Poder-se-ia objetar que estamos cometendo uma incoerência ao pretendermos retirar do corpo de uma ciência descritiva uma teoria da ordem da justificação jurídica. Se bem se observa, essa seria uma frágil contestação. Consoante já advertimos por diversas vezes, a ciência declaradamente descritiva de Kelsen é, ao mesmo tempo, criativa e prescritiva, produzindo seu objeto e suas próprias categorias. Na verdade, o que ela menos faz é descrever.

77. Parece natural que, por último, fosse suscitada a questão concernente aos propósitos visados pelo empreendimento científico de Kelsen. Nesse sentido, seria de procurar saber que visão peculiar do Direito e que área de atividade jurídica específica teria ele pretendido atingir com sua construção doutrinária. A resposta de tais indagações não é difícil. Kelsen mesmo forneceu precisa indicação sobre a matéria. Com efeito, declarou no prefácio da primeira edição dos *Problemas Fundamentais da Teoria Jurídica do Estado*: "il mio lavoro serve solo a bisogni teoretici, non pratici, e solo attraverso la speculazione formale questo fine può essere raggiunto" (1997b:11). Portanto, seu trabalho prestar-se-ia, apenas, a fins teóricos, os quais somente poderiam ser atingidos por meio da especulação formal. Para que não pudessem pairar duvidas sobre a exclusividade de seu interesse teórico, achou por bem Kelsen reforçar a expressão verbal correspondente com a negativa *não práticos*. Assim: "solo a bisogni teoretici, non pratici". À Teoria Pura do Direito não interessa, de modo algum, o que ocorre com o Direito como fenômeno social, como atividade da vida prática. Dela, procura Kelsen desviar-se a todo custo. Só o preocupa, de verdade, o Direito mentalmente existente no mundo ideativo do pensamento.

78. Em sendo assim, esse Direito não poderá servir nem ao jurisconsulto, nem ao profissional da prática forense, porque em nada lhes diz respeito. Por isso, com razão pôde escrever Fábio Ulhoa Coelho que o propósito básico de Kelsen foi assegurar para o Direito o estatuto de ciência. Desse modo, conclui, "nenhum juiz, assim como nenhum advogado ou legislador, pode ser kelseniano ou não. Isto simplesmente não tem sentido. Somente aos doutrinadores se pode atribuir ou negar tal condição" (1996:21-22). Há de dizer-se mais: mesmo assim, não em termos comuns, mas com grandes restrições.

79. Em sentido literal, Kelsen é um dogmático do Direito. Seu sistema jurídico, de índole declaradamente axiomática, apresenta-se como completo e fechado, desse modo insusceptível à crítica. Quem a tenta, é porque não o entendeu suficientemente, como costumava dizer Kelsen. No seu interior, a circulação do próprio jurista é limitada à alternativa: concordar ou não. Alterar estava vedado. Viu-o, com clareza, Nelson Saldanha: "A idéia de Kelsen, segundo a qual o Direito regula sua própria criação, foi instalada em seu sistema a troco de reforçar a especiosa consequência de destinar ao *jurista* um papel meramente técnico e 'intrassistemático', renunciando a toda atitude crítica em relação à ordem jurídica" (1987:75). Daí, entre outras vulnerabilidades, aquela, muito explorada, de ter-se prestado a legitimar ordens políticas ditatoriais.

80. Esses, em linhas gerais, os traços distintivos e individualizadores da Teoria Pura do Direito. No capítulo seguinte, ao tratarmos de sua formação e bases filosóficas, deverão eles adquirir maior nitidez, propiciando-nos a inteligibilidade imprescindível ao repasse crítico de seus fundamentos.

Capítulo II

FORMAÇÃO E BASES FILOSÓFICAS DA TEORIA

1. O homem é um ser de relações. Relações com os outros homens e com o universo que o cerca. Nesse sentido, sua afirmação como indivíduo dá-se sempre diante de alguém e em situação com o seu mundo. O confronto das presenças os confirma, garantindo-os como seres existentes. É testemunha e é testemunhado. Sozinho, por hipótese, de nada saberia, nem ao menos quem era. Por isso, pôde escrever Sartre: "O outro é indispensável à minha existência, tal como aliás ao conhecimento que eu tenho de mim" (1962:215). A mútua confirmação os faz semelhantes, vivendo a mesma vida, partilhando a mesma sorte, aspirando aos mesmos ideais. Sua visão das coisas, por isso, é sempre comum. Nem a arte da ficção e nem o pensamento utópico conseguem desenraizá-lo de seu contexto histórico e social. Por isso, quando fala, mesmo sem o querer, fala por seu grupo, fala em nome de sua época. Assim ocorre com todos, inclusive com os filósofos, como o são os juristas. Kelsen, entre eles.

2. Têm-se, aí, as ideias essenciais de um novo tipo de saber, um saber que procura autoconhecer-se. Poder-se-ia dizer com Bachelard: um saber que se psicanalisa. Max Scheler denominou-o Sociologia do Conhecimento. Suas premissas fundamentais foram definitivamente postas pelos integrantes do movimento historicista e por três pensadores malditos, Marx, Nietzsche e Freud. Coube-lhes explicar em termos científicos, segundo as exigências da época, como o pensamento é individual e socialmente condicionado. E mais: que tanto os condicionamentos de infraestrutura – os de índole econômica – ao igual que os de superestrutura – os de cunho

ideológico, racionais ou irracionais – podem ser do mesmo modo determinantes e decisivos. Restou a Michel Foucault, nos últimos tempos, sublinhar que tais condicionamentos operam de modo inconsciente, levando a que só vejamos o que queremos ver e fiquemos cegos para o que não desejamos perceber. Significa dizer, agora sob o prisma da Axiologia, que o nosso simples olhar se encontra sempre carregado de valores, e, portanto, com eles necessariamente comprometidos. Os fatos e os acontecimentos, com os quais trabalha o cientista, não lhe são naturalmente dados, mas por ele teoricamente configurados de maneira prévia. Vale dizer que o fato puro não passa de mera idealização.

3. Assistiu-se, em seguida, ao historiador Oswald Spengler adotar tal entendimento como ponto programático de sua Filosofia da História. É o que se lê no prefácio de A *Decadência do Ocidente*: "Um pensador é um homem ao qual coube em sorte representar simbolicamente o tempo, por meio das suas próprias intuições e percepções. Não lhe é permitido escolher. Pensa como tem de pensar, e verdade, em última análise, será para ele aquilo que com ele tiver nascido, constituindo a imagem do seu mundo, não o que ele inventar, mas o que descobrir em si mesmo" (1964:17). Será que se pode dizer isso tudo do pensador Hans Kelsen?

4. Esse nosso posicionamento inicial em termos de Sociologia do Conhecimento, não tem por objetivo apenas rememorar velhas lições, mas fazê-lo com um outro e principal interesse, qual seja, o de chamar atenção para o fato de que, se esses ensinamentos são de fato verdadeiros, os erros doutrinários têm de ser classificados em dois tipos, um de menor, outro de maior peso. Serão de menor importância os erros coletivos, mas, em compensação, também serão menores seus êxitos: não haveria nada de significativo em pensar de acordo com os padrões epistemológicos vigentes. Por essa via, nada de novo e excepcional poderia ocorrer. De outra parte, os erros individuais adquirirão maior gravidade, porém, em contrapartida, os acertos atingirão o nível de excelência das obras pioneiras. Além do mais, através dessa postura, estar-se-ia exercendo em toda a plenitude o dom mais dignificante do homem, qual seja, a liberdade de pensamento. Portanto, valeria a pena ousar. É a coragem de quebrar rotinas consagradas – paradigmas, na linguagem epistemológica – que tem impulsionado o progresso do conhecimento, de modo especial aquele de índole científica. Em qual das posições, então, seria correto situar o cientista do Direito Hans Kelsen?

5. Formulada a pergunta, vem-nos imediatamente à lembrança uma afirmação de Kant a propósito do significado do iluminismo europeu. Anunciou ele a ilustração como o movimento de passagem para a maioridade intelectual, quando o homem se aplica em pensar com plena autonomia, do que ele mesmo deu testemunho através de sua obra renovadora. E pensar por si mesmo significa, antes de tudo, não se submeter às concepções dominantes. Kelsen, discípulo confesso de Kant, por certo aplaudiria a ideia. Tê-la-ia inscrito, além disso, em sua carta de princípios? De todo modo, o apelo no sentido do abandono das velhas fórmulas, partindo de onde partiu, deveria ter-lhe parecido mais atrativo, ao menos em termos de realização pessoal. Para qual lado caminharia Kelsen?

6. Tentemos visualizá-lo no lugar e na época de sua formação intelectual, a Viena do início do século XX, capital intelectual da Europa, onde professavam, entre outros eminentes cultores da filosofia, da ciência, da literatura e das artes, as figuras exponenciais de Ernst Mach, Sigmund Freud, Robert Musil e Ludwig Wittgenstein. Apesar de ter nascido em Praga, em 1881, com apenas três anos de idade transfere-se com seus pais para Viena. Aí obteve, em 1905, portanto com apenas vinte e cinco anos de idade, o título de doutor em Direito, com a tese *A Teoria do Estado de Dante Alighieri*. Em 1911, obtém, na Universidade de Viena, o título de Livre Docente em Direito Político e Filosofia Jurídica. Nesse mesmo ano, publica os *Problemas Fundamentais da Teoria Jurídica do Estado*, onde já se encontram as teses básicas da futura teoria pura do Direito, inicialmente conhecida por teoria normativista. Seu último trabalho publicado em vida teria sido um ensaio intitulado *Justiça e Direito natural*, aparecido no México, em 1966, numa coletânea de artigos de crítica ao Direito natural, coordenada por Elias Díaz. Essa data marca os oitenta e cinco anos de idade de Kelsen, dos quais sessenta e um ativamente dedicados à formulação de seu pensamento jurídico, com ênfase quase total para a teoria pura do Direito.

7. A Europa dos anos anteriores à 1ª Guerra Mundial, quando Kelsen projeta sua obra jurídica e começa a divulgá-la, assiste a uma crise espiritual profunda e bem caracterizada pelo geral sentimento de descrença nas instituições sociais. Experimentava-se uma sensação de esgotamento de expectativas. Foi uma época, escreveu Legaz y Lacambra, "de racionalização de toda a vida espiritual, política e econômica" (1947:460). Projetava-se então, por toda parte, uma imagem pessimista do mundo e da vida humana, a qual se refletia no relativismo e no formalismo das concepções doutrinárias, especialmente naquelas referentes aos conceitos de Estado, de Direito e de democracia. Esse era, precisamente, o clima intelectual em cujo seio brotou a teoria pura do Direito.

8. Essas tendências, na verdade, marcam decisivamente a obra de Kelsen. Nela, o formalismo determina, desde logo, o caráter purista de sua teoria, enquanto o relativismo se manifesta, de modo pleno, na prévia eliminação de quaisquer elementos não caracterizadamente racionais, assim identificados como aqueles pertencentes à metafísica, aos valores, à ideia de justiça e ao Direito natural. Era a adesão aos postulados essenciais da doutrina positivista que à época, no entanto, já se encontrava em franco declínio.

9. Deve salientar-se, por oportuno, que o formalismo e o relativismo, ao lado do par categorial ser/dever ser, constituem os suportes básicos sobre os quais repousa toda a construção doutrinária kelseniana. Ele mesmo o proclamou já em 1911, no prefácio da primeira edição dos *Problemas Fundamentais*: "Le mie ricerche presuppongono due contrasti fondamentali: quello che separa essere e dovere e quello che separa contenuto e forma" (1997b:07). São relativos, para ele, os dois principais conceitos do Direito e da Política, a saber, a justiça e a democracia. Sobre a relatividade da democra-

cia, escreveu: "Esse é o verdadeiro significado do sistema político que chamamos democracia e que só podemos opor ao absolutismo político por ser ele relativismo político" (1993:203). Na aula de despedida da Universidade da Califórnia, em 1952, voltou a reafirmar o caráter relativo da justiça com as seguintes palavras: "De fato, não sei e não posso dizer o que seja justiça, a justiça absoluta, este sonho da humanidade. Devo satisfazer- me com uma justiça relativa, e só posso declarar o que significa justiça para mim" (1997:25). É verdadeiramente de estranhar esse último ponto de sua afirmação, o qual, embora se recomende pela sinceridade, não deixa de ser lamentável como manifestação de exacerbado individualismo.

10. Ao avaliar as tendências inevitáveis do formalismo dominante na época de Kelsen, observou Legaz y Lacambra parecer claro que chegaria a ocasião em que o Estado formalmente democrático seria substituído pelo Estado formalmente autoritário. Isso comprovaria, acrescenta ele, a previsão de Carl Schmitt e Hermann Heller de que "la teoría pura del Derecho de Kelsen, nascida en una situación de crisis de la cultura y del Estado, no puede tener vigencia en una época positiva que ensalza la vida y todo que és vital: los valores, los afectos, las preferencias, las estimaciones, los impulsos, las decisiones" (1947:461). Em um estilo de vida democrático, enfim. Tal espécie de crítica, predominante no pós-guerra, tem acompanhado a teoria kelseniana até os dias de hoje.

11. Será interessante observar como este mesmo tipo de censura é dirigido à Escola Analítica Inglesa, chefiada por John Austin, e na qual Kelsen encontrou mais semelhanças do que divergências, tendo tentado, inclusive, aproximá-las segundo um esquema de complementaridade entre as duas teorias. Vejamos as palavras com as quais Roscoe Pound define a doutrina em apreciação: "La ciencia del Derecho estrechamente limitada, indiferente y hasta intolerante para la luz que le provenga de fuera, como fue la propia del siglo XIX, alcanzó su más alto nível en la jurisprudencia analítica inglesa y americana de los inmediatos seguidores de Austin" (1950:64). Também a ciência professada por Austin é formal e autossuficiente.

Trata-se de concepção gêmea da teoria pura. As duas vicejam no mesmo ambiente sombrio e padecem do mesmo desalento.

12. A visão de Edmund Husserl é bem reveladora deste clima intelectual. Em *A Crise da Humanidade Européia e a Filosofia*, diagnostica o que lhe parecia o grande mal da ciência no primeiro quartel do século: um esquecimento trágico do *Lebenswelt* ou o mundo da vida. O formalismo desprezara as realidades vitais, esquecendo, inclusive, a humanidade do homem, o grande valor a preservar a todo custo. Diante desse quadro, sua pretensão inicial é idêntica à de Kelsen, a saber, a construção de "uma ciência rigorosa e universal do espírito (e uma ciência que não só concorre com a ciência da natureza, mas até está acima dela)" (1996:61). Divergiam profundamente, porém, enquanto Husserl pretendia excluir do processo científico o objetivismo, que qualificava como a ingenuidade do racionalismo moderno, e incluir decisivamente a subjetividade criadora, através da qual o mundo surge, desde os antigos filósofos gregos, como criação do nosso espírito. Nada obstante Kelsen também entender, nesta linha de raciocínio, que o conhecimento cria seu objeto, como aprendera das lições de Kant, não dispensa absolutamente a ideia de objetivismo, instrumento que elegera para afastar os valores e, assim, garantir a neutralidade científica. Consoante nos faz recordar Carlos Cossio, o fundador da teoria pura estava convicto de que "la neutralidad científica se ha perdido... en el momento en que la normatividad ha quedado planteada como una valoración, cualquiera fuere el valor que se tenga en cuenta" (1954b:140). Por esta razão, concebeu como estritamente lógico o dever ser normativo.

13. A situação da ciência do Direito dessa época representava apenas um recorte do quadro geral do conhecimento científico: não era diferente, era apenas específica. Nas últimas décadas do século XIX, as questões relativas à validade e ao próprio *status* do conhecimento científico haviam sido submetidas à dura reavaliação, na qual se empenharam figuras tão ilustres como Ernst Mach, Hermann von Helmholtz, Gustav Kirchhoff, Heinrich Hertz e Ludwig Boltzmann. Os resultados não foram muito animadores para a manutenção do prestígio da ciência como tipo superior de conhecimento, que se pretendia distinguido pelo mais alto nível de credibilidade e segurança. Em seu conjunto, pois, a teoria da ciência também atravessava uma fase de expectativas negativas.

14. Na esfera particular da ciência jurídica, o positivismo em declínio apresentava-se, por toda parte, ostentando as mais diversas e até contraditórias qualificações, tais como sociológico, histórico, político, psicológico, e até axiológico, em evidente sinal de perda de identidade doutrinária. A situação era de desorientação e de desânimo. A ciência do Direito transformara-se, adverte Cossio, no "reino do caos", onde "todo venía a resultar una questión de opinión", sendo-lhe difícil, assim, "justificar su pretensión de ciencia" (1954b:137-138). Essa decadência da ciência, agora, confundia-se com a própria crise do positivismo, o qual, tendo prometido redimir a raça humana através da ciência, punha em risco a própria razão de ser daquilo que elegera como símbolo de sua superioridade.

15. Seria possível ainda salvar o positivismo, recuperando-o em sua integridade para a ciência do Direito? Valeria arriscá-lo, tanto o positivismo estivera ligado ao progresso do conhecimento científico em sua época de ouro. Alguns pensavam que a correção de rumos viria com o estabelecimento de um novo método para a ciência jurídica, tendo sido dados já alguns passos nesse sentido. É quando entra na cena jurídica Hans Kelsen. A tentativa iria ter início e a proposta logo tomou um nome: teoria pura do Direito. Kelsen, a partir de então, nunca deixou de pôr toda a fé no êxito de seu projeto. Por isso ele o sustentou, sem desfalecimento, por tanto tempo.

16. Kelsen sempre encarou seu empreendimento científico, em termos não usuais, como luta política contra a tentativa de ideologização da ciência do Direito. Já na página de abertura da primeira edição da teoria pura, recorda ele haver mantido com seus adversários, nos livros anteriores, "abundantes polêmicas". A seguir, as qualifica como "luta apaixonada e, por vezes, violenta, que se tem travado à volta desta doutrina". Por fim, revela o caráter da disputa: "Trata-se, na verdade, de uma luta da política contra a ciência" (1939:01). Tudo porque, conclui, "não podendo renunciar às ideologias, hão de dedicar-se a combater uma teoria social que se nega a fornecer-lhas" (1939:03). A primeira dessas disputas foi contra o que chamou sincretismo metodológico. E a favor da pureza, que passou a constituir um dos pilares centrais de sustentação de seu pensamento como sistema unitário.

17. Esta posição o coloca frontalmente contra a ciência jurídica do século XIX e do começo do século XX, à qual não perde a ocasião de censurar, principalmente por não ter ela correspondido às exigências da pureza metodológica, o que se tornara visível em suas mancomunações com a Política. Nada obstante, é de seu contexto que retira, intacta, a doutrina da coação como essência do Direito, assim incorporada definitivamente a sua própria teoria. Porém, o que Kelsen deseja, antes de tudo, é projetar a imagem da decadência desse modelo de ciência jurídica, a fim de justificar o motivo de sua reação doutrinária. Dada a importância do texto respectivo, reproduzimo-lo, aqui, em seu inteiro teor: "Sem o mais elementar senso crítico, misturou a Ciência do Direito com a Psicologia e a Biologia, com a Ética e a Teologia. O jurista declarou-se competente para saber de tudo; não há, certamente, nenhuma ciência social em cujo âmbito ele não tenha penetrado; os juristas imaginavam que aumentavam o seu prestígio científico pedindo emprestado os seus conhecimentos a outras disciplinas. A conseqüência lógica foi a desnaturação da ciência do Direito" (1939: 06).

18. Esse é um texto exemplar por sua precisão e clareza, além de ostentar inequívoco estilo dialético, por si propiciatório de maior objetividade no raciocínio. O projeto de ciência jurídica de Kelsen vai firmar-se, justamente, em oposição frontal, ponto por ponto, a todas as determinações desta imagem deteriorada da ciência jurídica tradicional. Inventariemos, pois, as antíteses que lhe foram interpostas por Kelsen: 1ª – a doutrina pura do Direito, como ciência, pretende exercitar o senso crítico, dada a racionalidade com a qual maneja seu instrumental teórico; 2ª – seu objetivo principal é a purificação do método jurídico, escoimando-o de elementos estranhos à sua natureza; 3ª – para isso, tem o jurista de adquirir consciência de seus limites, não se imiscuindo, jamais, em territórios privativos de outras disciplinas. Aplicado o programa, esperava-se fossem resolvidos todos os problemas da ciência do Direito.

19. A fim de fazer face ao desafio que se impôs, qual seja, criar um rigoroso método científico para o Direito, Kelsen haveria de estar doutrinariamente preparado para projetar e defender a nova teoria que viesse a formular, o que desde logo pressupunha o domínio de vastas áreas não só do conhecimento científico, mas também do saber de índole filosófica. Mesmo em se tratando de uma teoria especificamente científica, precisaria ele do necessário suporte para fundamentá-la e legitimá-la. Isso, só a filosofia pode oferecer. Kelsen, positivista convicto, embora dispensasse relativamente ao Direito, – aquele de que cuida sua ciência jurídica – a exigência de tais critérios de avaliação, nunca os descartou, porém, no tocante à ciência do Direito.

20. Sem tergiversar, reconheceu e proclamou, em diversos textos, as bases filosóficas do seu pensamento, como se verá a seguir. Escreveu ele, por exemplo, no prólogo da sua *Teoría General del Estado*: "Yo creo haber acelerado el ritmo de la inevitable evolución de mi disciplina, poniendo en estrecho contacto la província algo lejana de la ciencia jurídica con el fructífero centro de todo conocimiento: la Fisolofía; lo cual permite la possibilidad de mostrar la conexión que media entre los problemas de la Teoría del Derecho y del Estado y las grandes cuestiones de otras ciencias" (1965:VIII). É certo que, aqui, se mantém fiel ao entendimento positivista de que compete restritamente à filosofia a função de síntese dos saberes especializados. Assim não ocorre, todavia, na adesão ao idealismo transcendental de Kant, essencial na construção de sua teoria. Como quer que seja, jamais admitiu chamar essas bases de metafísicas. Impedia-o, acima de tudo, a cultivada aversão ao Direito natural.

21. Os estudiosos da teoria pura do Direito são pródigos em indicar-lhe precursores. É comum a atitude. Em verdade, nada mais estimulante do que acompanhar a genealogia das ideias, em cujo processo têm sido revelados fatos surpreendentes, tais como a noção de *tábua rasa* em Francis Bacon, da teoria dos sonhos em Augusto Comte, do *cogito* em Parmênides, Cícero e Agostinho e do caráter conjectural do pensamento em Nicolau de Cusa. Procurando-se, sempre haverá de encontrar-se precedentes para qualquer ideia. Os formuladores de teorias, para legitimá-las, assim o têm feito. Contudo, é preciso ter medidas. Quanto a este ponto específico, deve-se registrar que Kelsen nunca negou ter precursores em linha direta. Antes os proclamou, assim descartando, para si, o mérito da originalidade. No prólogo da *Teoría General del Estado* ficou claramente consignada essa sua posição: "E, contudo, não fiz mais do que desenvolver um germe que, onde quer que fosse, se encontrava em estado de latência" (1965:VIII). Em seu período de iniciação doutrinária, como de resto em toda época de crise, sempre há muitos deles em busca de quem, com determinação, queira explorá-los.

22. Vale lembrar, desde logo, os antecessores apontados por Carlos Cossio, quais sejam, os neokantianos Rudolf Stammler e Giorgio Del Vecchio. Foram eles os primeiros em advertir que "el concepto de Derecho, en cuanto tema central de esta teoría general, no puede ser empírico y contingente sino racional y apriorístico respecto de los datos positivos" (1054b:46). Ressalva Cossio em seguida, à página 48 da obra citada – *La Valoración Jurídica y la Ciencia del Derecho* – que apenas Del Vecchio consegue satisfazer "com todo rigor las exigencias metódicas de la posición transcendental o crítica". Sem restrições, Kelsen adotará a posição.

23. O próprio Kelsen confessara sua dívida para com três eminentes juspublicistas alemães, sobre cujas obras fizera apoiar seu trabalho teórico. Cito-o textualmente: "Ahora, (...) veo com más claridad que antes hasta que punto descansa mi labor en la de los grandes predecesores; ahora me siento más unido que nunca a aquella dirección científica que tuvo en Alemania como sus representantes más ilustres a Carl Friedrich von Gerber, Paul Laband y Georg Jellinek" (1965:VII). Com estes, Kelsen tinha em comum o propósito de eliminar a metafísica da doutrina do Estado e de suprimir de vez o Direito natural, além de construir uma Teoria Geral do Estado estritamente jurídica, sem qualquer coloração política. Por esse meio, todos eles estavam convictos de poder garantir a almejada autonomia científica da ciência jurídica.

24. A influência recebida por Kelsen de Paul Laband, cujo positivismo fazia reduzir o Direito a uma construção lógica formal, tornou-se matéria polêmica. A propósito, afirmou Gerhardt Leibholz ser Kelsen o "l'exécuteur testamentaire" de Laband (1931:208), tanto lhe pareceu o autor da teoria pura jungido a seu pensamento. Aduz Renato Treves, em trabalho especial sobre as fontes filosóficas da teoria pura, que Fritz Sander, discípulo e depois opositor de Kelsen, sob outro aspecto "considera el sistema kelseniano como la tentativa de conducir hasta las más extremas consecuencias la tendencia de Laband que trata de *transformar la metajurisprudencia ético-política en una metajurisprudencia lógica*" (1968:13). Lembra ainda Treves que idêntica posição teve Hermann Heller, um dos mais veementes contestadores da teoria kelseniana, o qual sustentou que "la doctrina pura del derecho es el heredero más tardio del positivismo jurídico logicistico, el consecuente desarrollo del programa labandiano extraño a toda consideración de carácter sociológico e valorativo" (1968:13-14). Todos, portanto, inclusive Kelsen, apontavam em um mesmo rumo: a grande influência de Laband na construção da teoria pura.

25. Relacionam-se, como legado de Paul Laband, o purismo metodológico, o formalismo logicista e o neutralismo valorativo, princípios apropriados sem reservas pela teoria pura. Por isso, pareceria, à primeira vista, não haver motivo para Kelsen rejeitar sua filiação ideológica a Laband. Porém, o que ele contestará, acima de tudo, será o caráter servil atribuído à tal vinculação doutrinária, chegando ao ponto de situar-se em oposição ao pensamento deste mesmo que, antes, apontara como um de seus mais ilustres precursores.

26. Em carta dirigida a Renato Treves, em agosto de 1933, Kelsen apresenta-lhe quatro "observações" a respeito de afirmativas constantes do trabalho que o jurista italiano escrevera sobre o fundamento filosófico de sua teoria, as quais, a seu ver, mereciam ser revistas. A primeira delas versa, justamente, sobre a influência que recebera de Paul Laband. Começa Kelsen corrigindo: "A afirmação segundo a qual a Teoria Pura do Direito não seria nada mais que *Labandismo* é sem sentido". E dá o motivo do desmentido: "Se é provavelmente verdade que Laband tentou separar o direito positivo da política, também é verdade que ele não conseguiu". Em seguida, confere primazia à influência de Gerber sobre seu pensamento, assim minimizando a importância da participação que Laband teve nele: "Frente à aspiração conhecida de Laband de distinguir entre a doutrina do direito positivo do Estado de uma parte e a política de outra, a Teoria Pura do Direito se inscreve certamente no prolongamento de uma tradição que, na Alemanha, começa com Gerber" (1991:70). Todas as objeções de Kelsen procedem, sendo a de maior peso a primeira. E onde ficariam Kant, Ernst Mach e Hermann Cohen, para ficarmos só em três das influências por Kelsen mesmo proclamadas?

27. Mas, não ficou só nisso Kelsen. Exercitando seu raciocínio reconhecidamente abrangente e conclusivo, permitiu-se, ainda a respeito da contribuição de Laband para a formação de sua teoria, dois outros esclarecimentos, os quais, no fundo, constituem apenas dissimulada censura. Pelo primeiro deles, lembra Kelsen que "a diferença fundamental entre a Teoria Pura do Direito e a doutrina de Laband reside no fato de que esta não enunciou os princípios de uma teoria jurídica, mas se dirigiu a uma interpretação da Constituição" (1991:70). Através do segundo, recorda que já nos seus *Problemas Fundamentais* tivera "o cuidado de se distanciar das tendências políticas – habilmente disfarçadas – da doutrina do Estado de Laband." E tira esta conclusão absolutamente imprópria: "Isso demonstra que a Teoria Pura do Direito nasceu em oposição ao *Labandismo*". Para, enfim, concluir a parte da correspondência destinada a Laband, ao mesmo tempo defendendo-se e acusando, como se estivesse a discursar numa arena: "... é surpreendente que todos aqueles que me criticam de ser um adepto do *Labandismo* sejam os mesmos que insistem sobre o perigo que minha teoria representa para o Estado. Laband mesmo, o jurista mais conservador da Coroa prussiana, se revolveria na sua tumba sabendo que a Teoria Pura do Direito lhe fora atribuída" (1991: 71). Haveria de indagar-se, agora: como conciliar essa nova posição de Kelsen com as passagens constantes do prólogo da *Teoría General del Estado*, de 1925, segundo as quais seu labor repousa sobre as obras dos grandes predecessores – Laband sendo o segundo dos três citados – e a cuja orientação científica afirma se sentir cada vez mais unido? (1965:VII).

28. Nesse mesmo prólogo da *Teoría General del Estado*, à página IX, Kelsen amplia a lista de seus predecessores, a qual, como foi refeita, inclui os seguintes nomes: Gerber, Bluntschli, Laband, Rehm, Otto Mayer, Gierke, Fleiner, Hatschek e Richard Schmidt. Vai para Georg Jellinek, a quem chama de "meu inolvidável mestre", o reconhecimento explícito pelo mérito de haver "sintetizado de modo perfeito e magistral a teoria do Estado da última centúria". E, já no fim, um aviso de que colocara, como apêndice da obra, passagens de alguns autores nela referidos, selecionados com o objetivo de indicarem tanto os motivos das concordâncias com as respectivas posições doutrinárias, como para evidenciarem, de igual modo, as discordâncias havidas com outros. Tudo somado, são mais de cinquenta páginas (477 a 528) de notas e transcrições.

29. Nesse, como em outros livros, verifica-se um manifesto cuidado de Kelsen em traçar os limites de sua teoria, procurando, em toda ocasião que se lhe ofereça, estabelecer semelhanças e diferenças com outros posicionamentos doutrinários, em todo caso sempre destacando aquilo que julga pertencer-lhe com exclusividade. É o que ocorre, por exemplo, com respeito à posição da teoria pura frente à jurisprudência analítica inglesa, chefiada por John Austin.

30. Ninguém nega as grandes afinidades entre esses dois modelos doutrinários, ligados basicamente pela ideia, essencial em ambos, de que o objeto da ciência jurídica não é o Direito positivo em si, mas tão somente a maneira de manifestar-se ele, como projeção formal, na esfera do pensamento ideativo. Em vista disso, não haveria apenas semelhanças, mas identidade mesmo em alguns pontos capitais. Para W. Friedmann, a teoria pura não é outra coisa senão o positivismo analítico "scientifiquement établi par Austin et ses successeurs, et modifié de nos jours par Kelsen et l'école de Vienne" (1965:298). Quer dizer: a teoria pura, uma mera adaptação. Em busca das aproximações, Arnold Brecht afirma que o fato de Kelsen ter começado por declarar, na abertura de seu livro de igual denominação, que "a teoria pura do Direito é uma teoria do Direito positivo", tem o significado de uma "reminiscência do texto com que Austin principiara suas *Lectures on Jurisprudence*: "A matéria da jurisprudência é Direito positivo: Direito, rigorosa e propriamente dito, isto é, lei estabelecida por superiores políticos a inferiores políticos" (1965:307). Se tais posições refletem a verdade dos fatos, nenhuma admiração terá causado o aparecimento, nos Estados Unidos, em 1945, da *Teoria Geral do Direito e do Estado*, através da qual Kelsen promove a adaptação de sua teoria pura ao Direito anglo-americano, cuja figura central é John Austin.

31. A respeito das questões levantadas, entendamo-nos agora diretamente com Kelsen. Primeiro, a identidade entre as teorias; depois, as diferenças. Tudo está no prefácio da *Teoria Geral do Direito e do Estado*.

32. Sobre a identidade, escreveu Kelsen: "A orientação da teoria pura do Direito é, em princípio, a mesma da chamada jurisprudência analítica". O princípio programático, que as identifica, é este, apresentado em suas próprias palavras: "Como John Austin, no seu famoso *Lectures on Jurisprudence*, a teoria pura do Direito procura obter os seus resultados exclusivamente por meio de uma análise do Direito positivo". Qual seja o objetivo desse exclusivismo, esclarece Kelsen: "É confinando a jurisprudência a uma análise do Direito positivo que se separa a ciência jurídica da filosofia, da justiça e da sociologia do Direito e se obtém a pureza do seu méto-

do" (1990:03). A busca da pureza metodológica, em síntese, constituiria o ponto de união das duas doutrinas jurídicas.

33. Como responsável pelas discordâncias entre elas, Kelsen aponta uma razão geral de ordem subjetiva, a saber: "No que elas divergem, elas o fazem porque a teoria pura do Direito tenta conduzir o método da jurisprudência analítica de modo mais coerente que Austin e seus seguidores". Apresenta dois exemplos objetivos dos descaminhos da jurisprudência analítica: 1º – "Isso é verdade especialmente no que diz respeito a conceitos fundamentais, como o de norma jurídica, por um lado, e os de direito jurídico e dever jurídico por outro, apresentados na jurisprudência francesa e alemã como um contraste entre Direito num sentido objetivo e Direito num sentido subjetivo"; 2º – "e, por último, mas não menos importante, no que diz respeito à relação entre Direito e Estado" (1990:03), considerados entidades independentes. Como se nota, o que Kelsen reprova em Austin é a ausência das reduções, que ele pratica com tanta desenvoltura. Donde se conclui que, em sua apreciação, reduzir os diversos aspectos da realidade, cada um por sua vez, a uma só de suas faces, é que constituiria o modo correto de aplicação do método jurídico científico. Fundamentalmente porque, como já se viu, seria esta a maneira mais simples de expelir o elemento político da esfera do jurídico.

34. Pouco antes do aparecimento da *Teoria Geral do Direito e do Estado*, em 1945, Kelsen publicara, em 1941, um longo artigo intitulado *A Teoria Pura do Direito e a Jurisprudência Analítica*, posteriormente incluído no livro O Que é Justiça?, editado nos Estados Unidos em 1948. Comentando-o, Jerome Hall relaciona cinco críticas feitas por Kelsen a John Austin, o que, sob outro aspecto, vem a significar igual número de divergências entre as teorias. São elas: 1ª – Austin não dá atenção à distinção entre is (é) e *ought* (deve), que é básica no conceito de norma; 2ª – a teoria austiniana é falsa ao conceber as leis como ordens em sentido psicológico, pois as ordens só existem na medida em que a vontade delas existe; 3ª – Austin se engana ao definir a coação do Direito como coação psíquica, sendo a obediência aos comandos jurídicos obtida através do temor de sanção; na verdade, as normas religiosas e morais também são coativas nesse sentido psicológico; 4ª – ao definir o dever jurídico em termos de possibilidade de incorrer em sanção, Austin está falando em termos sociológicos, e não analíticos; 5ª – a teoria de Austin mostra-se inferior por não possuir um conceito de Estado (1959:54-57).

35. Há, ainda, no trabalho de Kelsen sobre as relações entre as duas teorias, uma outra censura fundamental contra Austin, e que é esta: não percebeu o chefe da Escola Analítica que "é tarefa da jurisprudência compreender toda lei humana em um sistema de regras de Direito". Em contrapartida, vangloriou-se Kelsen, "a Teoria Pura do Direito, por mais imperfeita e imprecisa que possa ser em detalhe, percorreu uma distância mensurável rumo a essa realização" (1997:282-283). Não se pode entender uma teoria geral do Direito sem uma doutrina do ordenamento jurídico, através da qual, principalmente, sejam equacionados os problemas da autoprodução e da validade das normas que o compõem. Para sanar a omissão, terá a jurisprudência analítica que tomar a teoria pura do Direito como pressuposto, com essa condição incorporando-a a seu sistema jurídico. É nesse sentido que Kelsen afirma que a jurisprudência analítica, aqui sempre chamada de sociológica, "é um complemento da jurisprudência normativa" (1997:265). Observe-se como o Kelsen americano, o 2º Kelsen, já admite vincular sua teoria pura à impureza sociológica. A teoria pura e a teoria analítico-sociológica formariam um conjunto de dois compartimentos, uma parte pura, a outra impura.

36. Kelsen sempre esteve no centro de polêmicas, tanto as motivadas por iniciativas de seu espírito livre e combativo, que foram muitas, como as decorrentes de defesas pessoais pela assunção de posições doutrinárias tidas por insubsistentes e insustentáveis, as quais não têm conta e nem fim. Objeto de controvérsias, neste ponto, é sua provável participação no Círculo de Viena, movimento de caráter marcadamente epistemológico, criador do chamado neopo-

sitivismo ou empirismo lógico, o qual floresceu a partir da década de 20 do século passado. Surge, de fato, em 1923, mas seu manifesto só é divulgado seis anos depois, em 1929. Teria Kelsen incorporado a seu pensamento algo que pudesse ser caracterizado como elemento programático da doutrina oficial do Círculo de Viena?

37. Podemos ver como, já no manifesto, os integrantes do Círculo, ao defini-lo do ponto de vista programático, cuidaram de traçar-lhe o perfil doutrinário. Proclamou-se, aí, que o movimento tinha por finalidade a constituição de uma *ciência unificada*, que abrangesse todo o conhecimento da realidade acessível ao homem, sem qualquer diferenciação interna – entre, por exemplo, ciências da natureza e ciências da cultura – ou distinção externa – a clássica separação entre filosofia e ciência, tão arraigada na cultura ocidental. Tudo aquilo que se pudesse definir como conhecimento teria de ser necessariamente ciência, donde o corolário: aquilo que não fosse ciência não era conhecimento, mas qualquer coisa desprezível, porque despojado de significado. Em complementação dessa tese básica, ficava estabelecido que, para se chegar à ciência unificada, ter-se-ia de utilizar o *método lógico de análise*, conforme proposto por Russell, Wittgenstein, Peano e Frege. Através desse método, seriam eliminados dois grandes entraves do conhecimento, quais sejam, os problemas metafísicos e as afirmações sem sentido. Havia nisso, lembra León Dujovne, um sentido negativo, o qual consistia em expurgar as sentenças metafísico-especulativas, e um propósito afirmativo, que era definir com precisão o sentido das proposições cientificamente admissíveis (1963:449).

38. Antes do início das atividades do Círculo, Kelsen já havia publicado dois livros versando temática jurídica, um dos quais os *Hauptprobleme*, em 1911, onde se encontra um esboço bem caracterizado daquilo que viria a ser a Teoria Pura do Direito. Durante o período de formação do Círculo, Kelsen, então professor da Universidade de Viena (1919-1939), publica duas obras capitais do seu pensamento: a *Teoria Geral do Estado*, em 1925, e, em 1934, a 1ª versão da *Teoria Pura do Direito*. Esse enquadramento histórico, por si só, nos mostra como poderia o movimento tê-lo influenciado na sua concepção teórica do Direito.

39. Havia um ponto principal de aproximação entre ambas as partes, os promotores do movimento e Kelsen: o interesse pelos estudos de epistemologia, que então dominava a todos, sem distinção de escolas. Também, uma mesma finalidade a uni-los: o veemente desejo de salvar o positivismo do descrédito que o envolvia, com sérias ameaças de destruí-lo. E, a par disso, como se viu, três itens programáticos pautando igualmente as formulações doutrinárias de todos eles, a saber: a crença inabalável na superioridade absoluta da ciência como ápice do conhecimento humano, o valor inestimável da lógica como instrumento para a descoberta da verdade e a plena certeza da inaptidão e inutilidade da metafísica para qualquer coisa que fosse.

40. O Círculo de Viena, foi um movimento de caráter filósofico e científico, surgido na década de 1920, na cidade da qual retirou seu nome. Nascido sob a firme liderança de Moritz Schlik, teria recebido influência direta de Bertrand Russell e Ernst Mach, e sido ideologicamente inspirado pela figura carismática do eminente matemático e depois humilde jardineiro Ludwig Wittgenstein, positivista ortodoxo e místico de orientação cristã. Compuseram-no intelectuais da estirpe de Rufol Carnap, Otto Neurath, Hans Hahn, Friedrich Waismann, Philip Frank, Kurt Gödel, Gustav Bergmann, Herbert Freigl, Carl G. Hempel, Gilbert Ryle, Frank P. Ramsey, Edgar Zilsel, Jurt Reidemeister, Richard von Mises, Felix Kaufmann e Victor Kraft, o historiador do movimento. Mesmo tendo-se em conta que fosse integrado de modo preferencial por grandes lógicos, sociológicos, economistas, matemáticos, físicos e químicos, não é improvável que Kelsen tenha participado de suas reuniões. Djacir Menezes não o admite, por considerar Kelsen um estranho, – "uma andorinha só, no meio daquela nuvem de físicos e matemáticos", a debaterem questões altamente técnicas. Kelsen, conclui, "não tinha competência para isto" (1985:44). Nem tanto assim, posto que Felix Kaufmann, um dos primeiros a chegar, era também jurista e profes-

sor de Filosofia do Direito. Situando-se no outro extremo, Tércio Ferraz Jr. nos informa ter sido Kelsen o jurista do grupo (1996: 14), tendo, mesmo, privado com Wittgenstein (1988:238). À sua vez, Miguel Reale tem por induvidoso que Kelsen haja mesmo participado das reuniões do Círculo, havendo, porém, "desde logo, se desavindo com os seus companheiros de trabalho" (1985:32).

41. Advirta-se que Kaufmann, integrante do grupo inicial que dera origem ao Círculo, era colega de Universidade de Kelsen e, ao mesmo tempo, seu discípulo e colaborador na novel Escola jurídica de Viena, composta, dentre outros, por Merkl, Verdross, Kunz, Sander, Henrich e Schreier. Demais, muitos dos pensadores neopositivistas também lecionavam na mesma Universidade. Deve ser lembrado, por último, que Otto Neurath, um dos fundadores do Círculo, em longo artigo intitulado *Sociologia em Fisicalismo*, ao precisar recorrer a um jurista, o fez citando duas vezes o Kelsen da *Teoría General del Estado*, ambas em atitude de plena confirmação doutrinária (1993:312-313), embora o considerasse um metafísico. Uma vez, sobre o sentido axiológico do Estado como ordenamento jurídico; a outra, a respeito da neutralidade política do Direito positivo como norma jurídica.

42. Tudo isso ponderado – e mesmo que Victor Kraft, membro e historiador do movimento, não o tenha relacionado entre seus integrantes, como também deixou de fazê-lo com relação a Felix Kaufmann, – parece fora de dúvida que existiram vínculos reais entre Kelsen e os participantes do Círculo, tanto mais fortes – agora já o podemos afirmar com segurança – quando formados a partir de indisfarçável identidade ideológica. Na verdade, o depoimento de Kraft não nos parece decisivo. Ele, que sem razão deixou de relacionar Kaufmann, também sem motivo incluiu Karl Popper (1986:18), o qual declarou reiteradas vezes que nunca participara do grupo, talvez, tentava justificar, devido a sua "conhecida oposição ao positivismo" (1978:89).

43. É chegado, pois, o momento de indagar em que se traduz efetivamente a influência dos pensadores neopositivistas sobre

Kelsen. De um ponto de vista geral, pode adiantar-se, desde logo, ter servido para fortificar, em seu entendimento, as ideias, já referidas, de soberania epistemológica da ciência, de superioridade instrumental da lógica e de inutilidade absoluta da metafísica. Esses conceitos como que formavam o senso comum intelectual da época.

44. Foram essas ideias, contudo, grandemente exarcerbadas, se é que se pode admitir que o exagero possa ser ainda mais aprofundado. Contudo, foi o que se verificou. Inclusive por Kelsen. Sua teoria normativista tudo sacrificou à pureza metodológica da ciência, transformada em valor que afastou liminarmente todos os demais valores. De outra parte, sua lógica, ao pretender funcionar como geometria do fenômeno jurídico, sorveu toda a seiva vital do Direito, deixando-o reduzido a meras abstrações. Por fim, o horror metafísico. Aterrorizava-o, como a todos os positivistas, a evidência da clássica fertilidade de que é dotada a metafísica, ao produzir, na esfera do Direito, por exemplo, as noções gêmeas de justiça e Direito natural, que se têm sempre imposto, como diretivas, ao Direito positivo.

45. Teria Kelsen partilhado o entendimento de que a máxima final da obra revolucionária de Wittgenstein, o *Tractatus Lógico-Philosophicus*, – "O que não se pode falar, deve-se calar" (6.54.7) – estava dirigida, de modo direto, contra toda especulação metafísica. Somente o discurso científico seria desejável e possível. Não se advertiu Kelsen, contumaz leitor de Platão, de que calar sobre o metafísico é não dizer nada sobre coisa alguma de fundamental para o homem, sendo esse mesmo um ser que encontra a própria razão de existir para além da esfera do simplesmente físico. Isso posto, explica-se a rispidez da crítica de Karl Popper: "É ridículo proibir que se fale de qualquer coisa que não pertença à ciência. (...) O Círculo de Viena estabeleceu interdições e decretou: só se pode falar de ciência, tudo o mais é absurdo." (1960:60). Popper não pôde dissimular sua satisfação ao assumir a autoria da morte do Círculo. Surpreende-se o mesmo sentimento de desaprovação em

Jürgen Habernas, na denúncia, que fez, da "intenção do antigo positivismo", a qual importava, de igual modo, "a propagação pseudocientífica do monopólio cognitivo da ciência" (1982:92). Agiram, ambos, com inteira razão, tanto são condenáveis as interdições de quaisquer ordens, especialmente as de teor ideológico.

46. Ainda a respeito das afinidades do nosso autor com o programa do Círculo de Viena, vale reproduzir, aqui, duas pertinentes observações de Nelson Saldanha, as quais nos dão conta de que: 1º – ao partilhar "do monismo epistemológico e cosmológico do círculo de Viena", Kelsen foi-se afastando da linha metodológica do neokantismo, não, porém, a ponto de adotar o postulado da *ciência unificada*. Conservou, pois, o dualismo neokantiano entre as ciências naturais e normativas; 2º – "Kelsen conseguiu coerência e vigor sistemático para a façanha de construir uma concepção do Direito e do Estado sem nenhum hegelianismo, mas cujo sentido" – é Karl Larenz que anota isto – "só se apreende à base de um conceito positivista de ciência" (1987:60-61). Tais afirmações sugerem desde logo alguns desdobramentos, como se fará a seguir.

47. Quanto ao primeiro ponto, deve ser lembrado que o pensamento de Kelsen, todo ele, encontra suporte lógico-epistemológico no irredutível dualismo das categorias ser e dever ser, sem o qual seria impossível pensar a Teoria Pura do Direito. Sublinhe-se, relativamente ao segundo aspecto, que o postulado da incomunicabilidade absoluta entre tais categorias explica, de modo suficiente, o total afastamento da construção kelseniana da filosofia de Hegel, tanto que este compreende ser e dever ser, desde sempre, como momentos ou partes dialéticas de uma só e única realidade. Encontram-se os dois, Hegel e Kelsen, portanto, em extremos opostos.

48. Na carta que dirigiu a Renato Treves a propósito de sua orientação filosófica, Kelsen, a fim de firmar a superioridade de sua teoria jurídica "depois da época de Kant", sentiu-se obrigado, de certo modo, a justificar seu afastamento do criador da fenomenologia do espírito. E o fez nos seguintes termos: "Mesmo a filosofia do

Direito de Hegel – timidamente estudada pela doutrina do Direito natural de sua época – apesar da idéia do espírito objetivo, não pôde atingir um grau de objetividade similar àquele da Teoria Pura do Direito" (1991:71). Leia-se nas entrelinhas: não foi positivista o suficiente para alcançar o grau de excelência no que se refere ao nível de cientificidade do conhecimento jurídico. Na verdade, o hegelianismo era de todo incompatível com o espírito filosófico da época de Kelsen, que se fez muito bem representar pelo empirismo lógico do Círculo de Viena.

49. Dentre os membros do Círculo, tomados isoladamente, Kelsen tem ligações doutrinárias diretas com dois deles: Moritz Schlick, seu principal dirigente e Ernst Mach, um dos seus inspiradores. Com Schlick, compartilha integralmente a doutrina sobre a questão do fundamento epistemológico. Reproduziremos, a seguir, uma passagem de um artigo de sua autoria, denominado "O Fundamento do Conhecimento", a fim de que se veja como tudo que aí está dito coincide plenamente com as afirmações de Kelsen sobre sua pressuposta *norma fundamental hipotética*. Para melhor inteligibilidade do texto, lembremo-nos de que, para Schlick, "todas as proposições da ciência não passam de *hipóteses*, desde o momento em que as considerarmos do ponto de vista de seu valor de verdade, da sua validade" (1975:87). Agora, a passagem anunciada, reproduzida da mesma página: "Se considerarmos a ciência como um sistema de proposições, no qual, do ponto de vista da lógica, interessa exclusivamente a conexão lógica das proposições, pode-se dar a resposta que se queira ao problema do fundamento das mesmas, o qual seria então um fundamento *lógico*. Com efeito, a cada um assiste o direito de definir o termo *fundamento* como desejar".

50. Especificando melhor agora. Em Kelsen, isso corresponde às seguintes afirmações: a) a teoria pura tem por objeto a ciência do Direito, e não o Direito; b) essa ciência se expressa através de proposições lógicas, denominadas juízos hipotéticos; c) a norma fundamental, uma vez pressuposta, funciona como fundamento ou razão de validade comum de todas as normas que compõem determinada ordem jurídica. Torna-se, por isso, uma hipótese lógica fundamental. Pensar que Kelsen não conhecia o pensamento de Schlick a respeito de matéria de seu particular interesse, divulgado regularmente através da revista do Círculo, seria coisa de todo inaceitável.

51. No entanto, Kelsen nunca invocou Moritz Schick como fonte de sua doutrina da *norma fundamental hipotética*. Antes o cita para dele discordar de forma radical na questão das relações entre ser e dever ser, um dos temas axiais da teoria pura do Direito. A matriz do erro, Kelsen a identifica na "tentativa do positivismo lógico de representar a Ética como ciência empírica dos fatos" (1974:94). Desprezada essa premissa, pelo que tem de falsa, ver-se-á, ao contrário do que diz Schlick, que "as normas... não são fatos da ordem do ser, mas conteúdos de sentido, ou seja, o sentido dos atos que estabelecem as normas. Esse sentido é um dever ser" (1974:93).

52. A mesma posição e a mesma crítica se repetem na *Teoria Geral das Normas*, sua última obra em torno da teoria pura do Direito, publicada em 1978, e através da qual se configura o terceiro Kelsen. Isso mostra a firmeza de sua posição relativamente à matéria. Começa Schlick, diz Kelsen, por tentar "reduzir o dever ser a um ser" (1986:92). Assim ocorre, continua, porque ele "interpreta, erradamente, a norma como *reprodução de um fato da realidade*", ao invés de tomá-la como "o sentido de um ato de vontade" (1986:94), coisa que realmente ela é. O que importa, antes de tudo, é negar a importância do fato, um ser, no mundo do Direito, regido exclusivamente por norma, um dever ser. Depois, firmar a posição de que de um ser não pode decorrer um dever ser. Invoquemos de novo suas palavras: "Uma norma apenas pode ser deduzida de outra norma, um dever ser apenas pode ser derivado de um dever ser" (1963:13).

53. Há a considerar, finalmente, suas ligações doutrinárias com Ernst Mach, um dos inspiradores do Círculo, como o fora igualmente do Austromarxismo. Mach foi uma figura excepcional, dado o poder, que tiveram suas ideias, de fertilizar mentes vinculadas a contextos intelectuais inteiramente distintos, tais os da Teoria da Ciência, do Direito e da Política.

Personificava, com Avenarius, o chamado criticismo empírico alemão, de certo contrário ao criticismo kantiano, mas decididamente antimetafísico. Consoante anotações de Czeslaw Martyniak, era Mach "um empirista que rejeitava aprioristicamente todos os elementos do conhecimento e reduzia a realidade às sensações, professando, assim, uma espécie de pansensualismo". Para ele, continua Martyniak, "o mundo, tal como se apresenta aos nossos sentidos, deve ser reconhecido como verdadeiro, de tal modo que, na teoria do conhecimento, somos obrigados a nos contentar com um realismo ingênuo, sem pretender outra coisa que a exposição prática do nosso saber" (1937:178). Kelsen, na verdade, não quis mais do que isso. Modestamente, contentou-se com uma ciência meramente descritiva ou expositiva, sem nenhuma pretensão julgadora, reformadora ou criadora. Por isso, sempre repetia que só lhe interessava o Direito que era, não o Direito que deveria ser.

54. Com tais ideias a respeito da ciência, Mach contribuiu decisivamente para a formação da filosofia do positivismo do Círculo de Viena, a qual constitui, talvez, o traço mais marcante da configuração ideológica do movimento. É certo que Kelsen já o invoca em seu favor, no livro *Problemas Fundamentais da Teoria Jurídica do Estado*, a propósito do conceito de lei natural (1987:44 e 52). Isso em 1911, portanto doze anos antes da constituição do Círculo de Viena. É em outro sentido, porém, que Mach tem sido lembrado como uma das mais antigas fontes doutrinárias de Kelsen, que nele se teria inspirado na ideação da famosa *norma fundamental hipotética*. Em estudo publicado em 1914, *La Ley del Reich y la Ley Nacional con arreglo a la Constitución Austríaca*, Kelsen expõe com clareza, pela primeira vez, "il concetto della *norma fondamentale* come presupposto che fonda l'unità della norma giuridica" (1997b:27). Pois bem: a ideia de tal norma repousa sobre o *princípio de economia do pensamento*, formulado por Mach para aplicação ao domínio da realidade natural. Segundo esse princípio, a elaboração das leis naturais está subordinada ao postulado de que o maior número de fatos deverá explicar-se através da fórmula mais simples possível. Kelsen, ao aplicá-lo à teoria normativista, denominou-o *princípio da produção epistemológica de um valor ótimo.*

55. Contemplando a diferença entre Mach e Kelsen na utilização do princípio, adverte Martyniak que, enquanto seu criador o empregava no domínio da realidade natural, chamado por Kelsen de Sein, este o aplica à esfera do mundo da cultura, especificamente no âmbito da obrigação, vale dizer, do *Sollen.* Deste modo, conclui, Kelsen cria "le principe de l'économie de la valeur (Wertökonomisches Prinzip), analogue à celui de l'économie de la pensée" (1937:178-179). Examinada a abrangência de sentidos da *norma hipotética fundamental,* verifica-se como, de fato, considerável e diversificado elenco de funções consegue abrigar-se em tão singela entidade. E, por esse meio, o princípio de economia do pensamento de Mach encontra plena aplicação à teoria kelseniana do ordenamento jurídico como dinâmica das normas.

56. Esse é um dos poucos pontos sobre os quais Kelsen, na já citada carta a Renato Treves, julgou oportuno manifestar-se. Por isso, é importante ouvi-lo: "Mesmo se, num certo sentido, é exato se afirmar que a teoria da norma fundamental encontra sua origem no princípio da economia do pensamento de Mach e na teoria da ficção de Vaihinger, prefiro renunciar, na sequência de numerosos mal entendidos, a me inspirar nesses dois autores" (1991:72). O que Kelsen pretende, mais uma vez não pôde fazer. E não o conseguiria nunca, porque tal desiderato importaria a quebra da ordem cronológica natural do tempo, subtraindo-se-lhe um período durante o qual teve ele a confessada inspiração. Referido desejo aponta para um fenômeno da ordem do sobrenatural, chamado nada menos do que milagre. Vale dizer, coisa absurda, não apreensível pelos padrões ordinários de inteligibilidade, e para a qual só existe a saída teológica da crença dogmática. O princípio, pelo qual se enuncia – *credo quia absurdum* – provém de Tertuliano, grande expoente da patrística romano-cristã, perdurando até os dias atuais, tão necessário é ele para o enquadramento doutrinário dos mistérios das diversas religiões. Expresso em vernáculo: creio porque absurdo. Na verdade, Kelsen propôs a supressão a fim de pôr, em seu lugar, este outro entendimento, que o levaria ao kantismo de formulação coheniana. Assim, colada à passagem acima reproduzida, vem esta outra, de cunho ideológico e antitético do primeiro: "O essencial é que a teoria da norma fundamental provém inteiramente do método da hipótese desenvolvido por Cohen." (1991:72). Por esse meio, ascende-se tranquilamente ao domínio da lógica transcendental.

57. Ao tratar dessa matéria ainda em 1933, Legaz y Lacambra mostra como a adesão de Kelsen a tal princípio determina a quebra da coerência doutrinária de seu sistema em alguns aspectos fundamentais. Vejamos dois deles: 1º – ao fazer a *hipótese originária* – a norma fundamental – dependente tanto de Kant como de Mach, Kelsen promoveu seu afastamento de Kant e, consequentemente, a necessidade de revisão quase completa de seu pensamento. São palavras suas: "lo que antes se nos había aparecido nada menos que como el *correlato del yo trascendental* nos ofrece ahora su otra cara y se nos presenta como *un medio útil del yo empírico*, del 'jurista', que elige hipótesis sin más limitación que la de sujetarse al principio económico" (1933:211); 2º – Ao eleger a *economia mental* como princípio determinante da norma hipotética, diz Legaz y Lacambra, Kelsen incorpora a seu sistema uma doutrina "puramente *psicológica*" (1933:212). Ora, com antecedência, ele havia expulsado do âmbito da ciência pura do Direito, que praticava com tanto esmero, a psicologia, nominando-a de modo expresso. Surpreendentemente, porém, a questão daí por diante só fez aprofundar-se. Com a *Teoria Geral do Direito e do Estado*, de 1945, que representa a versão norte-americana de sua obra fundamental, a teoria de Kelsen vê-se invadida pelo psicologismo decorrente do pensamento jurídico realista e sociológico predominantes nos Estados Unidos.

58. Ainda que em vinculação com Ernst Mach, passemos, porém, a outro tema. No prefácio da 1ª edição da *Teoria Pura do Direito*, Kelsen ironiza as críticas dirigidas às falsas imagens que dela têm sido feitas com propósitos ideológicos. Assim, "do lado comunista é desclassificada como ideologia de um estatismo capitalista, do lado capitalista-nacionalista é desqualificada, já como bolchevismo crasso, já como anarquismo velado" (1974:09). Do lado oposto, o jusfilósofo marxista Vladímir Tumánov, após lembrar que o momento de glória da teoria pura aconteceu no período entre as duas grandes guerras, afirma ter Kelsen reagido a seu declínio com algumas iniciativas destinadas a manter-lhe o prestígio, demonstrando que sua capacidade de servir ao capitalismo ainda não se havia esgotado. Indica entre elas a publicação do livro *The Communist Theorie of Law*, em 1955, apontado como "sua contribuição para a guerra fria". Lembra, a seguir, que a primeira experiência anticomunista de Kelsen se dera em 1923, quando publicara *Sozialismus und Staat*, "dirigido contra a doutrina marxista do Estado". Em seguida, a revelação de um fato muito significativo: "Como fazia então a corte aos chamados austromarxistas, empreendeu as suas investigações críticas sob o lema demagógico: *Pelo Socialismo mas contra o Marxismo*" (1984: 195-196).

59. O que nos interessa, particularmente aqui, é essa apontada relação de Kelsen com o austromarxismo, movimento doutrinário de inspiração marxista, que floresceu em Viena no início do século XX, liderado por Max Adler, Rudolf Hilferding, Karl Renner e Otto Bauer. Os estudos sobre a moralidade do devir histórico, sobre o imperialismo e sobre as nacionalidades compunham a temática principal do grupo. Com os demais contemporâneos, partilhavam seus integrantes o interesse pelos temas epistemológicos, havendo proposto duas questões preliminares, referentes à medida da cientificidade do marxismo e à fundamentação axiológica do socialismo.

60. Versando o assunto em sua *História da Filosofia*, Giovanni Reale e Dario Antiseri nos fornecem a chave para o esclarecimento da vinculação de Kelsen aos austromarxistas, ao afirmarem que o primeiro desses problemas eles o propuseram "sob a influência da filosofia neokantiana e das concepções de Mach" (1991:792). Pelo que nos dizem Allan Janik e Stephen Toulmin, em *A Viena de Wittgenstein*, a presença do pensamento de Ernst Mach parece ter sido preponderante: "As ideias de Mach foram adotadas com entusiasmo pelos marxistas revisionistas austríacos" (1991: 148). Era idêntico o contexto teórico de Kelsen: o mesmo problema – a cientificidade do Direito – colocado sob a inspiração dos mesmos doutrinadores – Kant e Mach. Isso, por si só, explicaria satisfatoriamente a aproximação com os marxistas da cidade. Porém, havia um atrativo maior, tomado sempre em grande consideração por Kelsen, qual seja, a oportunidade, que terá vislumbrado, de difundir suas concepções filosóficas, projetando-as para outras áreas do conhecimento humano.

61. A questão, que lhe tocava pessoalmente, era aquela relativa à fundamentação dos valores do socialismo. Dizem-no Reale e Antiseri: "Já o segundo problema surgiu tanto sob a influência dos neokantianos como pelo estímulo que eles receberam de pensadores como Hans Kelsen" (1991:792). Nessa ocasião, Kelsen ocupava-se de questões políticas relativas ao regime socialista. Ao mesmo tempo, informa-nos Alfred Pfabigan, Kelsen "trató de influir en la teoría socialista mediante la publicación de sus trabajos en órganos afines a la socialdemocracia, tales como Der Kampf (La lucha), órgano teórico del Partido Socialdemocrático Obrero y el Archiv fur die Geschichte des Sozialismus und der Arbeiterbewegung (Archivo para la Historia del Socialismo y del Movimiento Obrero), de Carl Grunberg" (1984:79-80). Foi nesse contexto que se deram os debates de Kelsen com Bauer, Hilferding e Renner, além da polêmica com Max Adler, que girou em torno da teoria marxista do Estado.

62. De acordo com registro de Giacomo Marramao, no debate com Otto Bauer, "a parte teoricamente mais significativa da resposta (...) a Kelsen – a relativa à crítica do *marxismo vulgar* – tem como pano de fundo de referência cultural a epistemologia de Ernst Mach e sua substituição dos conceitos de causa e substância pelo conceito de relação funcional" (1985:324). Nota-se, mais uma vez, a presença de Mach como elemento de ligação entre Kelsen e os austromarxistas. Apenas nesse terreno da teoria do conhecimen-

to científico, que Kelsen imaginava neutro aos valores, as relações entre eles podiam ser tranquilas. Quanto à teoria do Direito marxista, Kelsen a julgava decadente por não ter sabido emancipar-se da política; relativamente à teoria do Estado, criticava-a veementemente por não ter conseguido livrar-se da ideologia. Por isso, nesse debate com Otto Bauer, ressalva Marramao, "a crítica de Kelsen feria de morte apenas o *Vulgärmarxismus*, que opera uma *reductio* do complexo categorial marxiano aos *axiomas gerais*, os quais, *extrapolados do seu contexto histórico-sistemático*, são por ele *banalizados* e *dogmatizados*" (1985:324). Demais, em nenhum momento dessa aproximação, o "marxismo" de Kelsen teria feito qualquer concessão de ordem ideológica que traísse suas arraigadas concepções democrático-liberais.

63. Invoquemos, mais uma vez, a carta a Renato Treves sobre as bases filosóficas da teoria pura, onde Kelsen afirma que, num certo sentido, "a teoria da norma fundamental encontra sua origem no princípio da economia do pensamento de Mach e na teoria da ficção de Vaihinger", arrematando, contudo, que "na sequência de numerosos mal-entendidos", preferia renunciar "a me inspirar nestes dois autores" (1991:72). A renúncia, como já vimos, é impossível: não se pode renunciar a acontecimentos passados, dado que já se transformaram em história.

64. Acabamos de examinar a participação de Ernst Mach na formação da teoria pura. Vejamos, a seguir, a parte que cabe a Hans Vaihinger. Ao igual que Mach, Vaihinger é um sensualista e um pragmático. Entendem ambos que, para o ato de conhecimento, só podemos contar com nossas sensações, as quais hão de ser empregadas tendo em vista os resultados propostos. O método para alcançá-lo, segundo Vaihinger, é a ficção, um *como se*, algo suposto, hipotético. Na busca de tornar possível a ação, a ficção opera mediante o raciocínio dialético, pondo-se, assim, em clara contradição com a realidade, que tem por inatingível. Nessa perspectiva, a verdade nada mais é do que a maior utilidade obtida através do erro. Torna-se necessário, portanto, viver e agir *como se* (*als ob*) Deus existisse, *como se* fôssemos livres e *como se* efetivamente o Direito realizasse a justiça e a segurança sociais.

65. Kelsen, a certa altura do processo revisionista a que submetia continuamente a teoria pura, adota a filosofia do *como se*, a ficção, introduzindo-a na parte mais nobre do seu sistema, o ponto axial que transmite vitalidade a todo o ordenamento jurídico, a saber, a *norma fundamental hipotética*. Muito antes, porém, já a admitira como instrumento de combate às hipostasiações e personificações da ciência jurídica. Para ele, a ciência do Direito estava repassada de ficções personificadoras, cujo exemplo mais significativo é o de Estado. Referindo-se às fontes doutrinárias do seu pensamento, escreveu ele a respeito da influência de Vaihinger, no prólogo da 2ª edição dos *Problemas Fundamentais*, em 1923: "Su questo punto, nel mentre prestavo attenzione a situazioni analoghe in altre scienze, ricavai un insegnamento notevole anche dall'analisi di Vaihinger delle finzioni personificative (la filosofia del come-se)" (1997b:30). O caminho era aquele que apontava no sentido de que o Estado, enquanto objeto do conhecimento jurídico, não podia ser outra coisa senão Direito.

66. A principal diferença com Vaihinger reside em que, para Kelsen, a realidade, por ser produto do pensamento humano, é cognoscível. Demais, como lembra Renato Treves, a filosofia ficcionalista "ofereció a Kelsen argumentos de gran claridad para desarrollar su crítica eliminadora de todo concepto metajurídico y le dio eficaces apoyos críticos dirigidos a aclarar bien el procedimiento pseudo-científico, que según el había desviado del recto camino la ciencia del derecho público" (1968:38-39). Quanto ao afastamento da metafísica, Kelsen fez propositadamente por esquecer que a ficção é um típico produto do pensamento metafísico, naquele sentido clássico do ser que está além e acima da física.

67. Em 1940, Antoine Peretiatkowicz, ex-reitor da Universidade de Poznan, como que sintetizando as generalizadas críticas à doutrina da *norma fundamental hipotética*, escreveu que ela "est en même

temps la clef de voûte et le point faible de tout le système de Kelsen", concluindo que o subjetivismo de sua definição constituía "le talon d'Achille de tout le système juridique de Kelsen" (1940:230). O tempo só fez confirmar tudo que aí foi dito: a *norma fundamental* é o fecho e o ponto fraco da teoria normativista, constituindo o subjetivismo daquela o calcanhar de Aquiles desta. Se é subjetiva, não faltarão sugestões, de todos os tipos imagináveis, para conformá-la. Foi o que se verificou. Por isso, a matéria sempre frequentou as páginas das muitas polêmicas em que Kelsen esteve envolvido. No contexto da disputa que travou com Julius Stone, demonstra ele contrariedade por ter de voltar ao tema: "No existe ningún problema del que me haya ocupado tanto como el de la norma básica. En el 'Índice' de mi *General Theory of Law and State* hago referencia a más de veinte páginas distintas, y en el de mi *Reine Rechtslehre* a veinticinco, en que me ocupo de la norma básica, la Grundnorm" (1969:68). Nada obstante a insistência dos esclarecimentos, os problemas relacionados com a *norma fundamental* só faziam aumentar, muitas vezes propiciados pelas mesmas explicações acrescentadas por Kelsen.

68. A solução final seria surpreendente para seus discípulos e admiradores, além de muito difícil para o próprio Kelsen. Apesar de ter escrito, na carta de 1933 a Renato Treves, que preferia renunciar à inspiração em Vaihinger (1991:72), tem de voltar atrás não só quanto a esse ponto, mas também, o que lhe teria custado ainda mais, com relação ao Direito natural, já anteriormente admitido em sua grande obra norte-americana. Fiquemos, por ora, na primeira parte.

69. A novidade veio em 1963, através de um artigo publicado na *Revista Austríaca de Direito Público*. Kelsen contava, então, oitenta e dois anos de idade. Da obra de Alf Ross, *Lógica de las Normas*, reproduzimos-lhe a seguinte passagem: "En mi doctrina, la norma básica fue siempre concebida como una norma que no era el contenido significativo de un acto de volición sino que estaba presupuesta por nuestro pensamiento. Debo ahora confesar que no puedo seguir manteniendo esta doctrina, que tengo que abandonarla. Pueden crerme, no ha sido fácil renunciar a una doctrina que he defendido durante décadas. Le he abandonado al comprobar que una norma (*Sollen*) debe ser el correlato de una voluntad (*Wollen*). Mi norma básica es una norma *fictícia* basada en un acto de volición ficticio... En la norma básica se concibe un acto de volición ficticio, que realmente no existe" (1971:147). Como se vê, o texto altera uma posição que se manteve por mais de cinquenta anos, durante os quais, na travessia de longos debates e ásperas polêmicas, forcejou por manter-se incólume. Contudo, quando um mestre do porte de Kelsen se corrige, a ciência recebe uma lição de humildade que a dignifica para sempre.

70. Em parte, a posição se consolida com a obra póstuma de 1978, a *Teoria Geral das Normas*. Aí, no parágrafo intitulado "A norma fundamental – uma norma fictícia", doutrina Kelsen: "A norma fundamental de uma ordem jurídica ou moral positivas – como evidente do que precedeu – não é positiva, mas meramente pensada, e isto significa uma norma fictícia, não o sentido de um real ato de vontade, mas sim de um ato meramente pensado. Como tal, ela é uma pura ou 'verdadeira' ficção no sentido da vaihingeriana Filosofia do *como se*, que é caracterizada pelo fato de que ela não somente contradiz a realidade, como também é contraditória em si mesma" (1986:328). Comparados os dois textos de Kelsen acima transcritos, chega-se a esta derradeira conclusão: a norma fundamental já não é hipotética e nem tem o significado de um real ato de vontade. É apenas uma ficção, nos exatos termos do conceito vaihingeriano da palavra, reproduzido por Kelsen, e que é este: "um recurso do pensamento, do qual se serve se não se pode alcançar o fim do pensamento com o material existente" (1986:329). Confirma-se plenamente, portanto, a decisiva influência de Hans Vaihinger na formulação final da teoria normativista do Direito.

71. Outra discutida influência de Kelsen é a fenomenologia de Edmund Husserl. Como se sabe, o movimento fenomenológico floresceu nas duas primeiras décadas do século XX, época em que também Kelsen elaborava sua obra principal, a *Teoria Pura do Direito*. Nasceu para se antepor às tendências kantianas então dominantes nas universidades alemãs. As duas principais obras de Husserl são deste período. Nos anos 1900-1901, saem as *Investigações Lógicas*, que voltam a ser editadas em 1913-1920. Ainda em 1913, aparecem As *Ideias sobre uma Fenomenologia Pura e sobre uma Filosofia Fenomenológica*. Do ponto de vista ontológico, colocavam-se os dois pensadores em franca oposição: enquanto Kant afirmava que só os fenômenos, e não as essências ou coisas-em-si, são cognoscíveis, Husserl proclamava que era justamente nos fenômenos que as essências apareciam. Essa possibilidade de conhecimento imediato das essências causou imenso otimismo nos domínios da especulação filosófica. Na mesma época, Nicolai Hartmann, filósofo em ascensão, igualmente proclamaria que apenas o ser-em-si era passível de conhecimento. Tudo estaria a indicar ter-se chegado vitoriosamente ao termo do persistente esforço, acalentado por filósofos de todos os tempos, de construir uma física sem metafísica, vale dizer, uma doutrina que fizesse do fenômeno a coisa em si. A partir daí, tornar-se-ia possível, também, a autofundamentação, outro milagre da especulação filosófica.

72. Dado esse distanciamento fundamental entre Kelsen e Husserl, era de esperar-se que fossem de pouca significação os vínculos ideológicos entre a teoria pura e a fenomenologia. Renato Treves, na já citada obra sobre as fontes filosóficas do pensamento kelseniano, afirma que o próprio Kelsen atribuía sua "aversão ao método sociológico e psicológico à influência dos escritos fenomenológicos de Husserl" (1968:11). Ao apresentar-lhe retificações ao trabalho, Kelsen fez silêncio sobre a passagem reproduzida, donde se infere que com ela concordou. Na verdade, ao tema se refere Kelsen, no prefácio da 2ª edição dos *Problemas Fundamentais*, como "contrasto tra logicismo e psicologismo cosí com'é stato esposto, classicamente, nelle *Logische Untersuchungen* di Husserl" (1997b:22). Kelsen legitima-se através do posicionamento de Husserl, que bem serve a seus propósito de pureza metodológica. Neste ponto, portanto, coincidem inteiramente.

73. Demais disso, se bem se observa, o programa teórico-jurídico de Kelsen encontrava pleno abrigo na definição que da fenomenologia nos oferece Husserl, por este entendida como uma descrição pura do domínio neutro do vivido (experiência como tal) e das essências que aí se apresentam. Na introdução à sua segunda obra, proclamava Husserl: "*aqui se fundará la fenomenologia pura o transcendental no como una ciencia de hechos, sino como una ciencia de esencias* (como una ciencia 'eidética')" (1997:10). Pode dizer-se: tal qual a teoria pura do Direito, como a concebia Kelsen.

74. Não seria imaginável, por isso, que a influência de Husserl sobre Kelsen – vivendo na mesma época, compartilhando o mesmo contexto cultural, ambos inovadores e com idêntico ideário – tivesse ficado reduzida à questão da pureza metodológica. Já vimos que Kelsen lera as *Investigaciones Lógicas*, obra que circulara dez anos antes (1901) da publicação dos *Problemas Fundamentais* (1911), onde pela primeira vez aparece um esboço da teoria pura. Assunto de seu particularíssimo interesse, não lhe terá passado despercebido o trecho seguinte, retirado do capítulo dois, intitulado *Disciplinas teoréticas como fundamento de las normativas*: "La totalidad de estas normas forma evidentemente un grupo cerrado, definido por la valoración fundamental. La proposición normativa, que exige en general a los objetos de la esfera que satisfagan en la mayor medida posible a las notas constitutivas del predicado positivo de valor, ocupa una posición preeminente en cada grupo de normas afines y puede designarse como la *norma fundamental*" (1976:63). Duas evidentes coincidências com Kelsen: 1ª – as normas jurídicas formuladas pela ciência do Direito, em sentido descritivo, também têm o nome de *proposições*; 2ª – a norma de fecho do sistema jurídico se denomina, de igual forma, *norma fundamental*.

75. Nem a questão dos valores, em Husserl prioritária, é indiferente a Kelsen, que a trata, embora com certa ambiguidade, mas sem deixar de finalmente admiti-los de modo induvidoso. Comprove-o, lendo a seguinte frase, extraída do texto *Juízos de valor na ciência do Direito*: "Essa norma fundamental é a base de todos os juízos jurídicos de valor possíveis na estrutura da ordem jurídica de um Estado dado" (1997:215). Na polêmica obra contra a teoria jurídico-fenomenológica de Paul Amselek, publicada em 1965, Kelsen lembra que essa sua posição não constitui nenhuma novidade, posto que, já em 1960, "io affermo (*Reine Rechtslehre*, 2ª ed., p. 17) che le norme valide costituiscono valori, nella misura in cui un comportamento corrispondente alla norma viene valutato come *buono*" (1990b:44). Em outros termos: não é a norma que é valor; valor positivo ou negativo é a conduta nela prevista. Mas, e a norma, não é ela a previsão daquela? Melhor dizendo, não é apenas para expressar uma previsão que ela existe? Assim, só teria sentido falar em norma sem valor se, de igual modo, fosse possível uma norma sem previsão. Como se vê, fica muito difícil para Kelsen, admitindo a valoração normativa, continuar sustentando seu formalismo original.

76. A continuação do período de Hussserl, antes parcialmente transcrito, fará lembrar, além do mais, as influências de Mach, de Vaihinger e de Kant na postulação kelseniana da *norma fundamental hipotética*. Dando seguimento à expressão *norma fundamental*, escreveu Husserl: "Este papel representa, por ejemplo, el imperativo categórico en el grupo de proposiciones normativas que constituyen la ética de Kant; igualmente el principio de 'la mayor felicidad posible del mayor número posible' en la ética de los utilitarios" (1976:63). Qual tenha sido, dentre os quatro, a influência preponderante, neste caso particular, é difícil dizer com segurança. Em momentos diversos, Kelsen admitiu não só as três primeiras, como também as de Alfred Verdross e de Leônidas Pitamic, companheiros dos primeiros tempos de Escola, o que se pode conferir no prefácio da segunda edição dos *Problemas Fundamentais* (1997b:28). Silenciou, porém, sobre uma possível ascendência de Husserl. Especialista na teoria pura, Legaz y Lacambra admite, com apoio em Fernek, possa ter Kelsen se inspirado antes em Husserl. São suas palavras: "Hold v. Fernek piensa que Kelsen ha tomado de Husserl su concepción de la norma fundamental y es posible que, de hecho, sea ese su origen real" (1933:220). Se assim for, acrescenta, o problema seria o de descobrir se a ciência jurídica kelseniana é ciência normativa também no sentido de Husserl.

77. Há mais elementos, porém, a identificar os modelos teóricos de normas fundamentais de Husserl e de Kelsen. Referimo-nos às duas funções principais delas, indicadas nas seguintes palavras de Husserl: "La norma fundamental (o el valor fundamental, el fin último) es la que determina, como hemos visto, la unidad de la disciplina; ella es también la que introduce en todas las proposiciones normativas de la misma la idea de la normación" (1976:74). Encontram-se, aí, dois elementos fundamentais do normativismo de Kelsen, quais sejam, as ideias de unidade e de validade da ordem jurídica. Na ausência deles, seria impossível pensar o Direito como sistema dinâmico, o que constitui, propriamente, a dimensão mais significativa e original da teoria kelseniana.

78. Retomemos à questão relativa ao tipo de normatividade da ciência kelseniana. Conforme vimos, para Husserl a ciência normativa há de pressupor, necessariamente, o apoio teórico de uma ou de várias disciplinas, responsáveis por seu fundamento. Diz-nos ele: "sólo nos interesa fixar el sentido de las proposiciones normativas, y para ello basta que algo sea *tenido* por valioso, que haya una *intención* cuyo contenido sea que algo es valioso o bueno" (1976:62). Trata-se da postulação do dever ser normativo como algo axiológico por natureza. Husserl exemplifica, linhas abaixo do texto reproduzido, com a frase – *um guerreiro deve ser valente*, a qual quer significar que só um guerreiro valente é um bom guerreiro. Neste preciso ponto, Legaz y Lacambra identifica a fragilidade da teoria pura. "El error de Kelsen – diz – radica en el papel primordial que atribuye al *deber ser* en el dominio de la ciencia del Derecho. Olvida que todo *deber ser* se apoya en *valores* que hay que 'describir' previamente" (1933:222-223).

79. Se é apenas este o obstáculo a impedir a caracterização do normativismo da teoria pura como husserliano, importa, desde logo, levantá-lo, tanto que o próprio Kelsen já admitiu, de modo

explícito – como há pouco vimos – um dever ser de conformação axiológica, o qual, a partir da *norma básica*, comunicar-se-ia a todo o sistema normativo. O específico da posição kelseniana é que o valor refere-se restritamente à conduta prevista na norma, e não à norma mesma. Tudo que se disser a propósito de um dever ser puramente lógico tem referibilidade apenas ao primeiro Kelsen, assim constituindo assunto já ultrapassado numa visão geral e totalizante da teoria pura.

80. Em 1964, Paul Amselek, discípulo de Kelsen, publica uma extensa obra intitulada *Méthode Phénoménologique et Théorie du Droit*, ensaio de construção de uma teoria geral do Direito de bases fenomenológicas. Logo no início da introdução, Kelsen é colocado como precursor da fenomenologia jurídica. Para apoiar esse entendimento, Amselek relaciona, então, dois pontos de identidade entre a filosofia fenomenológica e a teoria pura. Seriam estes: 1º – Ao igual que a fenomenologia, o método kelseniano conduz a uma operação de *purificação*, entendida por seu autor como imprescindível à elaboração de uma teoria pura do Direito. Em substância, "une science fondée sur une théorie eidétique du droit" (1964:46); 2º– Importando exata transposição do método reducionista ao estudo do Direito, "la théorie pure veut rester une théorie et se borner à connaître son objet à l'exclusion de tout autre" (1964:47). Era o descarte do chamado sincretismo metodológico. Após identificar na *Teoria Pura do Direito* passagens ratificadoras dessas posições, Amselek conclui no sentido de que a construção kelseniana, tanto no que concerne a seu objetivo, quanto a seu método, recebeu inspiração da fenomenologia. No corpo da obra, os temas principais da temática da teoria pura são confrontados com aspectos correlatos da filosofia fenomenológica, nem sempre, contudo, – segundo o entendimento de Amselek, – com vantagem para Kelsen.

81. Este não perdeu tempo em apresentar sua contestação ao referido ensaio, fazendo-o, como de costume, em termos bastante incisivos. No ano seguinte ao da publicação da obra de Amselek, portanto em 1965, Kelsen faz divulgar um polêmico ensaio, que ci-

tamos em versão italiana, intitulado *Una Teoria Fenomenologica del Diritto*. Ainda aqui, sua atitude relativamente às apontadas influências husserlianas é decepcionante. Logo na página de abertura do livro, faz o registro de que Amselek coloca sua doutrina, no tocante ao postulado da *pureza*, como precursora de uma teoria fenomenológica do Direito (1990b:27). E passa imediatamente adiante, como se tal assunto, de tão grande importância para a história das ideias, não lhe dissesse de modo algum respeito. Duas palavras suas, em sentido positivo ou negativo, e as dúvidas a propósito ter-se-iam tornado impossíveis. Se tivesse havido tal manifestação, teria podido Vladimir Tumánov sustentar, quinze anos depois, referindo-se à teoria de Kelsen, que "não surpreende pois que justamente à base do normativismo tenha nascido a escola fenomenológica do Direito com a sua existência *eidética*, ideal do Direito"? (1985:210) Talvez, não.

82. A merecer destaque em seguida, apenas a afirmação, no parágrafo vinte dois, de que não poderia tomar a norma nos termos em que Husserl a concebera, vale dizer, como dependente de fundamentação através de disciplinas teoréticas. Tal postura, para Kelsen, poderia levar à pressuposição do Direito natural, descartada como imprestável à ciência jurídica por todos os títulos possíveis. Quanto ao mais, limita-se a refutar, de modo assistemático, as objeções levantadas por Amselek, e a confirmar suas posições doutrinárias, quase sempre invocando passagens de suas obras, especialmente a 2ª edição da *Teoria Pura do Direito*.

83. Nada que transmitisse a ideia da largueza do debate ideológico. Predominam, pois, as questões tópicas. Kelsen, por exemplo, não admite que a norma jurídica, ao prescrever uma conduta, crie um modelo, como pretende seu contendor. Tal ocorre porque, ao contrário da norma, que é um ente ideativo, "un modello è un oggetto *che esiste realmente*". E conclui, poucas linhas a seguir: "Ciò che è posto *in* una norma come dovuto non è un *modello*, un evento dell'essere, mas un *sostrato modalmente indifferente*" (1990b:31-32). Do outro lado, investe Amselek con-

tra a teoria kelseniana do Direito como ordem coativa, afirmando que "le droit (...) est une technique d'évaluation et non une technique de contrainte" (1964:230). Evidentemente, com essa ideia do Direito como técnica de valoração da conduta humana, e não como ordem de coação, Kelsen não podia concordar. Passar a tomar a coação como elemento não essencial ao Direito, configuraria mais uma revisão de fundo em seus postulados fundamentais, assim ampliando a margem de descaracterização de sua teoria geral do Direito, já por muitos proclamada. Kelsen relutou até o final em dar passo de tal profundidade.

84. A polêmica entre Kelsen e Amselek foi examinada por Georges Kalinowski, ele próprio destacado especialista da lógica normativa em nossa época. Sua posição, manifestada na obra *Querelle de la Science Normative*, é essencialmente crítica, terminando por ser desfavorável aos dois contendores. De Amselek, aponta a ambiguidade de haver elogiado Kelsen por ter praticado a redução fenomenológica como "exigence de pureté de la théorie du droit" (1969:95), ao mesmo tempo em que o censura por "ne pas opérer la réduction phénoménologiquement la plus importante, celle notamment qui met entre parenthèses l'existence, c'est-à-dire, en d'autres termes, la validité des normes juridiques" (1969:96). A primeira redução era sem dúvida necessária, a fim de que fosse posta entre parêntesis toda consideração moral, psicológica, histórica ou sociológica estranha ao método jurídico; porém, a segunda e mais importante redução, não operada, deixou incólume a validade das normas jurídicas, questão que não se pode colocar no contexto de uma ciência do Direito, a qual "doit être pleinement positive, autrement dit descriptive" (1969:97). É certo: a positividade, como a entendem os positivistas de linha ortodoxa, entre os quais o próprio Kelsen se situa, só pode ser enquadrada através da ciência meramente descritiva. Portanto, teria a questão da validade de ficar fora de uma teoria positivista pura, descritiva. Nada obstante entender Kalinowski que tanto Kelsen, como Amselek, têm a mesma deficiência representada pelo desconhecimento da distinção entre linguagem e metalinguagem – pensam corretamente, mas se exprimem de modo inadequado – parece-lhe mais clarividente e mais lógica a posição deste último.

85. A parte que coube a Kant e ao neokantista Hermann Cohen na constituição da base filosófica da teoria pura constitui matéria pacífica e, por isso, caracterizada sempre com maior segurança. É o que se observa da leitura dos principais autores que trataram da questão, entre os quais podem ser citados Czeslaw Martyniak, Luis Legaz y Lacamabra, Josef L. Kunz e Renato Treves. Demais, o próprio Kelsen, quanto a esse ponto, jamais tergiversou, sendo sempre claro e franco.

86. Há de destacar-se, desde logo, que esta vinculação se dá à base de um elemento simbólico, comum a ambos, qual seja, a figura lógica da antinomia. Em Kant, ela decorre de ter a sua filosofia encaminhado o pensamento para duas direções inteiramente distintas e opostas, o positivismo e o idealismo. Para o positivismo, ao declarar de modo peremptório que "não falo de coisas em si, porque nada sei destas, mas apenas de coisas no fenômeno, isto é, na experiência" (1982:129). Para o idealismo, ao estudar os processos pelos quais a realidade do mundo deriva, através das ideias, dos princípios constitutivos do espírito. Configura-se, então, um idealismo transcendental, que tem por objeto aquele tipo de conhecimento humano aprioristicamente possível. No Kelsen neokantiano coexistem, também, idealismo e positivismo, apesar de ter representado o neokantismo uma vigorosa reação contra o pensamento positivista. Ao mesmo tempo em que define a teoria pura do Direito como uma concepção positivista do Direito positivo (1974: 17 e 161), Kelsen marca, pela constituição de seu objeto, seu feitio idealista, consoante se vê a seguir: "Também é verdade que, no sentido da teoria do conhecimento de Kant, a ciência jurídica como conhecimento do Direito, assim como todo o conhecimento, tem caráter constitutivo e, por conseguinte, 'produz' o seu objeto na medida em que o apreende como um todo com sentido" (1974:112). É ideal, na teoria de Kelsen, tanto o conceito de norma jurídica, quanto o de Estado, que com esta se identifica.

87. Se é pacífica e até confessada, deve, além disso, indagar-se: a adesão de Kelsen à filosofia de Kant é total? A resposta, como era de esperar- se a esta altura, é negativa. Kelsen opõe reservas a alguns aspectos do pensamento kantiano, entre as quais, estas: 1ª – lamentou ele não haver seguido Kant, na aplicação ao estudo do Direito, a *Crítica da Razão Pura*, a qual rigorosamente se ateve em sua especulação jurídica. Consoante lembra Albert Calsamiglia, "la *Crítica de la Razón Práctica* y la *Metafísica de las Costumbres* no interesan a Kelsen por estar viciadas de iusnaturalismo y porque se intenta en ellas establecer una escala de valores absolutos y inmutables" (1977:58); 2ª – deplorou Kelsen, do mesmo modo, o fato de Kant não ter ido às ultimas consequências em sua recusa da metafísica, deixando restos dela em sua teoria da coisa em si. A propósito, adverte Martyniak ser na filosofia prática que estas reminiscências são mais palpáveis, levando Kant a pôr-se em frontal contradição com a sua filosofia teórica. Essa a razão, afirma ele, "pourquoi Kelsen ne consent pas à être fidèle en tout au vieux maître" (1937:171). De todo fiéis, antes e depois dele, respectivamente, teriam sido Rudolf Stammler e Fritz Sander, este último tendo-se também colocado, no início de sua carreira, como discípulo de Kelsen, do qual se afastara posteriormente em razão da orientação sociológica dada a sua teoria jurídica.

88. Tal desacordo terminou por levar Sander e Kelsen à violenta polêmica, durante a qual o discípulo rebelde acusou o mestre de não haver entendido bem Kant, atacando alguns pontos capitais de sua teoria, os quais, no seu entender, legitimariam suas críticas. Evoquemos, da obra de Martyniak, as acusações formuladas por Sander contra a teoria pura, e que são estas: 1 – "negligenciar completamente os dados empíricos"; 2 – "reduzir toda a realidade jurídica a uma simples noção formal e não dar conta da conexidade existente entre a forma e o conteúdo, entre a eficácia do direito e seu caráter positivo"; 3 – finalmente, "permitir que entrasse em seu sistema critérios transcendentais, tal como, por exemplo, o postulado da unidade sistemática da ordem jurídica, o que representa, de fato, uma espécie de Direito natural lógico" (1937:171). Como se

pode notar, as censuras, em sua parte essencial, continuam guardando pertinência e atualidade.

89. Na carta que dirigiu a Renato Treves em 1933, portanto doze anos após a publicação do texto polêmico de Fritz Sander, escreveu Kelsen a respeito de suas influências kantianas: "É absolutamente verdade que o fundamento filosófico da Teoria Pura do Direito repousa sobre a filosofia Kantiana ou, mais precisamente, sobre a interpretação 'Coheniana' de sua filosofia. O fato de que, a partir de Cohen, apreendi a Teoria da Razão Pura como uma teoria da experiência, é seguramente de importância capital em relação a minha tentativa de aplicar o método transcendental à teoria do direito positivo" (1991:71). E, logo a seguir, numa referência direta à crítica antiempirista de Sander: "Se, por direito positivo, entende-se o direito empírico, ou o direito na experiência ou, ainda, com Sander, a experiência jurídica, então a Teoria Pura do Direito é certamente empírica". Ainda em continuação, e na mesma página, mas, agora, visando à denúncia de ter sua teoria recorrido a um Direito natural de conformação lógica, replica Kelsen: "Este empirismo sonha com o mesmo sentido que se encontra na filosofia transcendental de Kant. Assim como a filosofia transcendental de Kant se dirige contra a metafísica, a *Teoria Pura do Direito* se dirige contra o Direito natural, este sendo o correspondente exato, no domínio da realidade social, em geral, e do direito positivo em particular, da metafísica" (1933:71).

90. Havia ainda, pairando no ar, a acusação de infidelidade a Kant, partida de Martyniak, dentre outros. Kelsen aproveitou a ocasião para firmar duas posições correlatas a respeito da matéria. A primeira foi no sentido de que não só permaneceu leal a Kant, como mesmo o ultrapassou, no sentido de tê-lo aperfeiçoado. São suas palavras nesse sentido: "Na medida em que a *Teoria Pura do Direito* tentou, de maneira inédita, apresentar a filosofia de Kant como uma teoria do direito positivo (...), ela foi, num certo modo, além do pensamento de Kant que, em sua doutrina do direito, abandonou o método transcendental. É preciso no entanto assinalar que a Teoria

Pura do Direito administra o mais fielmente possível a herança espiritual de Kant. (...) A Teoria Pura do Direito tem tornado a filosofia de Kant muito mais fértil para o direito" (1933:71). A segunda posição adotada por Kelsen, também relacionada a Kant, tem propósito de cunho nacionalista, representando, no fundo, um indissimulável autoelogio, que se transforma em recurso de defesa e, como tal, é sempre utilizado nessas ocasiões. Eis o que disse a esse respeito: "Se se pensa que a obra de Kant é representativa da verdadeira filosofia alemã, a Teoria Pura do Direito é a mais alemã de todas as filosofias do direito elaboradas na Alemanha depois da época de Kant. Dizendo isto, dirijo-me a todos aqueles que, na atmosfera pestificada de nossos dias, se contentam em combater a Teoria Pura do Direito pretendendo que ela é antialemã sem procurar compreendê-la" (1933:71). Nesse ponto, termina a parte de prestação de contas de Kelsen relativamente a suas vinculações doutrinárias com Kant.

91. Em seguimento, é para a indicação das influências do neokantiano Hermann Cohen que Kelsen dirige seus cuidados. A importância delas poderia parecer secundária, sendo Cohen apenas um dos muitos discípulos de Kant. Porém, o contrário é que se verifica, posto que o Kant de Kelsen tem configuração coheniana. Como ele mesmo o afirmou: "o fundamento filosófico da Teoria Pura do Direito repousa sobre a filsosofia kantiana ou, mais precisamente, sobre a interpretação 'coheniana' de sua filosofia" (1991:71). Portanto, foi a opção pela visão de Kant patrocinada pelo chefe da Escola de Marburgo que definiu, com prioridade, a espécie de kantismo da teoria pura do Direito.

92. Era a esse Kant, e não ao da Escola de Baden, que Kelsen devia fidelidade. Sua orientação era aquela vinda do círculo ao qual pertenciam Hemann Cohen, Paul Natorp e Ernst Cassirer, os quais, inspirados pela *Crítica da Razão Pura*, dedicavam-se ao estudo dos fundamentos a *priori* do saber científico, cuja interpretação idealista alcançava as ciência naturais e matemáticas, assim transformadas em pesquisa das essências. Entendiam, pois, que a teoria, em razão

de seu caráter apriorístico, antes de fundar-se nos fatos, a eles se impunha de modo decisivo. Era a prática, por isso, inteiramente descartada como critério de conhecimento. Dessa superioridade dos elementos a *priori* decorreria, necessariamente, a pureza metodológica. Sua maior expressão no âmbito da filosofia do Direito fora, até então, Rudolf Stammler, que, nessa linha, aparece como precursor natural de Kelsen.

93. Com o Kant da Escola de Baden, representada pelas figuras de Wilhelm Windelband e Heinrich Rickert, Emil Lask e Gustavo Radbruch, Kelsen não tem compromissos declarados. Afasta-o do grupo, antes de tudo, o ideário programático deste, orientado para o estudo da cultura humana, compreendida sob o prisma especial da filosofia dos valores. É justamente por seu caráter normativo, o qual os torna independentes de sua realização efetiva, que os valores se diferenciam das leis naturais: estas, com a validade regida pelo princípio do *Sein*; aqueles, pelo princípio do *Sollen*. Aos integrantes da Escola, tornou-se prioritário o estudo das ciências históricas e sociais, assim distinguidas das ciências da natureza e das matemáticas. A adesão à teoria dualista das ciências, contra a concepção unitária patrocinada pela Escola de Marburgo, à qual se filiou, constitui um importante ponto de contacto de Kelsen com a escola oposta e uma de suas claras infidelidades ideológicas. Tal incorporação trouxe consigo, para dentro da teoria pura, o par de categorias *Sein* e *Sollen*, ser e dever ser, desde logo tornado instrumento fundamental da metodologia kelseniana.

94. Por outro lado, Kelsen também não recebe a doutrina de Cohen em sua totalidade. Antes, interpõe-lhe sérias restrições, quais sejam, as de haver mantido o Direito natural e de não ter dado o devido destaque ao Direito positivo. São nesse sentido suas palavras: "A Teoria Pura do Direito se diferencia da filosofia do Direito de Cohen porque, neste setor, ele não conseguiu ultrapassar a doutrina do Direito natural. Ela com efeito negligenciou o direito positivo assim como sua importância para a ciência do direito" (1991:72). Kelsen credita à religiosidade de Cohen sua tibieza por não ter ado-

tado em toda a linha a filosofia transcendental de Kant, que o teria levado, segundo imagina, a um relativismo ético. A seguir, aplica a mesma crítica ao próprio Kant, por ele próprio não se ter livrado da metafísica. Eis o que diz então: "Kant mesmo, na verdade, não foi suficientemente consequente, logo que ele estendeu seu pensamento transcendental ao estudo do Estado, do direito, da moral e das teorias sociais. Nestes domínios ele permaneceu um metafísico. Em troca, sua dominação espiritual foi marcante no domínio do conhecimento natural" (1991:72). Verdade seja dita: marcante para Kelsen e para os pensadores de orientação positivista.

95. Ao final de suas considerações a respeito das influências kantianas na construção da teoria pura, Kelsen define claramente por qual dos dois Kant optou, embora deixe sem justificação o motivo pelo qual assim procedeu. São palavras suas: "O fundamento kantiano da Teoria Pura do Direito pode ser contestado por aqueles que não reconhecem a ética kantiana como sendo a única filosofia autêntica de Kant. Será sem dúvida fácil, para aqueles que consideram que a obra principal de Kant reside na sua filosofia transcendental, demonstrar que isto é destituído de valor" (1991:72). Kelsen permite-se qualificar e distinguir a ética como a única filosofia autêntica de Kant, desclassificando, também sem qualquer justificativa, sua filosofia transcendental. Isso se passou em 1933, data da carta a Renato Treves. Na sua obra estadunidense, a *Teoria Geral do Direito e do Estado*, publicada em 1945, é precisamente ao Kant da filosofia transcendental a quem Kelsen recorrerá, a fim de tentar uma solução para o recorrente problema da misteriosa *norma fundamental hipotética*. Ao admitir fosse tal norma considerada "elemento de uma doutrina do Direito natural", Kelsen assim tentou legitimar sua posição: "A teoria da norma fundamental pode ser considerada uma doutrina do Direito natural em conformidade com a lógica transcendental de Kant" (1990:426-427). Nada obstou, mais uma vez, a que mudasse de lado com grande facilidade.

96. Seja por qual for dos Kant que Kelsen se defina, acompanhar-lhe-á sempre a crítica de haver tentado, em sua teoria, igualar o inconciliável, ou seja, compor um todo homogêneo com o criticismo e o pragmatismo. Sugere Martyniak que, em razão disso, Alfred Verdross aconselhara Kelsen a "libertar a Teoria Pura do Direito do invólucro neokantiano em que ele a encerrara, a fim de apoiá-la sobre os fundamentos de uma filosofia objetiva" (1933:190). A julgar pelo levantamento das referências posteriores feitas ao nome de Kant, tudo indica que Kelsen aceitou o conselho de Verdross. Lembra Josef L. Kunz que, em homenagem à vocação pragmática dos juristas norte-americanos, em toda a *Teoria Geral do Direito e do Estado*, obra que entende conter a versão definitiva da teoria pura do Direito, Kelsen cita Kant apenas uma vez (1974:44-45). Isto só é exato, se excluirmos o 'Apêndice', de cerca de sessenta páginas, sobre "A Doutrina do Direito natural e o Positivismo Jurídico", no qual Kant é citado outras seis vezes (1990: 405, 423 424, 426, 432 e 433). A citação existente no corpo da obra encontra-se, logo no seu início, na página dezessete, num contexto que envolve o mesmo assunto das outras referências, a saber, o Direito natural. É verdade que, embora em número reduzido, as invocações a Kant têm caráter decisivo para o seu pensamento, pois foi aí que admitiu, formal e explicitamente, a incorporação, pela teoria pura, de um mínimo de Direito natural, encontrável na *norma fundamental hipotética*, nos termos da lógica transcendental de Kant (1990:426). Um mínimo de Direito natural, correspondente, diga-se de passagem, a um mínimo de metafísica. Tão importantes que, "sem eles" – confessa Kelsen – "não seria possível nem uma cognição da natureza, nem do Direito" (1990:426). Neste ponto, Kelsen parece confirmar a influência de Leônidas Pitamic, um dos primeiros companheiros da Escola de Viena, que entendia a *norma fundamental* "como pressuposto do conhecimento jurídico" (1990b: 28).

97. Não nos parece, porém, que a razão alegada por Kunz, para o afastamento de Kant, seja a única ou a principal. Sabe-se que na *Teoria General do Estado*, de 1925, em cujo prólogo Kelsen afirma ser esta a primeira vez em que sua doutrina aparece exposta de forma acabada e sistemática, não há uma só referência explícita a Kant. Quer dizer: em dois textos considerados, em épocas diversas, como definitivos, o nome de Kant surge apenas uma vez, e invocado para legitimar, não pontos fundamentais e históricos da construção kelseniana, mas para fazê-lo relativamente a uma posição novíssima, qual seja, a aceitação de um mínimo de Direito natural na teoria pura, correspondendo a um mínimo de metafísica da doutrina transcendental de Kant. Se é assim, pouco ou quase nada terá restado de kantismo na versão final da Teoria Pura do Direito. Kelsen, seguindo as pegadas do neokantismo, ter-se-ia encaminhado decididamente para um positivismo de índole logicista, na busca de uma ciência do Direito rigorosa, restrita ao estudo das formas jurídicas e de suas conexões essenciais.

98. Caberia, por derradeiro, averiguar as contribuições doutrinárias havidas de seus discípulos, as quais, embora sejam muito poucas em quantidade, tiveram importância decisiva para a configuração final da Teoria Pura do Direito. Referimo-nos, especialmente, às participações do administrativista Adolf Merkl e do jusinternacionalista Alfred Verdross.

99. Em sua excelente síntese da doutrina kelseniana, lembra Josef L. Kunz que a visão do Direito como ordem dinâmica ainda não constava do esboço inicial da teoria pura contido na obra de 1911, os Problemas Fundamentais. "A este respeito" – escreve – "la influencia de uno de los primeros discípulos de Kelsen, Adolf Merkl, fué decisiva. Merkl, ya en su breve trabajo *La Doble Cara del Derecho*, introdujo el criterio dinámico, el punto de vista de la creación dinámica del Derecho, de la auto-creación del Derecho. Este punto de vista fué completamente adoptado por Kelsen y transformó la Teoría del Derecho" (1974:20-21). No mesmo sentido é o testemunho de Verdross, outro discípulo dos primeiros tempos, segundo o qual, com a doutrina de Merkl, Kelsen completara "el aspecto estático de la teoría del derecho con otro dinámico" (1962:288).

100. A parte sobre a dinâmica jurídica encontra-se, plenamente desenvolvida, na obra de 1925, a *Teoría General del Estado*. A partir de então, passa tal doutrina a integrar a Teoria Pura do Direito.

Aí, na página 327, escreveu ele sobre o tema: "la creación y la aplicación del Derecho son, pues, problemas jurídicos, y el orden jurídico es un sistema de regulador de su propia creación y ejecución, una cadena de creaciones sucesivas". Na mesma obra, Kelsen reconhece o "extraordinário vigor" da teoria de Merkl, "la cual, además, há prestado a la ciencia del Derecho el valioso servicio de mostrar la estructura graduada, jerárquica del orden jurídico" (1965:305). E, já no fim do livro, o reconhecimento formal a Merkl: "la teoría merkliana de la construcción escalonada del orden jurídico es decisiva para mi doctrina de las funciones del Estado" (1965:510). Isso é verdade no exato sentido de que, por simples hipótese de pensamento, retirada a contribuição de Merkl da versão definitiva da teoria pura, esta ficaria descaracterizada e irreconhecível.

101. É da mesma grandeza de importância a contribuição de Alfred Verdross. Foi dele a iniciativa de aplicação da Teoria Pura do Direito ao Direito Internacional. A teoria de Kelsen, embora definida desde o princípio como geral, ficara restrita, segundo modelo teórico comum, às ordens jurídicas nacionais. Ao incorporar em sua totalidade a doutrina de Verdross, Kelsen teve de pressupor uma *Constituição em sentido lógico* do Direito Internacional e, em correspondência com esta, de predicar a existência de outra espécie de *norma básica*, esta de nível internacional. Invoquemos mais uma vez o testemunho de Josef L. Kunz: "Kelsen reconoce que la Teoría del Derecho no puede limitarse a tal o cual Derecho positivo nacional, sino que debe incluir la pluralidad de todos los órdenes jurídicos positivos nacionales y el Derecho internacional. En consecuencia, (...) la unidad de la pluralidad de los Derecho nacionales está hondamente cimentada en la norma básica del Derecho internacional" (1974:21-22). A questão, daí por diante, será redefinir o conceito de soberania nacional, passando-o de absoluto a relativo, e, em harmonia com ele, determinar o conteúdo dessa norma básica de dimensão internacional.

102. Neste setor, a grande obra de Kelsen, que se segue imediatamente aos *Problemas Fundamentais*, de 1911, intitula-se *O*

Problema da Soberania e Teoria do Direito Internacional. Contribuição para uma Doutrina Pura do Direito. Foi publicada em 1920. Seu subtítulo ostenta, pela primeira vez, o qualificativo *pura*, através do qual se passaria a identificar a teoria geral do Direito de Kelsen. Nessa obra, após lembrar que a questão das relações entre o Direito Internacional e o ordenamento jurídico estatal constitui o fundamento da construção do Direito Internacional de Verdross (1989:177), Kelsen reconhece-lhe, formalmente, "il merito di aver intrapreso il tentativo di uma ricerca puramente normologica del rapporto tra diritto internazionale e diritto statale" (1989:181). À matéria, dedica cerca de um terço desse seu trabalho, a ela retornando, demorada e obrigatoriamente, em todos os textos em que se ocupa da exposição da teoria pura. No prefácio à 2ª edição dos *Problemas Fundamentais*, de 1923, Kelsen volta a distinguir o empreendimento pioneiro de Verdross: "Aver posto per la prima volta il problema del rapporto tra diritto statale e diritto internazionale dal punto di vista della dottrina pura del diritto è merito di Alfred Verdross" (1997b:36). Incorporada a doutrina internacionalista de Verdross, a teoria pura poderá ostentar, com plena legitimidade, os títulos de teoria geral e universal do Direito, como sempre desejou Kelsen. Antes dele, nenhum outra teoria do Direito se capacitou com tanta consistência doutrinária e técnica para abarcar toda a comunidade mundial.

103. Contudo, ao ampliar em tão larga margem a temática de sua teoria, Kelsen correu o risco de vê-la julgada especialmente pelo prisma ideológico, tanto se tornou fácil situá-la a favor das pretensões das potências imperialistas, que em todos os tempos ditaram a política mundial. Nesse sentido é a crítica do jurista soviético Vladimir Tumánov, ao assinalar que "esse aspecto da doutrina de Kelsen goza de grande autoridade na ciência burguesa do Direito Internacional, incluindo os Estados Unidos" (1984:196). Por outro lado, porém, há de ver-se que o aumento do âmbito de abrangência da teoria pura tornou-a mais satisfatória e melhor, do ponto de vista epistemológico, porque mais apta para enfrentar maior número de problemas. Será oportuno observar que é a esse movimento em di-

reção a teorias de maior conteúdo que Karl Popper chama progresso científico (1977:86-87). Com tal incorporação, portanto, os passos de Kelsen foram em caminhos ascendentes.

104. Outra colaboração recebida por Kelsen para ampliação e aperfeiçoamento da teoria pura veio de Carlos Cossio, seu mais próximo discípulo sul-americano, ele mesmo autor de uma expressiva Teoria Egológica do Direito, de feição fenomenológico-sociológica. Contudo, ao definir o Direito como conduta humana, Cossio, ao tempo em que se emparelha ideologicamente com Fritz Sander, discípulo rebelde de Kelsen, marca ele próprio, através dessa postura, sua divergência fundamental com o mestre. Enquanto para Kelsen a ciência jurídica deve dedicar-se ao estudo do Direito entendido exclusivamente como norma, para Cossio a conduta humana em interferência intersubjetiva é que lhe constitui o objeto. Demais, Cossio altera a ordem lógica dos elementos da estrutura normativa idealizada por Kelsen, colocando o juízo do lícito em primeiro plano e o do ilícito, em segundo. Com a alteração, Cossio quis privilegiar o momento jurídico da liberdade, enquanto Kelsen pretendeu destacar a importância impar do ilícito como uma única via de acesso ao Direito. Como se pode observar, são posições diametralmente opostas, tendentes antes a afastar seus defensores, do que a aproximá-los.

105. Os kelsenianos de primeira linha, em geral, demonstram não nutrir simpatias pelo jusfilósofo argentino. Nas exposições da teoria pura, que realizam, fazem por desconhecê-lo quase inteiramente. Assim, Josef L. Kunz. Ao proceder este, em 1948, na Universidade Nacional do México, ao levantamento dos kelsenianos espalhados pelo mundo, lembrou de Cossio, apenas, para incluí-lo entre os muitos que alimentavam a literatura em espanhol sobre a obra de Kelsen e para emprestar-lhe apoio às observações críticas no que concerne à construção kelseniana da chamada norma *secundária* (1974:125-126). Assim também William Ebenstein, que, em obra expositiva de mais de duzentas e quarenta páginas sobre a teoria pura, apenas o cita, em nota de pé de página, pela mesma razão de ser Cossio um dos autores que escreveram em espanhol sobre a obra de Kelsen (1947:10). Em idêntica posição encontra-se Robert Walter, ao situar Cossio ao lado de muitos outros "professores", entre os quais nosso Miguel Reale, como simplesmente dedicados à "difusión del pensamiento kelseniano em Latinoamérica" (1999:24).

106. Nos comentários que escreveu a respeito das conferências de Kelsen na Faculdade de Direito de Buenos Aires, em 1949, publicados, juntamente com os textos destas, na obra *Problemas Escogidos de la Teoría Pura del Derecho/ Teoría Egológica y Teoría Pura del Derecho*, Cossio reproduz um julgamento elogioso que, em outro escrito, lhe dirigira Josef L. Kunz. Eis a pequena passagem citada: "Ningún filósofo latino-americano del Derecho ha entendido a Kelsen mejor que Cossio" (1952:93). Mesmo assim, Cossio é distinguido apenas como bom entendedor do pensamento de Kelsen, o que, convenhamos, é muito pouco, é quase nada, para um intelectual de sua estatura.

107. O inspirador dessa atitude de menosprezo poderia ser o próprio Kelsen. Assim pensa entre nós, por exemplo, Djacir Menezes, ao escrever que ele, "sempre cioso de seu pontificado, não favoreceu, nas suas prédicas, nenhum dos que se avizinharam do seu dogma: Verdross, Merkl ou Nawiasky" (1985:39). Temia dividir com os discípulos sua celebridade. Refere-se Djacir, por fim, ao caso de Cossio: "Aos que tentavam se filiar ao pensamento dele, não lhes dava muito cabimento. E a prova foi quando ele andou na Argentina. Cossio, com a teoria egológica, quis amarrar-se na cauda do kelsenianismo. Acabaram se desentendendo e a discussão foi enciumada entre eles" (1985:44). Apesar de tudo, Cossio também teria contribuído de modo efetivo para o aperfeiçoamento da Teoria Pura do Direito.

108. Nos comentários que escreveu a respeito das conferências de Kelsen na Faculdade de Direito de Buenos Aires, em 1949, publicados no mesmo volume que abrigou os textos de Kelsen, intitulado *Problemas Escogidos de la Teoría Pura del Derecho/ Teoría Egológica y Teoría Pura del Derecho*, Cossio indica como primeiro ponto de concordância entre a sua teoria egológica e a teoria pura o que chama de *axioma ontológico*. A propósito, expressou-se ele nos seguintes termos: "Kelsen declaró su total adhesión al planteamiento egológico que concierne al principio 'todo lo que no está prohibido, está jurídicamente permitido', añadiendo que este principio, usado empíricamente u olvidado por la teoría jurídica, y así con ella por el propio Kelsen, había logrado por primera vez la exposición correcta de su alcance y fundamento con las investigaciones egológicas" (1952:88). Ao fim desta mesma página, como nota (b), Cossio escreveu a seguinte frase: "Esta adhesión va declarada en la pág. 38 y fué reiterada constantemente, com especial calor y énfasis, en todos los diálogos privados en que el tema salió a relucir".

109. Tendo em conta os desentendimentos então ocorridos entre Kelsen e Cossio, aos quais se referiu Djacir Menezes, vale lembrar que os textos das palestras de Kelsen, de acordo com nota introdutória do editor argentino que os publicou, foram devidamente revisados pelo próprio criador da teoria pura e impressos na forma em que ele os enviou de Berkeley (1952:07). Feita a ressalva, a fim de garantir a integridade dos escritos kelsenianos, colhamos a passagem em que Kelsen, segundo Cossio, teria manifestado seu assentimento à formulação egológica da chamada 'regra de ouro', através da qual ter-se-ia, assegurada, a plenitude lógica do ordenamento jurídico. Eis o que Kelsen escreveu a respeito: "Es la Teoría Egológica de Cossio la primera que há mostrado la importancia teórica del mencionado principio, a saber: que todo lo que no está jurídicamente prohibido está jurídicamente permitido, y que, en consecuencia, toda conducta humana está jurídicamente determinada" (1952:38). Ora, o princípio, na versão da teoria egológica, tem por premissa a definição do Direito em termos de conduta humana, entendida esta, originariamente, como faculdade. Revestiria a seguinte forma: "tudo que não está proibido, está juridicamente facultado". Por isso, imediatamente a seguir, Kelsen afirma não estar "en situación de definir el objeto de la ciencia del Derecho como conducta humana lisa y llanamente" (1952:38). A recepção do princípio, portanto, haveria de ser feita sob condição, porque fora de seu contexto específico.

110. Nas suas conferências mexicanas, de 1948, sobre a obra de Kelsen, reunidas num pequeno volume intitulado *La Teoría Pura del Derecho*, diversas vezes aqui citado em razão da autoridade da fonte, Josef L. Kunz, em três pontos diferentes, faz referências ao fato de terem, Verdross e ele, motivado alterações na doutrina do mestre, na parte referente à *norma fundamental hipotética*. O primeiro registro é feito nos seguintes termos: "Ahora bien, la modificación de máxima importancia radica en que Kelsen admite ahora que la elección de la norma básica no puede ser hecha arbitrariamente por el jurista, que es lo que yo y Verdross habíamos ya defendido desde hace muchos años. (...) O, para decirlo de otra manera, la norma básica tiene ahora, además de otras funciones, la función de transformar el poder en Derecho" (1974:76). Na página 94, volta ao tema, afirmando que a tal "inovação radical", promovida por Kelsen, importou seu reconhecimento de que o conteúdo da *norma básica* "está determinado por hechos". Na última referência à matéria, fornece a indicação do texto de Kelsen no qual se consumou a mudança da tese da possibilidade de escolha da norma fundamental pelo jurista. São suas palavras: "Ustedes han visto que Kelsen, impresionado por estas críticas y como consecuencia de nuevas meditaciones, há abandonado ahora esa tesis en la versión de 1945" (1974:126). A versão de 1945, como se sabe, está consubstanciada na *Teoría General del Derecho y del Estado*, obra através da qual Kelsen reformula sua doutrina, a fim de fazê-la alcançar o Direito anglo-americano.

111. Cotejando-se a informação de Kunz com a tese kelseniana, tal como esta se encontra exposta na *Teoría General del Estado*, de 1925, na 1ª edição da *Teoria Pura do Direito*, de 1934, e no artigo *Juízos de Valor na Ciência do Direito*, de 1942, (este incluído posteriormente na obra *O que é Justiça?*), tem-se a reiteração do seguinte ponto de vista sobre a *norma fundamental*, referido quase de modo uniforme: trata-se de norma 'suposta', em caráter optativo, pelo pensamento jurídico, e não de norma 'posta' pelo legislador. Da obra de 1925, onde a matéria tem maior desenvolvimento, retiramos as três seguintes passagens: 1ª – "la norma fundamental no es criada por un legislador, sino 'supuesta' por el conocimiento jurídico" (1965:165); 2ª – "la norma fundamental suprema, no positiva, sino hipotética, supuesta por la teoría" (1965:326); 3ª – "la norma fundamental suprema, criadora de la unidad del sistema, cuya creación es un supuesto epistemológico" (1965:342). Da 1ª edição da *Teoria Pura do Direito*, colhemos as seguintes informações sobre a *norma fundamental*: "A referida norma é a tradução do suposto necessário para qualquer concepção positivista do material jurídico. Com a formulação da norma fundamental, a teoria pura do direito... limita-se... a destacar com a devida clareza o que, inconscientemente em parte, todos os juristas fazem quando repudiam o Direito natural, ..." (1939:63-64). Por fim, do artigo sobre os *Juízos de Valor na Ciência do Direito*, transpomos para cá a seguinte passagem: "Trata-se, como vimos, não de uma norma criada por um ato de vontade, mas de uma norma pressuposta no pensamento jurídico" (1997: 217). Antes, na página 215, informara Kelsen que caberia à ciência do Direito, por meio de uma análise do pensamento jurídico, revelar essa pressuposição.

112. Passemos, então, ao exame da matéria na *Teoría General del Derecho e del Estado*, obra através da qual Kelsen teria promovido uma inovação radical na doutrina da *norma básica*, consistente esta na sua determinação por fatos, e não mais por escolha do jurista. Logo no prefácio, somos informados de que, em razão de recusar-se a teoria pura a ser uma metafísica do Direito, procura a base deste, a saber, seu fundamento de validade, "numa hipótese jurídica – isto é, uma norma fundamental – a ser estabelecida por meio de uma análise lógica do pensamento jurídico efetivo" (1990:03). Na parte central da obra, no capítulo relativo à ordem jurídica, há a seguinte afirmação categórica: "O fundamento para a validade de uma norma é sempre uma norma, não um fato" (1990:116). Tal postura decorre de um dos postulados fundamentais da epistemologia kelseniana, segundo o qual "um dever ser apenas pode ser derivado de um dever ser", nunca de um ser (1963:13). Até aqui, tudo mantido como antes: a norma fundamental definida como "norma pressuposta no pensamento jurídico" (1997:217), segundo termos do artigo de 1942, *Juízos de Valor na Ciência do Direito*. Vejamos se a inovação anunciada por Josef L. Kunz aparece mais adiante.

113. Nas páginas 120 e 121, Kelsen trata da função específica da norma fundamental. Profere, então, três asserções significativas para nossa pesquisa, quais sejam: 1ª – "A função integral dessa norma básica é conferir poder criador de Direito ao ato do primeiro legislador e a todos os outros atos baseados no primeiro ato"; 2ª – "A norma fundamental... é válida por ser pressuposta como válida"; 3ª – "A constatação de que a norma básica realmente existe na consciência jurídica é o resultado de uma simples análise de enunciados jurídicos concretos". Diante do que está aí claramente dito, pode-se confirmar, em toda a linha, as alterações indicadas por Kunz. Com efeito, a *norma fundamental*, nesta nova versão, encontra-se, não no pensamento, como doutrina jurídica, mas na consciência jurídica, cabendo-lhe a função de transformar o poder em Direito. Sobretudo quanto a este último ponto, a mudança é realmente radical, por importar a admissão, nunca seriamente imaginada por Kelsen, de que o fato do poder pudesse ser posto como fundamento de uma ordem normativa.

114. Pelo que se viu, a partir da *Teoría General del Derecho y del Estado*, já seria possível. Mas, não para sempre. Com efeito, nos termos da última interpretação da *norma fundamental*, adotada por Kelsen em sua obra póstuma, *Teoria Geral das Normas*, publicada em 1978, tal norma "é uma pura ou 'verdadeira' ficção no sentido da vaihingeriana Filosofia do Como-Se" (1986:328). Nestes termos, o estrago referente à integridade ideológica da teoria pura é ainda mais devastador, consoante advertência de Alf Ross, antes já referida. Se a ficção não tem nenhuma serventia no plano epistemológico, dissera ele, haveria de abandonar-se de vez a doutrina de uma norma básica (1971:147). A opinião de Ross, contudo, ainda que se pretenda autorizada sob o prisma científico, não é definitiva, nem tem unanimidade.

115. Ao longo deste capítulo, tivemos ocasião de ver como foram bastante amplas e muito variadas as influências das teorias filosóficas sobre Kelsen. A expressão "teorias filosóficas", aqui empregada, não se restringe à área da filosofia geral, com todas as suas disciplinas, clássicas e modernas, nem da filosofia especial do Direito, abrangendo, antes, todas as possíveis visões das coisas situadas para além do mundo fenomenal dos sentidos. Inclui, portanto, a teoria das ciências, em especial no que essas necessariamente têm de metafísica. Foi por múltiplos caminhos que Kelsen fez circular sua teoria, sempre ávido de incorporar meios e modos de aperfeiçoá-la. Nesse sentido, a Teoria Pura do Direito é obra inconclusa. As notas para aquilo que deveria ser sua versão final, Kelsen as deixou, em grandíssima quantidade, na *Teoria Geral das Normas*. Dessa circunstância surgirá o apelo para completá-la. Cremos que, mais cedo ou mais tarde, será ele ouvido.

116. Quem lê Kelsen, parece perceber que, no seu pensamento, prioritário era apenas o objetivo central a ser atingido – uma teoria genuinamente científica do Direito – sendo tudo o mais meramente instrumental, e, portanto, passível de mudanças. A par desse propósito científico, uma aspiração ideológica: construir uma teoria do Direito universal, que pudesse ser iluminada por todas as filosofias, em qualquer lugar e em todos os tempos. O que nos parece inteiramente compatível com a revelação feita a Josef L. Kunz: "Kelsen mismo me ha dicho con energia em Nueva York, que la aceptación de la Teoría Pura del Derecho es absolutamente independientede de cualquier filosofía que uno tenga" (1974:145). Do ponto de vista técnico, portanto, teria de situar-se ela acima das filosofias particulares, no lugar destinado a uma metafilosofia, uma metafísica de cunho positivista-pragmático, como Kelsen terminou por construir.

117. Haveria, afinal, de indagar: como pretender pôr a teoria pura nesta posição de superioridade gnosiológica, se ela própria proclama seus limites relativamente à compreensão integral do complexo fenômeno jurídico (1997:291-192)? Estaria ela, pelo menos, e de modo declarado, em déficit com a História, a Sociologia, a Psicologia e a Axiologia jurídicas. Se bem observar-se o que ficou exposto neste capítulo, ver-se-á que, depois do terceiro Kelsen, essa suposição já não mais procede com respeito a todas ou a qualquer uma das disciplinas aqui relacionadas. Verdross afirmou, certa vez, que a teoria pura, por seu caráter técnico-formal, "puede coexistir con una metafísica y com una doctrina de los valores jurídicos" (1962:289). Ele mesmo, jusnaturalista convicto, deu mostras dessa possibilidade em seus sistemas de filosofia do Direito e de Direito Internacional Público. Faltava, o que, aliás, jamais seria de esperar, uma prova passada pelo próprio autor da teoria. Essa, já a tivemos através do segundo e do terceiro Kelsen.

Capítulo III

UMA TEORIA DO DIREITO POSITIVO, POSITIVISTA, REALISTA E EMPIRISTA

1. À primeira vista, pareceria não haver nenhuma dúvida de que a Teoria Pura do Direito é uma concepção positivista, ao mesmo tempo realista e empirista do Direito Positivo. Kelsen, ele próprio, reiteradamente o proclamou. Existem, no entanto, partidas das mais diversas posições filosóficas, sérias discordâncias com tais afirmativas. Dão testemunho disso as muitas polêmicas travadas diretamente com Kelsen a respeito de grande quantidade de teses capitais da teoria pura, apontadas como carentes de consistência doutrinária. Nesse particular, alcançaram maior destaque as disputas provocadas por companheiros de Escola e discípulos, especialmente aquelas em que estiveram envolvidos Fritz Sander e Carlos Cossio, também seguidores de Edmund Husserl. Trata-se, agora, do reexame crítico das principais questões envolvidas na caracterização da teoria pura tal como aqui foi enunciada.

2. Antes, reavivemos a memória com os próprios textos de Kelsen, de preferência citando passagens de suas obras até aqui ainda não utilizadas, a fim de, através dessa reiteração, evidenciarmos a exatidão daquilo que se afirma serem suas posições:

1ª tese: A teoria pura ocupa-se com exclusividade do Direito positivo. Palavras de Kelsen: "Reconoce un solo Derecho, el Derecho positivo" (1974b:67).

2ª tese: É uma teoria do Direito positivo, considerado este sob o ponto de vista especial da doutrina do positivismo jurídico, que se define de modo liminar como excludente do jusnaturalismo e da ideia de justiça, a este vinculada. Diz Kelsen a propósito: "De acordo com a teoria pura do direito, como teoria jurídica positivista, nenhuma ordem jurídica positiva pode ser considerada como não conforme à sua norma fundamental" (1974:304). E mais: "Tem um caráter monista, em oposição à doutrina dualista do Direito natural" (1974b:67). Por fim, há de admitir-se "que a validade do direito positivo é independente da validade de uma norma de justiça, (...) e é esse justamente o princípio do *positivismo jurídico*" (1963:11).

3ª tese: Por ser positivista, assim restringindo-se ao Direito que é, o Direito real, em oposição ao Direito que deve ser, o Direito ideal, a teoria pura é realista. Nas palavras de Kelsen: "Neste sentido é uma teoria do Direito radicalmente realista, isto é, uma teoria do positivismo jurídico" (1974:161).

4ª tese: Como o real, para legitimar-se, necessita da confirmação da experiência, a teoria pura também se proclama empirista. Nos próprios termos de Kelsen: "Quando admitimos a verdade de um enunciado sobre a realidade é porque o enunciado corresponde à realidade, é porque nossa experiência o confirma" (1990:115).

5ª tese: Ainda na condição de realista, arremata Kelsen, "recusa-se a valorar o Direito positivo" (1974:161). Por importar neutralidade axiológica, pois, o realismo afasta da teoria pura, desde logo, as ideias de justiça e de legitimidade. Satisfaz-se com o mero conceito positivista de validade, que elege como critério máximo do Direito positivo. Este, por si, "regula a sua própria criação" (1939:66), o que lhe assegura plena autonomia.

3. Há, ainda, um dado importante a acrescentar a esse elenco de notas definidoras da teoria pura. Seu positivismo tem por objeto o estudo do Direito positivo, não como fenômeno, o que seria normal, mas como essência, o que é verdadeiramente excepcional. Cedamos a palavra ao Kelsen da primeira edição da *Teoria Pura do Direito*: "Como ciência, só se julga obrigada a conhecer o Direito positivo na sua essência, e a compreendê-lo mediante uma análise de sua estrutura" (1939:21). Texto idêntico consta da segunda edição da obra (1974:161), por ele mesmo considerada a principal versão da teoria pura. Convém saber, então, qual seria, para Kelsen, a essência do Direito positivo. Ele o diz com muita precisão: "A norma ou o dever ser, que são a essência do Direito considerado em si mesmo e sob o ponto de vista da jurisprudência científica, ..." (1939:35). Conclusão: o positivismo da teoria pura objetiva o estudo das essências, da essência do Estado, inclusive, a fim de poder caracterizar-se como teoria pura e ciência normativa.

4. Concluída essa etapa preparatória, entendemos possa ter início a disputa doutrinária em torno das teses acima indicadas. Isso mesmo, das teses, de todas elas, porque até mesmo o proclamado positivismo de Kelsen tem sido contestado. De qualquer modo, as críticas não deveriam causar estranheza, pois a ciência, propriedade de todos, constitui empreendimento sempre aberto à discussão, pronto a retificar-se ou a ratificar-se, num interminável processo de aperfeiçoamento. Só a afirmação dogmática, por racionalmente irresponsável, pode temer a discussão. Mas, nunca a proposição científica. E Kelsen, todos sabemos, era vocacionalmente dotado para o debate doutrinário.

5. Comecemos com uma questão fundamental, levantada por Miguel Reale no II Encontro Nacional de Filosofia do Direito, dedicado a "uma visão integral da obra de Hans Kelsen". Dos debates que então se seguiram à conferência de Djacir Menezes sobre "Kelsen e Pontes de Miranda", reproduzimos a seguinte passagem, tirada da intervenção de Miguel Reale: "Então, eu perguntaria a Djacir Menezes: não é necessário fazer uma distinção para dizer que Hans Kelsen é um representante do positivismo *jurídico* e só. Ele foi positivista apenas no que diz respeito ao *Direito*, porque não aceitava de maneira alguma um Direito natural. Ele sempre foi um adepto da filosofia neokantiana, com alguns abrandamentos do probabilismo neopositivista, mas jamais foi um positivista. Pontes de Miranda, ao contrário, é um positivista integral" (1985:42). Em sua resposta, Djacir, infelizmente, não toca na questão levantada por Miguel Reale, perdendo-se, assim, o ensejo de examiná-la naquela oportunidade, aliás bem propícia ao exame de questões da espécie. Ficou a ideia de que Kelsen teria sido um positivista pela metade, se tal fosse possível.

6. Não é solitária essa posição de Miguel Reale. Ela coincide de todo com a de dois historiadores contemporâneos da Filosofia, Giovanni Reale e Dario Antiseri, os quais, a propósito, afirmaram: "Essa é a posição de Hans Kelsen, que é positivista jurídico, mas não o é em sentido 'ideológico': ele é positivista jurídico no sentido de que se orienta para o estudo científico do direito positivo" (1991:909). Já Alf Ross pressupõe exatamente razões ideológicas para identificar Kelsen como um quase-positivista (1969:27), tendo antes caracterizado o quase-positivismo como uma espécie de Direito natural (1969:21). Para ele, o positivismo integral, o verdadeiro positivismo, é apenas aquele de conformação empirista.

7. Se considerarmos que a ciência jurídica segundo Kelsen é busca de conhecimento de essência, justamente porque postulada como teoria pura, então, ainda sob esse aspecto, seu pensamento não seria integralmente positivista. E não o seria porque, como fez observar Eric Voegelin, ao abolir os valores como elementos constitutivos da cientificidade, "a ressaca positivista não permitia a admissão de uma ciência da essência, de um verdadeiro *episteme*" (1979:28). Ciência, para o positivismo clássico, de inspiração comteana, só aquela atividade que se situa no mundo dos fenômenos, circunscrito, por definição, à realidade fática. Husserl também se propôs a fundação de uma ciência apriorística ou eidética, uma ciência de essências, de índole contemplativa, assim terminando

por permitir que sua fenomenologia fosse às vezes caracterizada como um positivismo transcendental. Daí a aproximação entre as duas Escolas, a de Kelsen e a de Husserl. Ambos os modelos, por recorrerem a especulações a *priori*, desfiguram o positivismo como atitude científica. Sobraria um quase positivismo ou um positivismo pela metade. Em qualquer caso, nada de ortodoxo.

8. Identifica-se, com bastante clareza, uma vinculação entre ciência e positivismo, o entendimento deste decorrente do conceito que se tem daquela. Nas origens dessa colocação, está a radical autonomia e incomunicabilidade entre as esferas do ser e do dever ser, segundo fórmula kantiana incorporada pela teoria pura. O postulado lógico que domina todo o pensamento científico de Kelsen é este: nenhum dever ser pode derivar do que é, nenhum ser pode dar origem ao que deve ser. Esses dois mundos, o do ser e o do dever ser, estão separados por um abismo intransponível. Em termos especificamente jurídicos, pôde Kelsen então afirmar: "Uma norma apenas pode ser deduzida de outra norma, um dever-ser apenas pode ser derivado de um dever-ser" (1963:13). Daí a proposição de um dever ser, uma norma, a *norma fundamental hipotética*, como critério último de validade e fecho do ordenamento jurídico. O chamado pan-normativismo de sua teoria expressa justamente isto: no Direito só existem normas. Nada de fatos.

9. Essa posição de Kelsen acerca da intransitividade entre ser e dever ser, também o colocaria em franca oposição à doutrina clássica do positivismo. Precisamente disso nos adverte Gustavo Radbruch. Em sua *Filosofia do Direito*, escreve Radbruch, ele mesmo subscritor da chamada doutrina do abismo intransponível: "A filosofia de Kant já nos ensinou que era impossível extrair daquilo que é aquilo que *deve ser*, o valor, a legitimidade. Jamais alguma coisa será justa só porque é ou *foi*, ou mesmo só porque *será*. Daqui se conclui que são de rejeitar o *positivismo*, o *historicismo* e o *evolucionismo*; o primeiro, porque infere o dever-ser do ser; o segundo, porque infere o dever ser daquilo que já foi; e finalmente o terceiro, porque infere o dever-ser daquilo que será ou tende a ser" (1974-47-48). Portanto,

terão os kantianos de rejeitar o positivismo em razão de este inferir o dever ser do ser. Kelsen, entre eles.

10. Não cuida Radbruch de demonstrar que efetivamente assim seja, mas parece fácil provar como, no mundo das relações jurídicas, aquele que envolve a conduta humana, o dever ser sempre decorre do ser. Há, nesse setor, vários elementos de convicção. Invoquemos apenas dois desses: 1º – O Direito que se funda nos usos e costumes, e que esteve presente na história universal em todos os seus períodos, ilustra de modo cabal tal proposição: é porque sempre foi deste modo, que assim deve continuar sendo. Constituiu mesmo o costume o Direito comum da Antiguidade e da Idade Média, períodos que, juntos, formam três quartas partes de nossa Era Cristã; 2º – A obrigação jurídica, manifestação primária da própria existência do Direito, nada mais significa do que a exigibilidade de uma prestação (um dever ser), que se originou de uma relação jurídica (um ser): deve ser o pagamento do preço, porque é ou foi realizada uma compra e venda, por exemplo. Sem a compra e venda (o ser da relação), não seria possível a cobrança do preço (o dever ser da prestação). A fórmula é invariável e universal: é do fato (de ser) que nasce o Direito (de dever ser). O princípio *ex facto oritur jus*, formulado pela ciência jurídica romana, permanece inteiramente válido: do fato continua originando-se o Direito, quer esteja ele normatizado ou não. Aliás, foi com base na premissa da superioridade da formulação dos jurisconsultos romanos que Michel Villey elaborou sua teoria de que é o ser a morada por excelência do Direito, sendo este, portanto, imanente às próprias coisas. Existe ele "dans les choses, in re" (1975:73). É especialmente nos momentos de crise do Direito que esse fenômeno da imanência se torna manifesto, e o faz através da emergência do *fato normativo*, figura híbrida de ser e dever ser, a qual recebeu legitimação na doutrina de Ihering e pleno desenvolvimento teórico nos estudos posteriores de Georges Gurvitch.

11. Tem pleno cabimento, de igual modo, a advertência do mesmo Michel Villey, formulada ainda no contexto da questão ser/

dever ser. Colocando-se do ponto de vista do positivismo científico, escreveu o filósofo francês: "La science n'a pas compétence sur le devoir être. C'est un dogme que dicte Kant (Kelsen s'est formé dans l'idéalisme kantien); le dogme général du positivisme" (1975:199). Vale dizer: a partir do dogma formulado por Kant, em cujo idealismo se nutre a teoria de Kelsen, a ciência não tem aptidão para lidar com o dever ser. Sua área específica, segundo o prisma do positivismo, é a esfera fática do ser. Kelsen despreza tal doutrina, em razão do seu caráter sociológico e em nome da pureza jurídica que pretendeu imprimir a seu método. Por idênticos motivos, esvazia o dever ser de seu originário conteúdo axiológico, tomando-o como expressão de um princípio meramente lógico. Ao situar a ciência do Direito fora da esfera fática do ser, transferindo-a para a esfera lógica do dever ser, Kelsen abandona, uma vez mais, a doutrina positivista em um de seus aspectos fundamentais.

12. A discordância de Kelsen com Moritz Schlick, o fundador do positivismo lógico, não decorreu apenas da diferença de visão, existente entre ambos, a propósito do conceito de norma. Mas, ainda nesse caso, a questão de fundo eram as categorias do ser e do dever ser. Na *Teoria Pura do Direito*, em nota de pé de página, Kelsen afirma não poder aceitar o entendimento de Schlich, segundo o qual "a Ética é uma ciência de fatos", considerando errônea, por isso, sua interpretação da norma como "reprodução de um fato da realidade". Para Kelsen, "as normas... não são fatos da ordem do ser, mas conteúdos de sentido, o sentido dos atos que estabelecem as normas. Esse sentido é um dever ser" (1974:93). Vê-se, pois, como Schlick se mantém fiel ao chamado dogma do positivismo, aqui trazido à discussão por intermédio de Michel Villey.

13. O ponto seguinte de divergência entre ambos diz respeito, de modo particular, à doutrina do último Kelsen, segundo a qual a *norma básica* "é uma pura ou 'verdadeira' ficção no sentido da vaihingeriana Filosofia do *como se*" (1986:328). No final do artigo intitulado *Positivismo e Realismo*, publicado em 1932, Schlick alinha as conclusões sugeridas pelo desenvolvimento do tema estudado.

Entre elas destacamos esta, reproduzida, em sua parte principal, com a indicação de seu número de origem: "4) O 'positivismo' ou empirismo conseqüente não é uma doutrina *como se*'. Não afirma, por exemplo, que tudo é como se houvesse corpos físicos independentes" (1975b:69). Ainda mais sob esse aspecto, Kelsen discorda da doutrina positivista da ciência triunfante em sua época. Não apenas por afastar-se do 'empirismo consequente' do Círculo de Viena, mas por adotar uma versão diametralmente oposta ao genuíno positivismo, entendido este como toda concepção científica que busca privilegiar o fático (o ser) em detrimento do ideal (o dever ser). Kelsen, com seu positivismo de feição idealista, inserido na tradição platônico-kantiana, descarta inteiramente o fático, a fim de estabelecer a plena soberania do ideal. Significa dizer: do pensamento, do puramente racional. Nele, como em Platão e em Kant, a razão é criadora, e não meramente reprodutora ou explicativa.

14. Entre as três ordens de críticas mais comuns feitas à teoria pura, Albert Brimo situa, depois do objetivismo e do normativismo, o positivismo. Permanece a dúvida sobre o caráter positivista do pensamento de Kelsen. Sua indagação está assim formulada: "La doctrine kelsenienne peut-elle être considérée comme une doctrine positiviste comme elle le prétend et comme l'affirment ses disciples?" (1967:296). A questão, para o professor de Toulouse, consiste em saber se pode a teoria pura ser considerada uma doutrina positivista como pretende Kelsen e como seus discípulos o afirmam. A resposta, para ele, é negativa, tendo o positivismo de Kelsen sido contestado por vários autores, entre os quais Brimo destaca Michel Virally pela competência da análise crítica que produziu. Entende este que a distinção do ser e do dever ser é insatisfatória para o método positivista de observação da realidade. Demais, a busca de pureza, em decorrência da qual o Direito ficaria isolado das outras disciplinas, afigura-se-lhe como "incompatible avec l'esprit positif" (1967:296). Com efeito, posto em movimento o processo de purificação do Direito, a realidade passaria a ser mutilada no mesmo ritmo em que aquele progredisse.

15. A questão em torno do positivismo de Kelsen constitui propriamente uma disputa. Portanto, não há apenas um lado a examinar. Confrontados com os autores que negam ou oferecem graves restrições ao caráter positivista de sua teoria, existem, e em expressivo número, aqueles outros que pretendem dar testemunho da autenticidade e grandeza desta sua especial feição. Encontram-se, entre esses, tanto integrantes do círculo de companheiros, discípulos e simpatizantes de Kelsen, como juristas de outras tendências ideológicas, por isso de todo descompromissados com ele. Marcel Waline, por exemplo, concede a Kelsen a honraria de formular seu conceito de positivismo jurídico com base na doutrina kelseniana da ordem jurídica como sistema hierárquico de normas. No artigo *Défense du Positivisme Juridique*, publicado nos Archives de Philosophie du Droit et de Sociologie Juridique, afirma Waline que positivismo jurídico é "uma concepção do direito na qual não se admite, como critério do valor jurídico de uma norma, senão sua conformidade, formal e material, com uma outra norma, tomada como padrão dos valores jurídicos, num sistema jurídico dado, e à qual se denomina norma fundamental" (1939:83).

16. A definição de Marcel Waline, formulada em 1939, por haver sido tão explícita no acolhimento de valores como ingrediente essencial do Direito, poderia não ter refletido com rigor o pensamento de Kelsen naquela ocasião. O descompasso, contudo, não teria durado mais de três anos, período que medeia entre a saída do trabalho de Waline e a publicação, em 1942, do artigo de Kelsen intitulado *Juízos de Valor na Ciência do Direito*, onde este afirma exatamente o que o jurista francês antecipara a respeito da valoração jurídica. Eis o trecho em que Kelsen proclama, de modo pleno e decisivo, o caráter axiológico do Direito: "Essa norma fundamental é a base de todos os juízos jurídicos de valor possíveis na estrutura da ordem jurídica de um Estado dado" (1997:215). O que antes era apenas validade formal, a significar a mera existência da norma como forma jurídica, agora importa também valoração, o que pressupõe algo a valorar, isto é, um conteúdo. Kelsen, um pouco mais adiante, confirma essa duplicidade de sentido da norma fundamental: "Temos de postular tal norma para podermos sustentar a 'existência' de quaisquer normas jurídicas possíveis e fazer quaisquer juízos jurídicos de valor" (1997:217).

17. O reconhecimento da filiação positivista de Kelsen é aqui trazido através da palavra de eminentes juristas, selecionados pelo fato de cada um deles destacar um aspecto especial de tal relacionamento. Comecemos com Uberto Scarpelli, autor de obra específica sobre o nosso tema, *Cos'è il Positivismo Giuridico*, obra frequentada especialmente por Austin, Bobbio, Cattaneo, Hart e Kelsen, nomes de maior expressividade do positivismo jurídico dos últimos tempos. A respeito de quem seria Kelsen e de qual a virtude característica de sua posição doutrinária, escreve Scarpelli: "... passemos a considerar desde logo a posição do autor que è fuor di dubbio il maggiore esponente del posititismo giuridico, ma del positivismo giuridico in uma fase avanzata di svolgimento e di maturazione: Hans Kelsen" (1965-96-97). Por aí se vê que teria sido Kelsen, em comparação com os dois outros positivistas de procedência germânica, Stammler e Radbruch, o único que não acalentara a intenção de superar o positivismo, mas, antes, de levá-lo às últimas consequências. Seguramente por isso, caber-lhe-ia, na opinião de Martin Kriele, o título de "defensor mais consequente do positivismo jurídico" (1980:25). Veja-se, ainda, a opinião de Mario Losano, um dos mais dedicados estudiosos do pensamento de Kelsen em nossos dias. Enquanto no livro Los Grandes Sistemas Jurídicos, considera que a obra de Kelsen recebeu "um tratamento rigorosamente positivista" (1982:332), na introdução escrita para O *Problema da Justiça*, afirma que, sob o prisma metodológico, "a teoria pura do direito apresenta- se como a mais elaborada teoria do positivismo jurídico" (1993:XIII). Entre nós, pode ser tomada como predominante a opinião de Paulo Nader, assim expressa: "É com a Teoria Pura do Direito, do austríaco Hans Kelsen, que a doutrina positivista atingiu o seu apogeu" (2000:23).

18. Ninguém, lendo apenas essas passagens, poderia julgar-se autorizado a formular qualquer restrição ao tipo de positivismo com tanto ardor professado por Kelsen. No entanto, como já vimos, elas existem em grande número e baseadas em fundados motivos. Não seria, então, oportuno indagar-se o que afinal constitui o positivismo jurídico, ou melhor, quais seriam suas notas distintivas e individualizadoras? A empresa não nos parece fácil. Basta lembrar a advertência que, recolhida em Hans Wenzel, nos transmite García Máynez: "El mismo autor declara que, aunque parezca extraño, el positivismo jurídico no ha desenvuelto aún su propia teoría, por lo que ni ha tratado de autojustisficarse ni de fijar las fronteras que le corresponden" (1968:126-127). Mesmo assim, tentemos os esclarecimentos possíveis.

19. Como ponto de partida, sigamos Edgar Bodenheimer, o qual nos fornece elenco bem expressivo das principais posições assumidas pelo positivismo jurídico. São elas: 1ª – Repulsa a toda especulação metafísica e à busca de razões finais; 2ª – Confinamento aos limites traçados pelos dados da experiência; 3ª – Recusa a ultrapassar as esferas da realidade dos fenômenos, vedando-se as especulações sobre essências; 4ª – Elevação do Direito positivo à condição de único Direito existente; 5ª – Redução do Direito positivo ao conjunto de normas criadas pelo Estado; 6ª – Compreensão do Direito positivo como conjunto de mandatos ou imperativos; 7ª – Tendência a identificar a justiça com a legalidade; 8ª – Rígida separação entre Direito e moral (1966:110-115). Pode ampliar-se a lista, incluindo-se nela dois outros importantes "significados" de positivismo jurídico apontados por Hart, um de sentido negativo, o outro, positivo; 9ª – Inadmissão da existência de nexo entre o Direito que é e o Direito que deve ser; 10ª – Pretensão de que a ordem jurídica seja um "sistema logicamente cerrado" (1962:16). Comporta, ainda, relacionar outras peculiaridades do positivismo jurídico não lembradas até aqui, a saber: 11ª – Acentuada propensão em transformar-se em metodologia e em epistemologia; 12ª – Tendência para extensão do método das chamadas ciências exatas às ciências sociais ou culturais; 13ª – Definição do Direito positivo através da nota essencial da coação, o que importa afirmar que todo Direito ou é coativo, ou não é absolutamente Direito. Desse modo, o Direito Internacional

Público, por não ser coativo, não seria Direito. Pelo mesmo motivo de carência de coação, o Direito natural também não mereceria o nome de Direito, podendo ser, no máximo, moral. Finalmente, por fazer depender o Direito da coação, e esta, do Estado, o positivismo não aceita que as sociedades sem Estado possuam Direito.

20. Confrontado esse significativo elenco de dados identificadores do positivismo jurídico com as respectivas especificações da teoria pura, ver-se-á que a quase totalidade destas ostenta plena coincidência com elementos daquela relação. Contam-se, apenas, duas divergências ostensivas. Uma delas diz respeito à eleição da pesquisa sobre essências como prioridade de sua teoria científica. Com efeito, está dito, na primeira edição de sua obra principal, que a teoria pura, "como ciência, só se julga obrigada a conhecer o Direito positivo na sua essência" (1939:21). Refere-se, a outra, ao fato de não aceitar que o Direito Internacional – sem estabelecer distinção entre o internacional público e o privado – não seja Direito, embora o considere "uma ordem jurídica primitiva" (1974:430). Quanto a tudo mais, poder-se-iam colher excelentes abonações em seus textos. Isso autorizaria plenamente a qualificação de Kelsen como positivista, assim legitimando as afirmações que nesse sentido fizeram Uberto Scarpelli, Martin Kriele e Mario Losano, entre muitos.

21. Contudo, ainda assim, parece que as dúvidas não foram completamente afastadas. Pensando melhor, que positivismo é este que privilegia o método em detrimento do objeto, a representação do ser em prejuízo de sua realidade? Pois não é assim: em Kelsen, todas as proposições têm de curvar-se ao método, todo o Direito tem de subordinar à sua ideação. As entidades e as instituições jurídicas têm de conformar-se à condição de puros seres de pensamento, como anteriormente já o estabelecera John Austin. No estudo preliminar ao ensaio de autoria deste, intitulado *Sobre la Utilidad del Estudio de la Jurisprudencia*, afirma, a propósito, Felipe González Vicén: "En la doctrina de Austin, como en la que, siguiendo sus huellas, elabora el pensamiento jurídico posterior, el objeto de la ciencia del Derecho no es, en efecto, el Derecho positivo, sino su proyección formal en la esfera del pensamiento abstracto" (1974:23). Como na melhor concepção idealista de Hegel, em Kelsen, também,"o que é racional é real e o que é real é racional" (1977:XXXV-XXXVI). Talvez essa identidade possa fornecer alguma explicação, nos termos das sugestivas hipóteses da epistemologia psicanalista de Bachelard, do distanciamento que Kelsen sempre manteve relativamente a Hegel, do mesmo sentido, parece, daquele estabelecido pelo próprio Freud com respeito a Nietzsche.

22. Esse é o positivismo das acerbas críticas de Henri Dupeyroux, as quais motivaram o artigo de Marcel Waline, *Défense du Positivisme Juridique*, já anteriormente invocado. Dupeyroux acusa o positivismo, dentre outros desvios, de isolar o Direito da realidade. Pelos termos em que se expressa, não pode restar dúvida de que seu alvo é a doutrina de Kelsen. Vale a pena reproduzir, do artigo de Waline, os argumentos centrais de sua crítica: "Os positivistas jurídicos estimam o valor de cada lei em função da Constituição, e mais geralmente da chamada norma fundamental. Mas eles não se interessam em procurar donde essa norma primeira retira sua validade. Assim procedendo, suspendem o direito entre o céu e a terra, tal a *Nefelocucolândia* de Aristófanes, isolando-o radicalmente da realidade. Belo resultado, suficiente para condenar tal posição, entretanto adotada por aqueles que se presumem realistas" (1939:89). Um lembrete, entre parênteses: *Nefelocucolândia* é o nome da cidade, que aparece na comédia *As Aves*, construída pelos pássaros, na vizinhança dos céus, a fim de se livrarem da insuportável e chicaneira Atenas da época mais difícil da Guerra do Peloponeso, quando a democracia virou libertinagem.

23. Marcel Waline entende não ser nem pertinente, nem justa, a crítica de Dupeyroux. Vale a pena indagar-lhe os motivos, a ver se, através deles, consegue-se desculpar Kelsen. São de três ordens suas contestações, como se seguem: 1ª – O positivismo não impede que o jurista estude as circunstâncias determinantes da decisão do legislador. Confirma-o, reproduzindo uma passagem de Gaston Jèze, cujo sentido se encontra sintetizado na frase final, do seguinte teor: "Para compreender o direito, faz-se necessário conhecer o meio social, econômico e político" (1939:89); 2ª – Se os positivistas não estabeleceram o valor da norma fundamental, é porque, sem dúvida, o problema lhes pareceu extrajurídico. Este valor não é jurídico, mas de fato. Assim, o valor da Constituição advém da adesão maciça dos cidadãos (1939:89-90); 3ª – Não é somente de isolar o direito da realidade social, estudada pela sociologia, de que somos acusados. Culpam-nos, também, de desagregação moral. Cita, a seu favor, o entendimento de Carré de Malberg, segundo o qual, mesmo que se acredite no valor transcendente dos preceitos vindos de Deus, "não pode existir direito propriamente dito antes da lei do Estado". Finalmente, afirma não poderem os positivistas adotar a solução do Direito natural, porque "ninguém se pôs de acordo sobre seu conteúdo: haverá o Direito natural dos católicos, o dos protestantes, o dos hitleristas, o dos estalinistas, o dos livre-pensadores etc." (1933:91-92).

24. Se bem observadas as razões aduzidas por Waline, ver-se-á que a acusação de que o positivismo isola o Direito da realidade social permaneceu intacta. Nada do que foi contra-argumentado tem referibilidade direta e imediata a ela, como seria de esperar. Sigamos-lhe a ordem das contestações:

1ª – A crítica de Dupeyroux é dirigida contra o positivismo normativista-formalista, e não contra o positivismo historicista ou sociologista, ao qual se prende a argumentação de Waline. O primeiro, por ser formal e purista, expressamente proíbe a pesquisa dos motivos sociais do Direito; os dois últimos, não só não vetam referido estudo, como, antes, colocam-no como prioritário e fundamental.

2ª – Waline, tomando a Constituição por norma básica, aponta-a como fundamento da ordem jurídica. Mas não é assim, conforme reiteradas advertências do próprio Kelsen, o qual sempre insistiu em que tal norma não é de

Direito positivo, como o é a Constituição. Assim, enquanto a Constituição é norma posta pelo legislador, a norma básica, ao contrário, é norma pressuposta pelo pensamento jurídico (1969:65). Trata-se, pois, como bem colocou Dupeyroux, não da Constituição como fundamento, mas do fundamento da própria Constituição, vale dizer, do próprio fundamento da norma básica. Há, contudo, uma questão prejudicial, que deveria ter sido interposta deste o princípio: a discussão gira em torno do isolamento do Direito da realidade social, e não de seu fundamento. Disso não cuidou Waline.

3ª – Neste último ponto, novamente desvia-se Waline da pauta proposta, recorrendo aos temas da moral e do Direito natural, ambos vinculados à questão do fundamento jurídico. Em vez de defender-se da acusação de desprezo pela realidade social, Waline ataca, afirmando haver Direito natural para todas as situações, consoante surrado expediente dos positivistas. Dele lançou mão o próprio Kelsen, como se vê: "Através dos métodos da doutrina do Direito natural, que se baseiam em um sofisma, pode comprovar-se tudo e, portanto, nada" (1997:23). Admitida, para argumentar, a veracidade da afirmação, seria de indagar-se em que medida ela contesta a tese sob exame. Ainda aqui, outra preliminar que invalida desde o princípio o argumento dos positivistas: como invocar o Direito natural – uma mentira, posto que, para eles, nem existe – para, através da lógica do contraste, fazer prevalecer uma verdade, condição atribuída à tese positivista?

25. Parece que nem todos os positivistas concordariam com as colocações de Waline, pelo menos com sua tentativa de negar houvesse, da parte de certa doutrina positivista, o explícito propósito de afastar o Direito da realidade social. Essa é, precisamente, a posição de Kelsen, firmada, aliás, desde os primeiros momentos de sua atividade teórica. Lembremo-nos de que foi ele próprio quem nos deu a conhecê-la, ao escrever, no prefácio da primeira edição dos *Problemas Fundamentais*, esta claríssima sentença: "meu trabalho objetiva apenas interesses teóricos, e não práticos" (1997b:11). A realidade com a qual se preocupa sua teoria, ver-se-á logo mais, é outra que não a dos fatos. É a realidade das essências.

26. Convém notar, além disso, que Kelsen não quer que a teoria pura seja apenas mais uma concepção positivista, entre muitas outras existentes. Ele pretende, ao contrário, que ela seja a teoria positivista, isto é, a única ou verdadeira. Também essa é ideia antiga, que vem desde a primeira edição da *Teoria Pura do Direito*, onde afirmou: "A teoria pura do Direito é a teoria do positivismo jurídico" (1939:40). Falta, agora, caracterizar tal positivismo, revelando-lhe as notas individualizadoras.

27. O contexto da solução do problema, indicado pelo próprio Kelsen, é a doutrina da *norma fundamental*. Nesta norma, precisamente, diz ele, "se revela a Teoria Pura do Direito como teoria jurídica positivista" (1974:304). Sabe-se que constituem funções dessa norma "não apenas reconhecer o material historicamente conhecido como Direito, mas também compreendê-lo como um todo significativo". Ora, diz Kelsen, "deve-se admitir francamente (e isso já foi estabelecido) que tal feito não seria possível por meio do positivismo puro, isto é, por meio do princípio dinâmico de delegação tal como expressado na norma fundamental do Direito positivo". A fim de apresentar-se como "ordem significativa, isto é, não contraditória, a ciência jurídica ultrapassa a fronteira do positivismo puro" (1990:425). Tal passo, tornado necessário para preservação do caráter científico da teoria jurídica, levou a um positivismo relativista.

28. A esta modalidade de positivismo relativista, refere-se Kelsen em nota ao texto *O que é Justiça?*, com o qual intitula sua aula de despedida do magistério, na Universidade da Califórnia, em 1952. São palavras suas: "Também o positivismo jurídico relativista não afirma mais nada, a não ser que somente o Direito positivo relativamente justo, e não um Direito natural absolutamente justo, possui obrigatoriedade jurídica" (1997:377). O que Kelsen pretende, em última instância, é tornar desnecessária a possibilidade de justificação do Direito positivo pelo Direito natural, velho fantasma a rondar insistentemente a *norma fundamental*. Esse desiderato, julga ele tê-lo conseguido através do conceito de positivismo relativista.

29. Isso que Kelsen denominou ultrapassagem do positivismo puro significou, na verdade, o simples abandono do positivismo tradicional, aquele vigente no século XIX, em proveito de uma concepção transcendentalista, que lhe permitisse pressupor uma tal norma fundamental, para fechar o sistema, sem apelos explícitos à metafísica. Por esse motivo, Arnold Brecht o chamou, com razão, de "relativista de formação transpositivista" (1965b:684). Esse ir além do positivismo significou, no fundo, um movimento contra o próprio positivismo. Melhor dizendo, contra dois tipos de positivismos: o positivismo clássico, admitido quase integralmente em seu pensamento, e o positivismo puro, por ele projetado segundo o princípio da pureza metodológica para, assim superiorizando-se, sobrepor-se ao modelo anterior.

30. Com mais coragem, esse positivismo relativista deveria ter recebido a denominação que melhor se amoldasse a seu caráter, segundo Kelsen a concebeu, a saber, positivismo idealista. Não o foi, talvez, para evitar o absurdo de juntar-se num mesmo conceito dois termos antinômicos, assim dando origem, em linguagem kantiana, a mais um escândalo da razão. Em boa e crua verdade, a Teoria Pura do Direito tem conformação nitidamente idealista, constituindo mero produto do pensamento abstrato, a configurar uma realidade puramente mental: o mundo ideativo das normas jurídicas. Entre muitos, tal perfil ideológico foi claramente identificado por Hermann Heller (1968:78), Jerome Hall (1959:54) e Angelo Falzea (1970:230-231). A sentença de Legaz y Lacambra, a seguir reproduzida, traduz com precisão esse sentimento geral: "El Derecho solo es construcción jurídica, realidad mental construída *ex novo* por la sola fuerza del pensamiento. No hay más realidad jurídica que el Derecho positivo,... pero ya sabemos que las normas son – en la doctrina de Kelsen – una construcción del intelecto con los materiales (jurídicos) creados por la voluntad" (1947:458). Nada mais, nada menos.

31. Tendo-se em conta haver Kelsen processado sua reforma no conceito de positivismo com a finalidade maior de assegurar o caráter científico de sua teoria, é de indagar-se se o resultado obtido mostrou-se, de fato, satisfatório. A resposta é negativa, tanto sob o prisma da teoria da ciência, como do ponto de vista da teoria do Direito.

32. Esse idealismo das formas puras, a *priori*, constitui um mero formalismo, como tal inapto, por sua conformada abstratividade, para servir de instrumento a alguma ciência que, de qualquer modo, se ocupe da conduta humana em seu natural processo de interferência intersubjetiva. Vale dizer: um empreendimento científico que, embora tendo referibilidade obrigatória ao mundo da experiência, se negasse a aceitar refutações da ordem dos fenômenos, onde se recusa a penetrar, como é o caso da Teoria Pura do Direito. Consoante nos lembra Gaston Bachelard, este idealismo, apesar de ter desempenhado papel epistemológico nas filosofias da natureza no século XIX, "perde ... toda possibilidade de explicar o pensamento científico moderno". Tal ocorre, porque "o pensamento científico não pode achar as suas formas duras e múltiplas nessa atmosfera de solidão, nesse solipsismo que é o mal congênito de todo idealismo" (1977-110-111). A conclusão é no sentido de que à ciência moderna tornaram-se necessários o contexto social e a vivência democrática, sem os quais já não se pode entender como possíveis a atividade crítica, que a confirme como saber especializado.

33. Depois do que acaba de ser dito, um ponto deve desde logo ser esclarecido. Não se cuida de negar a importância da ideia no plano do saber científico, desdenhando sua participação no respectivo processo mental. Ao contrário, entende-se que, aí, a ideia é insubstituível, por representar, a um só tempo, a única forma de dar início à atividade científica e o meio absolutamente indispensável de confrontar os resultados obtidos com a proposta inicialmente colocada. Funciona a ideia, pois, como modelo das coisas, condição primária de todo conhecimento. Só a pressupondo, podemos ter certeza de que realmente encontramos o que procurávamos.

34. A questão já fora proposta por Mênon a Sócrates, no diálogo platônico do mesmo nome, nos seguintes termos: "Mas de que modo, caro Sócrates, poderás procurar o que não conheces? Como procurar um objeto que nos é completamente desconhecido? E se o encontrares em tua frente, como poderás saber que se trata do objeto desconhecido e procurado?" (B, 79e-81a). Sócrates responde-lhe com a teoria das ideias inatas, invisíveis para os olhos humanos, puras e perfeitas, as quais constituem as essências que funcionam como arquétipos ou modelos para as coisas criadas, visíveis, impuras e imperfeitas. Esta teoria constitui o elemento de idealismo incorporado à epistemologia contemporânea, como o fora durante toda a Idade Média, a Renascença e a Idade Moderna. Sem qualquer sobressalto, podemos ver um epistemólogo da estatura de Karl Popper afirmar, em nossos dias, que, sem o conhecimento através das ideias ou a *priori*, "o que os nossos sentidos nos indicam não faz qualquer sentido" (s.d: 62-63). Na apreciação desse tema, diz ir "mais longe do que Kant. Julgo que uns noventa e nove por cento do conhecimento de todos os organismos é inato e está incorporado na nossa constituição bioquímica" (s.d:63). Não é, pois, esse idealismo de conformação platônico-kantiana que se pode contrapor ao espírito da ciência. Antes, ele se faz necessário como condição do próprio pensamento científico.

35. O que não parece compaginar-se com o espírito científico é, de modo especial, esse idealismo de feição kelseniana, pelo qual o processo de conhecimento sofre dupla redução, assim se descaracterizando. Se bem se observa, nas ciências culturais, o objeto criado não é um produto acabado, mas um outro modelo, o modelo material, projetado com base no modelo ideal. Coexistem no processo, portanto, dois modelos. Esse modelo material se coloca como intermediário entre a ideia, como coisa ideada, e a realização desta, ou coisa realizada. O modelo material assume a condição prática de modelo possível. Ter-se-á, assim, a seguinte sequência: a ideia da casa, a partir da qual é feita a planta da casa, com base na qual, finalmente, é construída a casa. Real, em tudo isso, é tão somente a casa edificada.

36. Transpondo o desenho para a esfera da ciência do Direito: tudo começa com a ideia de norma (abstrata e absoluta), a partir da qual é criada ou posta a norma jurídica (concreta e relativa ou possível), com base na qual é construído o Direito (realidade atual). Quando se diz que a norma jurídica é norma de Direito, pretende-se, com isso, significar exatamente que a norma jurídica é norma de fazer Direito, a funcionar como modelo ou forma do Direito. Nos termos da velha e imutável fórmula: a norma incide sobre o fato, gerando o Direito. Há etapas a serem cumpridas. Não se faz Direito imediata e diretamente a partir apenas da ideia que o legislador tem do Direito. Torna-se imprescindível que esta ideia original seja, antes, positivada, isto é, transformada em norma jurídica, a fim de que possa transmitir certeza e segurança àqueles a cuja regência se destina. Só depois, ao ocorrer a hipótese de fato nela prevista, é que surge a relação jurídica. Esta relação, em verdade, é que é o Direito real, resultado do fenômeno da concreção.

37. Kelsen, como se disse, queima ou reduz duas etapas do processo científico-jurídico. Para a sua teoria pura, a ideia já é norma, tomada esta, por sua vez, como sendo o próprio Direito. Em sendo assim, o mundo do Direito confunde-se com o mundo ideativo-racional das normas jurídicas. À semelhança do que ocorre em Hegel, nele também o racional é real. Conforme a história recente nos mostrou, esse tipo de doutrina puramente formal, dada sua plena disponibilidade para as ideologias, tem-se tornado facilmente cooptável pelos autoritarismos de todos os matizes. Vítima do nazismo, Kelsen pôde testemunhar, ele próprio, a utilização de sua teoria para tentar dar legitimação ao III Reich.

38. Visto em que consiste o positivismo da teoria pura, cabe, agora, indagar em que termos se define seu propalado realismo.

Com efeito, é através da palavra *realista* que Kelsen qualifica sua teoria em segunda instância, depois de denominá-la positivista. Recordemos como a questão está posta. A Teoria Pura do Direito, diz-nos Kelsen, "quer representar o Direito tal como ele é, e não como ele deve ser: pergunta pelo Direito real e possível, não pelo Direito 'ideal' ou 'justo'. Nesse sentido, é uma teoria do Direito radicalmente realista, isto é, uma teoria do positivismo jurídico. Recusa-se a valorar o Direito positivo" (1974:161). Como se vê, o conceito de realismo é de feição relacional, situado em ordem de dependência: a teoria pura diz-se realista, porque é positivista.

39. Trata-se, pois, de uma teoria pura ou neutra do Direito positivo, predefinida como doutrinariamente positivista, em razão do que é considerada realista. Essa dedução não é acidental, mas recorrente em várias passagens de suas obras. Noutro texto, em *O Problema da Justiça*, Kelsen afirma a mesma coisa: "Uma teoria do Direito positivista, isto é, realista..." (1993:70). Portanto, para Kelsen, Direito positivo significa Direito não valorado, enquanto teoria realista quer dizer o mesmo que positivista. Consequentemente, a teoria pura, como ciência específica do Direito, "deve ser distinguida da filosofia da justiça, por um lado, e da sociologia, ou cognição da realidade social, por outro" (1997:261). Ao jurista, portanto, ficam interditados tanto a pesquisa dos valores, como a busca do conhecimento da realidade social, privativos, respectivamente, dos filósofos e dos sociólogos.

40. Do ponto de vista da prática jurídica, fica difícil, por afigurar-se extremamente artificial, isolar o Direito de sua finalidade, que é a busca de justiça. Se ele não existe para realizar a justiça, para que existe, afinal? A mesma dificuldade desponta se considerarmos o assunto sob o prisma da teoria. Com que objetivo, então, o Direito é concebido como norma, isto é, como expressão de um dever ser? Não tem a norma o sentido imanente de um ser que só vale enquanto deve ser? Vimos Kelsen dizer, há pouco, que a sua teoria "quer representar o Direito tal como ele é, e não como ele deve ser" (1974:161). Não parece suficientemente claro por quais razões Kelsen utiliza a lógica do dever ser – e nisso foi um dos pioneiros na ciência jurídica – para simplesmente "representar o Direito tal como ele é"(174:171). Se a norma expressa um dever ser e a proposição através da qual ela é cientificamente descrita também tem o significado lógico de um dever ser, então o juízo científico deveria assumir a forma de um dever ser sobre um dever ser, e não sobre um ser. A respeito do Direito "tal como ele é", não paira nenhuma dúvida, tanto que, para Kelsen, Direito e norma são uma só e a mesma coisa. Este Direito é a norma, do mesmo modo como a norma é esse Direito.

41. Importa saber, demais, para qual realidade aponta o realismo da teoria pura. Sim, porque tanto tem realidade a essência (realidade metafísica), como têm realidade as aparências (realidade fenomênica). No contexto do pensamento de Kelsen, não se pode deixar de lembrar a categoria da realidade fictícia ou ficcional, que emerge ou da teoria científica do *como se* (*als ob*), de Vaihinger, ou do relato literário, onde os fatos são narradostambém *como se* fossem reais. Tentemos identificá-la. No prefácio da segunda edição da *Teoria Pura do Direito*, indicada pelo próprio autor como obra referencial prioritária, afirma Kelsen que sua teoria "se limita à análise do Direito positivo como sendo a realidade jurídica" (1974:14). Até aí, nem um passo além do que antes já fora dito. Acontece tal avanço no prefácio da *Teoria Geral do Direito e do Estado*, onde escreve Kelsen: "É na sua relação com o Direito ideal, chamado justiça ou Direito *natural*, que surge a realidade do Direito positivo. A sua existência é independente da sua conformidade com a justiça ou com o Direito *natural*" (1990:02). Em obra anterior, A Idéia de Direito *natural*, publicada em 1927, Kelsen já havia dito que "solo el contraste entre Derecho natural y Derecho positivo permite entender la esencia tanto del uno como del outro" (1946:19). Vejamos o que significa tudo isso com vistas à definição do que seja realidade para a teoria pura.

42. Para caracterizar o Direito positivo, Kelsen sempre parte do raciocínio dialético, talvez por parecer-lhe revelador de evidências, assim dispensando maiores explicações, como dá a entender. Antes, opusera Direito real e possível a Direito ideal e justo (1974:161). Agora, contrapõe Direito positivo a Direito natural, simbolizando a oposição entre real e ideal, para afirmar que a realidade daquele surge através do confronto entre os respectivos conceitos. No fundo, o que decide é a lógica da exclusão, nada dialética: o que não é Direito positivo é Direito natural, o que não é real é ideal. Conclusivamente: para Kelsen, Direito positivo é Direito real, decorrendo sua realidade da oposição com a idealidade do Direito natural. Simplesmente isso. Ora, esta oposição entre ideal e real corresponde exatamente às noções de essência e existência, situadas essas, por sua vez, nos diferentes planos do mundo das essências e do mundo dos fenômenos. Logo, a realidade da teoria pura seria a realidade fenomênica das aparências, em contraste com a realidade metafísica das essências.

43. Tal conclusão pareceria, à primeira vista, induvidosa. Não se poderia atribuir a Kelsen nenhum posicionamento metafísico, justamente a ele, que se colocou a metafísica como limite negativo, a partir do qual nada absolutamente deveria contar. Interpõe-se aqui, entretanto, um dado muito significativo, qual seja: para Kelsen, como vimos, o conceito de norma não é fenomênico, mas ideal, sendo o mundo da normatividade o mundo ideativo dos puros pensamentos. Sua realidade é a realidade mental segundo a melhor tradição platônica. Pode dizer-se, pois, que seu Direito ainda não saiu do mundo das ideias, onde vive uma vida contemplativa, em total desprezo pela impureza da realidade social do mundo fenomênico das aparências. Por isso é que ele quer ser puro. Assim se explica aquilo que, num primeiro instante, poderia parecer insólito, a saber, a existência de um realismo sem realidade social.

44. A realidade, como a entende a teoria pura, em nada depende de confirmação através da experiência. Porque assim ocorre, o próprio Kelsen é quem nos esclarece: "Quando admitimos a verdade de um enunciado sobre a realidade é porque o enunciado corresponde à realidade, é porque nossa experiência o confirma. (...) A norma não é um enunciado sobre a realidade e, portanto, não tem como ser *verdadeira* ou *falsa* no sentido explicitado acima. Uma norma é válida ou não-válida" (1990:115). E, para Kelsen, uma norma é válida se existente, melhor dizendo, "porque passou a existir da maneira prescrita por outra norma" (1997:275). Em último caso, como a ciência do Direito não cuida de fatos, daquilo que é, e sim de normas, daquilo que *deve ser*, não pode, por esse motivo só, realizar experiências. E nem, portanto, apresentar-se como empírica.

45. Mas, não é tão simples assim. Por ser realista, tira Kelsen a conclusão de que a teoria pura é também empirista. Esclarecimentos sobre a questão foram dados por ele no contexto de sua polêmica com Alf Ross. Logo no início do texto de réplica a Ross, registra Kelsen a pretensão do jurista dinamarquês de que a teoria dele, à diferença da sua, é que é realista e, por conseguinte, empirista. Continua Kelsen: "Dos notas, según Ross, caracterizan un conocimiento como empírico: una de ellas es negativa y consiste en rechazar la especulación metafísica; la otra, positiva, y consiste en centrarse sobre los hechos del ser" (1969:10). Com esta atitude programática, pretende Ross, especialmente, repelir o conhecimento metafísico especulativo baseado "en la aprehensión a priori por la razón" e demonstrar que "los conceptos fundamentales del derecho deben ser interpretados como concepciones de la realidad social, del comportamiento del hombre en sociedad y nada más" (1969:11). Kelsen vai revidar em termos radicais, como é de seu feitio.

46. De princípio, para argumentar, admite ele as premissas da necessidade de *fatos do ser* como condição da ciência empírica e da determinação do Direito como objeto da ciência jurídica. Isso posto, situa a questão com base nos princípios apontados, a fim de mostrar a inconsistência do posicionamento de Ross. Então, argumenta Kelsen: "Pero si el derecho, como lo sostiene la Teoría Pura del Derecho, es una norma o un sistema de normas, entonces no puede haber ciencia del Derecho realista alguna, esto es, conocimiento empírico alguno del Derecho". Tal ocorreria, explica Kelsen, porque "una norma no es un hecho del ser sino una prescripción del deber ser; es el sentido de un hecho de ser, esto es, un acto intencionalmente dirigido a la conducta de otros" (1969:11). Kelsen, nesse ponto, parece apelar para as sutilezas dos escolásticos, estabelecendo um jogo de aproximações e afastamentos entre ser e dever ser de duvidosa pertinência com a questão discutida. Afirma, então: "El acto cuyo sentido es la norma o – como suele decirce en sentido figurado – el acto mediante el cual se crea una norma, el acto de ordenar, es un ser; la norma, que es su sentido, es un imperativo, un deber ser" (1969:11). Dizer, como está dito, que o ato de legislar é um ser e a norma, decorrente desse ato, um dever ser, significa o mesmo que pretender ter avançado sem sair do lugar.

47. Não é disto, absolutamente, que se trata. Mas, apenas, de constatar que a norma é um ser (uma hipótese de fato), a qual, por haver sido considerada desejável, deve ser regularmente observada. Portanto, um ser que *deve ser*, é o que é a norma, sem mais nem menos. Oportuno lembrar a irretocável lição de Miguel Reale, segundo a qual "todo objeto cultural é e concomitantemente deve ser", tomada a expressão *dever ser* "em seu duplo significado lógico e axiológico" (2000:18). Subentende-se a imanente intencionalidade do ato humano.

48. Continuando o desenvolvimento de seu raciocínio, Kelsen aponta uma contradição na doutrina de Ross, capaz de inutilizá-la. A premissa, de que parte, é conhecida: para que exista uma ciência empírica do Direito, de acordo com o conceito de ciência empírica sustentado por Ross, "el derecho debe concebirse como un *factum* del ser y las normas jurídicas como reglas del ser, es decir, como reglas que enuncian o describen cómo se conducen de hecho los hombres, pero que no prescriben cómo deben conducirse" (1969:12). Colocada a condição, Kelsen retira da obra de Ross, *Sobre o Direito e a Justiça*, a seguinte definição de ordem jurídica nacional: "un cuerpo integrado de reglas que determinan las condiciones en las que la fuerza física *debe* ser exercida contra una persona" (1969:13). Kelsen situou lado a lado as afirmativas, a fim de tirar o maior efeito de seu confronto.

49. Evidentemente, as posições se contradizem e, por isso, se excluem, uma e outra. Kelsen, no entanto, acha que deve ficar valendo a da última citação feita por ele, a partir da qual, sem conseguir disfarçar a ironia, afirma: "Esto quiere decir que la teoría *realista* de Ross – en completa concordancia con la Teoría Pura del Derecho – caracteriza al derecho como un sistema de normas coactivas de deber ser, es decir, de normas que prescriben a ciertos órganos jurídicos que ellos, en determinadas condiciones, deben dirigir actos de fuerza contra seres humanos". A conclusão é implacável: "Por consiguiente, el objeto de la ciencia del derecho realista es un deber ser, no un ser" (1969:13). Assim afastada a posição doutrinária de Ross, Kelsen parte para justificar a sua. Vejamos como o faz.

50. Primeiro que tudo, Kelsen ratifica suas duas premissas fundamentais: 1ª – O Direito, tomado sob o prisma da teoria pura, não pode ser concebido como fato, mas apenas como "norma de dever ser"; 2ª – não pode negar-se que o objeto da ciência do Direito seja o Direito. Como Kelsen identifica norma com Direito, valeria dizer: o objeto da ciência do Direito é o Direito enquanto norma de dever-ser. No entanto, há de encontrar-se outro modo de caracterizar a ciência jurídica como ciência empírica, tendo em conta o fracasso da proposta de Ross, decorrente, afirma Kelsen, de haver tentado o impossível, ou seja, "describir normas del deber ser con proposiciones del ser" (1969:15). Para Kelsen, que se mantém, até agora, intransigente defensor da doutrina do *abismo intransponível* entre ser e dever ser, a solução só poderia advir de uma concepção de empirismo sem fato do ser.

51. Realmente, o desafio que se impôs Kelsen consistiria em encontrar uma alternativa para o conceito clássico de empirismo. Eis que ele a apresenta nos seguintes termos: "Una ciencia es *empírica* en contraposición a *metafísica* no solamente si describe hechos que suceden en el tiempo y en el espacio sino también si describe el sentido de ciertos actos humanos". O conceito é imediatamente aplicado ao Direito. São suas palavras nesse sentido: "Una teoría del Derecho continúa siendo empírica si se limita a describir normas que son el sentido de actos empíricos, realizados en el tiempo e en el espacio, realizados por hombres, sin referirse a normas que emanen de instancias sobrehumanas, tales como Dios o una naturaleza creada por Dios, en tanto que el deber ser de las normas que describe no es el deber ser de una justicia metafísica" (1969:15). Por todos os motivos alegados, conclui Kelsen, a Teoria Pura do Direito "puede reclamar ser considerada como una teoria no menos empírica, y en este sentido realista, que la teoria realista del Derecho sostenida por Ross" (1969:16). Ser realista uma teoria, conforme Kelsen já o afirmara na *Teoria Geral do Direito e do Estado*, significa o mesmo que haver sido confirmada pela experiência (1990:115). Sem experiência, portanto, não haveria como apurar o realismo de qualquer concepção doutrinária. Vejamos, então, que critério elege Kelsen para, a partir dele, reivindicar caráter empírico para sua teoria.

52. A ciência normativa é empírica, pois, pelo fato de limitar-se a descrever normas que são o sentido de atos empíricos. O sentido normativo desses atos empíricos realizados pelos homens, no tempo e no espaço, só pode ser a *conduta* em interferência intersubjetiva. Ato empírico é conduta social. Ora, a conduta da norma não é ato, mas potência, não é Direito, mas previsão de Direito. O que de empírico existiria na simples descrição de mera hipótese? Dizer, como Kelsen o faz, que a norma é Direito, não modifica em nada a questão, especialmente depois que ele passou a subordinar a validade à eficácia. Nesse caso, já não se tratará de simples descrição do *sentido* de atos empíricos, mas da observação em torno da *efetivação* desses atos.

53. A tese da superioridade da experiência sobre o entendimento puro não é princípio programático apenas da ciência, como à primeira vista poderia parecer, mas constitui também reivindicação da filosofia moderna, de orientação eminentemente epistemológica. Kant a incorporou a seu idealismo transcendental. Disse ele a propósito nos *Prolegômenos a toda a Metafísica Futura*: "O princípio que constantemente rege e determina o meu idealismo, pelo contrário, é: Todo o conhecimento das coisas a partir unicamente do entendimento puro ou da razão pura não é mais do que ilusão, e a verdade existe apenas na experiência" (1982). Kelsen, como bom kantiano, não poderia descartar a lição do mestre. Teve, portanto, de adotar o princípio de que a ciência haveria de ser necessariamente empírica. Isso ele nem põe em discussão. Acontece que, com tal ensinamento, ele recebe também uma antinomia.

54. Os dois termos dessa antinomia são estes: 1º – Nas palavras do mesmo Kant, agora retiradas da *Crítica da Razão Prática,* "a razão *pura, prática em si,* é aqui imediatamente legisladora. A vontade é concebida como independente de condições empíricas, por conseguinte, como vontade pura determinada pela *simples forma da lei,* e este princípio de determinação é visto como a condição suprema de todas as máximas" (1986:43). Em Kelsen, é esta razão legisladora que cria o mundo ideativo da normatividade, ancorado na *norma fundamental hipotética;* 2º – Com fundamento na doutrina kantiana da absoluta incomunicabilidade entre ser e dever ser, que incorporou integralmente, Kelsen firma o princípio de que "uma norma apenas pode ser deduzida de outra norma, um dever ser apenas pode ser derivado de um dever ser" (1963:13). Não há, portanto, como firmar o Direito na experiência, pois esta se limita a verificar o que é, faltando-lhe toda autoridade para expressar o que deve ser.

55. Diante do impasse, Kant decidiu-se por fundar o Direito no princípio racional da liberdade, por ele identificado com o "único Direito natural ou inato, (...) próprio de cada homem, pelo simples fato de ser homem" (1943:56). Pensamento que se harmoniza plenamente com a ideia de que "la ciencia puramente empírica del derecho es (como la cabeza de las fábulas de Fedro) una cabeza que podrá ser bella, pero tiene un defecto y es que carece de seso" (1943:46). Kelsen, em determinado momento do longo e penoso itinerário em busca da definição de sua *norma fundamental,* também fez apoiá-la, durante um certo período, na doutrina idealista do Direito natural, consoante já tivemos ocasião de mostrar (1990:426). A posição assumida no ensaio *A Justiça e o Direito natural,* publicado como Anexo da segunda edição da *Teoria Pura do Direito,* em 1990, já parecia estar, então, inteiramente esquecida. Neste trabalho, havia Kelsen declarado, de modo peremptório, que uma teoria do Direito "positivista ou realista", tal como a sua, haveria de formular-se em contraposição "à doutrina idealista" (1963:90), vale dizer, à doutrina dualista, que prevê, ao lado do Direito positivo, legitimando-o, um Direito natural. Contudo, Kelsen terminou por considerar a *norma fundamental* como simples ficção, nos moldes da filosofia do *como se*, de Hans Vaihinger (1986:328).

56. A eliminação da realidade social do plano teórico de Kelsen resultou, como lembra Sartre a propósito do marxismo, "na ruptura da relação real do homem com a história", tornando o conhecimento "teoria pura, olhar não situado" (1966:31). Disso resultou, como já mostramos, uma profunda dissociação entre teoria e prática. Já não cabe, no contexto da teoria pura, indagar a que se destina o Direito, mas, apenas, como é o Direito que existe enquanto norma. Por isso é que ele se contenta com um tipo de ciência meramente descritiva. Ora, esta "separação entre teoria e prática" – a advertência é ainda de Sartre – "teve como resultado transformar esta num empirismo sem princípios, aquela, num saber puro e cristalizado" (1966:23). Parece que Sartre, ao escrever essa sentença, estava visando, preferencialmente, à teoria jurídica de Kelsen.

57. Conforme se pôde notar da exposição que agora se encerra, Kelsen tenta dar consistência às teses referentes ao positivismo, ao realismo e ao empirismo, que atribui à sua teoria jurídica, através de puros procedimentos mentais, da ordem da exclusiva formalidade, assim caracterizados como privativos da hermética esfera do pensamento autossuficiente. Com tal propósito, ora lança mão de redefinições de conceitos já secularmente depurados, o que não deixa de depor contra o princípio da objetividade científica, ora apela para artificiais reduções ou ampliações, com o que sempre multiplica os problemas, em vez de resolvê-los. O resultado é um positivismo ficcional, a postular um realismo sem fatos da realidade e um empirismo sem atos da experiência. Essa conclusão representa mais do que uma frase de efeito. É a realidade.

Capítulo IV

UMA TEORIA PURA DO DIREITO PURO, EMINENTEMENTE FORMAL

1. A teoria kelseniana do Direito, a partir dos próprios termos que compõem seu enunciado – Teoria Pura do Direito – torna evidente sua pretensão de alcançar a pureza como tarefa prioritária. Essa atitude, assinala Kelsen, estaria a distinguir sua teoria, de modo indelével, daquelas outras elaboradas por juristas dos séculos XIX e XX, conferindo a sua obra superioridade em face da ciência jurídica tradicional. Qual seja o alcance de sua proposta, explica-nos Kelsen: "Quando a si própria se designa como *pura* teoria do Direito, isto significa que ela se propõe garantir um conhecimento apenas dirigido ao Direito e excluir deste conhecimento tudo quanto não pertença ao seu objeto, tudo quando não se possa, rigorosamente, determinar como Direito" (1974:17).

2. Tal conceito rigoroso de Direito, como proposto, deverá ser alcançado mediante um processo de purificação, isto é, de exclusão do âmbito do Direito de tudo aquilo que não lhe seja essencial. Nas palavras de Kelsen: "Quer isto dizer que ela pretende liberar a ciência jurídica de todos os elementos que lhe são estranhos. Esse é o seu princípio metodológico fundamental" (1974:17). Ao final do processo, deverá o Direito estar reduzido a ele mesmo, ao estritamente jurídico, e nada mais. Seu objetivo programático final é este: "Evitar um sincretismo metodológico que obscurece a essência da ciência e dilui os limites que lhe são impostos pela natureza do seu objeto" (1974:18). Trata-se, pois, de impedir que a ciência do Direito se confunda com a teoria política ou a ética, com a sociologia ou a psicologia. Sob outro prisma, o que Kelsen agora chama *ciência jurídica livre* ou *genuína ciência do espírito*, deveria surgir purificada: a) "de toda ideologia política" e b) "de todos os elementos da ciência natural" (1974:04). Parece ter-se fechado o círculo da pureza.

3. Na primeira edição da teoria pura, de 1934, Kelsen começa revelando as duas razões pelas quais chamou de pura sua teoria jurídica, e que são estas: 1ª – o fato de "ela se propor, como única finalidade, obter um conhecimento preciso do Direito"; 2ª – a possibilidade de "poder excluir desse conhecimento tudo quanto, rigorosamente, não caiba dentro daquilo que, com verdade, merece o nome de Direito" (1939:05). Veja-se bem: a preocupação inicial de Kelsen é de ordem epistemológica: obter um conhecimento rigoroso. Mas, conhecimento de quê? Do Direito, excluído de seu círculo tudo que não seja jurídico, puramente jurídico. Busca ele, portanto, a essência do Direito. Nessa mesma obra, ele o declara de modo expresso: a teoria pura, como ciência, "só se julga obrigada a conhecer o Direito positivo na sua essência" (1939:21).

4. Pretende Kelsen a depuração do Direito, que não é outro, senão o positivo, a fim de conhecer-lhe a essência. Sendo Kelsen um positivista ortodoxo, pareceria desnecessário sublinhar que seus interesses limitam-se ao Direito positivo, e só a este. Não precisaria nem que ele escrevesse, depois do termo Direito, o qualificativo *positivo*. Contudo, o Direito de sua teoria pura, quando visto como ordem jurídica, ostenta um elemento não positivo, porém básico e imprescindível, a saber, a *norma fundamental hipotética*. A respeito disso, afirmou ele no contexto da polêmica com Julius Stone: "Desde la primera vez que hablé de la *norma básica* he sostenido siempre que ella no es una norma positiva, es decir, que nos es una norma creada por un acto de voluntad de una auctoridade jurídica sino que es presupuesta por el pensamiento jurídico" (1969:79). Quer dizer: a norma básica não constitui Direito positivo. Logo, o espaço da pureza jurídica não poderia estender-se até ao ponto de envolvê-la, já que sua teoria é restrita ao Direito positivo.

5. Mas, não é assim. Na mesma obra, as *Contribuciones a la Teoría Pura del Derecho*, e no mesmo período, Kelsen escreveu justamente o contrário. Leia-se: "Resulta evidente que el postulado de pureza se refiere a toda la teoría del derecho, incluyendo la teoría de la norma básica". Conclui, poucas linhas depois: "Es simplemente falso que yo haya 'vuelto a subrayar' que la norma básica se encuentra fuera del sistema jurídico" (1969:79). Constituiu essa mais uma antinomia a perturbá-lo pelos tempos afora.

6. Para melhor contextualização do problema da pureza jurídica, faltou Kelsen informar que tal iniciativa não lhe pertencia com originalidade, tendo sido tentada sua execução, antes dele, por Gustavo Hugo, Paul Laband, Karl Gerber, Georg Jellinek, Ludwig Knapp, Ernest Roguin, Adolf Reinach e Edmond Picard, entre os mais notáveis. Aliás, graças a grande semelhança de seu projeto com o de Paul Laband, Gerhardt Leibholz o chamou de *executor testamentário* do publicista germânico (1931:208). Como vimos, Kelsen recusou veementemente a incumbência. A partir de então, deveria, pelo menos, ter esclarecido duas coisas fundamentais: 1ª – por que e em que falharam os juristas que o antecederam no empreendimento da construção de tal espécie de ciência jurídica pura; 2ª – com que instrumentos e por quais meios pretendia suprir os obstáculos que as tentativas anteriores não foram capazes de afastar. Embora tenha atacado a jurisprudência anterior por seu posicionamento "inteiramente acrítico" (1974:17), Kelsen parece ter-se achado dispensado de justificar aquilo mesmo que exigia de seus malsucedidos antecessores.

7. Outro ponto a elucidar é este consistente em saber se a pureza é predicada apenas à ciência do Direito, como Kelsen o afirma de modo peremptório, ou se o termo tem, igualmente, aplicabilidade ao próprio Direito. Consoante já foi visto, a pureza do método conforma o objeto, purificando-o. Ora, o objeto da ciência do Direito é o Direito. Logo, o Direito da teoria pura será, por necessidade, um Direito puro.

8. Kelsen, porém, não aceita a conclusão. Sua postura pode ser encontrada no texto de resposta à crítica radical de Julius Stone à teoria pura, por ele tida, aliás, como simples decorrência da apresentação defeituosa que dela faz o jurista australiano. Stone, em seu ensaio, reproduz, adotando-o por correto, pequeno trecho de Bustamante y Montoro, segundo o qual Kelsen "considera impuro al derecho positivo, a las normas *stricto sensu*" (1969:79). É a partir dessa referência que Kelsen expõe sua posição, aqui reproduzida no essencial: "Esta afirmación no puede fundamentarse en mis escritos. Lo que quise decir es que el adjetivo *puro* se refiere a la *teoría del derecho*, no al derecho; el *derecho no es puro*, solo la teoría del derecho puede ser *pura*" (1969:79).

9. Ao explicar qual seria efetivamente seu pensamento sobre a questão, Kelsen deixa entrever que, antes, não fora explícito, nem claro. Todavia, não convence. E por duas razões decisivas: 1ª – o direito sem conteúdo de sua teoria apenas pode ser pensado sob a perspectiva transcendental, apriorística, como autêntica ideia em sentido platônico, como tal representativa de formas perfeitas e paradigmáticas. Portanto, puras. 2ª – a *norma básica*, ou *fundamental hipotética*, que transmite unidade e fertilidade à ordem normativa, que é como Kelsen define o Direito (1974b:21), configura, de modo evidente, a ideia platônica de perfeição e paradigmaticidade. A função de arquétipo, exercida pela *norma básica*, representa, aliás, elemento primordial para entendimento do Direito como ordem dinâmica, autoprodutiva, marca identificadora do sistema kelseniano, incorporada de Adolf Merkl, um de seus primeiros companheiros da Escola de Viena.

10. Poderia parecer estranha, à primeira vista, a ligação que estabelecemos entre a *norma fundamental hipotética* e a teoria platônica das ideias. Na verdade, não é assim. Sabe-se que as principais bases filosóficas de Kelsen estão em Kant, a quem invoca para, dentre outros aspectos, lembrar a conformidade dessa sua teoria da *norma hipotética* com a lógica transcendental kantiana. Eis o que escreveu a propósito: "A teoria da norma fundamental pode ser considerada como uma doutrina do Direito natural em conformidade com a lógica transcendental de Kant" (1990:426). Acontece, po-

rém, que Kant, ele mesmo, recorre ao Platão de A *República,* onde se encontra talvez a principal versão da teoria das ideias (Cap. VI), para lembrar que o modelo platônico de constituição perfeita "é pelo menos uma ideia necessária, que deverá servir de fundamento não só a todo o primeiro projeto de constituição política, mas também a todas as leis..." (1985:310-311). Por sua vez, a passagem de Platão, referida por Kant, tem o seguinte teor: "... era preciso que estivesse sempre presente na cidade um certo elemento, possuidor de uma teoria lógica da constituição, idêntica a que possuías tu, o legislador, quando elaboraste as leis" (497d). A ideia, aqui, é arquétipo, modelo. Exatamente como em Kelsen a *norma básica,* pressuposta, funciona como modelo de todo o sistema de normas de Direito positivo.

11. Que seja igualmente puro o Direito da teoria pura, podemos ainda comprovar com dois enfoques doutrinários diversos, colhidos da obra de Kelsen. O primeiro deles parte da afirmação explícita de que o postulado da pureza abrange inclusive a *norma fundamental* (1969:79), conforme vimos há pouco. Mais uma vez, uma posição de Kelsen é assumida por contraste com a doutrina do Direito natural, como se vê neste passo da *Teoría General del Estado:* "Así, en lugar de la *norma pura,* meramente hipotética y carente de realidad concreta, (o jusnaturalismo) se elige como fundamento un hecho real" (1965:328). Na página seguinte, refere, agora de modo direto, à "ideia pura de la norma fundamental hipotética" (1965:329). Daí poder concluir-se que não só é pura a concepção que se tem da norma básica, mas, a norma básica, ela mesma, é também pura. Portanto, a Teoria Pura do Direito, para a qual norma e Direito são a mesma coisa, haveria de ser, por necessidade lógica, uma teoria do Direito puro. Com efeito, jamais se poderia imaginar o contrário, ou seja, que uma norma pura pudesse transmitir impureza ao sistema que rege. Ou, em último caso, não pudesse depurá-lo.

12. O outro enfoque doutrinário de Kelsen sobre a matéria encontra-se na página de abertura da primeira edição da *Teoria Pura do Direito,* e diz respeito às razões pelas quais chama pura sua te-

oria, conforme também já foi visto. A segunda delas diz respeito à circunstância de "poder excluir desse conhecimento (preciso do Direito) tudo quanto, rigorosamente, não caiba dentro daquilo que, com verdade, merece o nome de Direito" (1939:05). Num exercício de esclarecimento do que já parece bastante claro, mudemos a ordem de construção da sentença, a ver se seu significado original se mantém. Ter-se-ia, por exemplo: excluir do conhecimento do Direito tudo aquilo que não caiba no conceito de Direito. Isso só pode significar uma coisa: depuração. O Direito puro, da teoria pura, é, pois, um Direito puro por depuração, um Direito purificado.

13. A questão, portanto, não está em Kelsen querer ou não querer que o Direito de sua teoria pura seja igualmente puro. Ele o é, não por sua vontade, mas em decorrência do livre desenvolvimento das premissas lógico-epistemológicas do seu esquema de pensar. Em um sistema formal e fechado como o seu, postos a funcionar os princípios e armados os silogismos, a conclusão é fatal. Não foi esta a primeira vez, nem terá sido a última, que um pensador se mostra surpreso com os resultados a que foi conduzido por sua metodologia. São coisas decorrentes daquilo que Hegel chamou *astúcias da razão*, a qual, embora firme em sua idealidade, muitas vezes se deixa enganar em sua aparência fenomenal. E Kelsen, cuja obra está recheada de antinomias, terá tido muitas e repetidas ocasiões para surpreender-se. Como expressaria o autor do romance de costumes, também era seu o desapontamento pelo trágico desfecho final. Restava-lhe apenas lamentar não ter podido intervir para evitá-lo. Assim na ficção, assim na teoria científica.

14. De todo modo, não se deve fechar questão sobre qualquer das alternativas examinadas, principalmente quando se tem em conta que a obra de Kelsen chega a mais de seiscentos títulos, contados livros e artigos. Tentar fazê-lo, seria renegar o princípio crítico da ciência aberta, que tanto deveria ser seguido, máxime por seu caráter humanista e democrático. Devemos ressaltar, contudo, que a posição que defendemos, segundo a qual também é puro o Direito da teoria pura, encontra acolhida, entre outros, no pensamento de Carl J. Friedrich (1965:190), Jerome Hall (1959:58), José Maria Rodriguez Paniagua (1976:302), Michel Miaille (1976:348) e Nelson Saldanha (1987:73), juristas de grande audiência em seus respectivos países.

15. Afigura-se-nos oportuno mostrar, aqui, o fundamento de algumas dessas posições, mesmo porque nelas foram examinados outros pontos não destacados em nossa análise. Carl Friedrich cinge-se à questão gramatical, para afirmar que "seria mais correto falar de *doutrina da lei pura,* visto que o adjetivo qualifica a lei, ou o Direito, e não o substantivo *teoria*" (1965:190). A opinião de Jerome Hall, grande amigo de Kelsen, a ponto de este ter-lhe confiado a leitura dos originais da *Teoria Geral do Direito e do Estado*, apresentando-lhe Hall a propósito, no dizer do seu autor, "muitas sugestões valiosas" (1990:05), parece, por isso, revestir importância especial. O posicionamento do professor da Universidade de Indiana parte, antes, da pacífica admissão da pureza do Direito positivo de configuração kelseniana, com a finalidade de, confrontado este com algumas de suas principais teses, concluir pela inconsistência ideológica da Teoria Pura do Direito. Nas suas palavras: "No obstante las insistencias de Kelsen sobre la pureza del Derecho positivo, su admitida referencia a un mínimo de hechos, la inclusión ilícita de hechos en la norma básica, la aserción de un mínimo de eficiencia como una condición del derecho o de la validez del derecho, y la aplicación de las normas por coerción física, tornan la teoría pura significativamente inconpatible con los propósitos del creador" (1959:58).

16. Continuemos na audiência dos juristas selecionados. Para Rodriguez Paniagua, "la denominación de teoría pura del Derecho podria alterarse com la teoría del derecho puro, puesto que esta *pureza* se refiere también al objeto, que es el Derecho que es, no el que podría ou debería ser" (1976:302). A partir da invocação do formalismo da teoria pura, Miaille afirma ter vontade de denominá-la, não teoria pura do Direito, mas teoria do Direito puro. No original: "L'école formaliste s'attache en effet à *purifier* la science du droit et à aboutir dès lors à une théorie pure du droit – on aurait envie

d'écrire une théorie du droit pur" (1976:348). Por fim, a palavra a Nelson Saldanha, que também estabelece uma relação consequencial direta entre pureza do método e pureza do Direito: "*Pureza* no método enquanto específico e capaz de 'construir' seu objeto, no sentido kantiano, e pureza no próprio objeto enquanto isolado de outros objetos limítrofes..." (1987:73).

17. Na linha do raciocínio dialético, que vem predominando no exame da questão da pureza, caberia indagar-se, agora, se um método puro, tal como se apresenta o da teoria kelseniana, seria cientificamente compatível com um objeto impuro, assim como é o Direito positivo visualizado por Kelsen. Recordemos suas peremptórias palavras em resposta a Julius Stone: "o Direito não é puro, somente a teoria do Direito pode ser pura" (1969:79). Confrontada com o princípio da compatibilidade entre método e objeto, assumido pelo próprio Kelsen, a afirmação acima é inaceitável, por contraditória. Como, então, poder captar com fidelidade a imagem de um objeto impuro através de processos que, por antecipação, eliminariam ou afastariam todos os elementos de sua possível impureza? Por importar a desfiguração do Direito pelo processo purificador a que seria submetido, tal método mostrar-se-ia, na prática, inepto para a realização da tarefa.

18. Kelsen estava bem consciente de todas essas implicações doutrinárias. A exigência de compatibilidade entre método e objeto, ele a formulou com nitidez durante encontro na Faculdade de Direito, da Universidade Autônoma do México, em 1960. Na ocasião, afirmou a respeito: "La forma por la que se elabora una teoría está determinada por su objeto. A fin de captar lo peculiar de una teoría del Derecho, debemos conocer la naturaleza de su objeto; en consecuencia, una teoría del Derecho debe, antes que nada, contestar la pregunta: Que és el Derecho?" (1974b:15).

19. Ora, o Direito, para Kelsen, é norma, quer dizer, pura forma sem qualquer conteúdo, situado não se sabe onde, mas, com certeza, fora do mundo fenomenal das relações humanas. Vale a pena lembrar uma das passagens de sua obra principal em que Kelsen afirma a total indiferença de sua teoria para com a questão do conteúdo normativo. São palavras suas, colhidas do texto da primeira edição da *Teoria Pura do Direito*: "Diversamente acontece com as normas de Direito. A sua validade não é questão de conteúdo. Qualquer conteúdo pode ser Direito; não há conduta humana que não possa caber numa norma jurídica" (1939:61). Tal Direito só existe no contexto da teoria pura. Fora daí, é um *como se*, nos precisos termos da teoria ficcionista de Hans Vaihinger, consoante Kelsen expressamente o admitiu: "Uma norma meramente pensada é o sentido de um fictício ato de vontade" (1986:298). Isso mesmo: a norma jurídica de concepção kelseniana, conforme já tivemos ocasião de mostrar, não passa de pura realidade mental, obra solitária do pensamento humano.

20. Seria, então, de indagar-se: a teoria pura, que utiliza um método pelo qual se chegará, não ao Direito que é (impuro), mas ao Direito que deve ser (puro), é ciência descritiva ou filosofia idealista? A indagação, sob outro prisma, poderia ser assim formulada: como descrever "o que é e como é o Direito" (1974:17) através de uma lógica que, ao invés de dizer o que é, prescreve o que deve ser? Lembremo-nos, para completar nosso quadro de referências, que Kelsen põe, como objetivo da teoria pura, "conhecer o Direito positivo na sua essência" (1939:21), demais de haver postulado aprioristicamente uma *norma fundamental hipotética*, com o fim de "sustentar a 'existência' de quaisquer normas jurídicas positivas e fazer quaisquer juízos jurídicos de valor" (1997:217). Constituem, as duas propostas, matéria própria de toda metafísica.

21. Com todos esses dados, já se pode caracterizar o normativismo kelseniano como uma espécie de metafísica positivista, ou, o que daria no mesmo, de empirismo metafísico. Um só dos elementos acima reunidos – o apelo à categoria do a *priori*, o antipositivo e antiempírico por definição – bastaria para admiti-lo no rol das doutrinas metafísicas. Embora envergonhada de seu nome, não deixa, por isso, de ser uma metafísica. Valha, pois, a definição de

Djacir Menezes: "No fundo, a doutrina de Kelsen é uma metafísica deontológica que se arroga a positividade máxima – na aparência e no esforço de *ficar rente aos fatos*" (1985:35). Tratar-se-ia da velha metafísica da imanência, de matriz aristotélica, que se considera um saber de experiência, que nos diz da própria coisa-em-si como núcleo ou conteúdo do fenômeno. Confira-se: quando Kelsen indica a norma jurídica ou o dever ser como essência do Direito positivo (1939:35), está apenas atribuindo a um ente do mundo fenomênico a condição de coisa em si.

22. Não nos devemos esquecer, porém, que esta metafísica positivista ou empirista, consoante nos adverte Cornelius Castoriades em *O Mundo Fragmentado*, sempre se tem mostrado hábil em escamotear as verdadeiras questões filosóficas, enterrando-as "cada vez mais profundamente, debaixo de uma camada espessa de dogmatismo sossegado e apático" (1992:252). O que não deixa de soar como um retrocesso, um retorno aos remotos tempos pré-kantianos, quando dominava, soberana, a metafísica dogmática. Ao anunciar sua decadência, ter-se-ia Kant enganado? A julgar pela denúncia de Hegel, sim. Eis, em suas palavras, o que continua ocorrendo: "A ilusão-básica do empirismo científico é sempre esta: utilizar as categorias metafísicas... e suas ligações, de uma maneira inteiramente acrítica e inconsciente" (1995:104). Tudo em decorrência da negação do suprassensível, com o consequente limite da atividade do pensar à esfera do fenômeno, a saber, do puramente empírico.

23. Não importa que Kelsen negue toda ligação de seu pensamento com a metafísica, como o fez no prefácio da *Teoria Geral do Direito e do Estado*, onde se lê o seguinte: "A teoria pura do Direito... vê o Direito... como uma técnica social específica baseada na experiência humana; a teoria pura recusa-se a ser uma metafísica do Direito" (1990:03). Assim agindo, diz Kelsen procurar afastar-se "de boa parte da jurisprudência tradicional", que ele tem como "dominada por uma tendência para confundir a teoria do Direito positivo com ideologias políticas disfarçadas ou de especulações metafísicas sobre a justiça ou de doutrina jusnaturalista" (1990:03).

Sempre a obsessão contra a ideia de Direito natural, senão o medo de, admitindo-o, tornar o Direito positivo "supérfluo, ou melhor, desprovido de sentido" (1990:20). A única força desse sentimento parece ter sido o efeito produzido em Kelsen: a junção do absolutamente improvável com o simplesmente risível. Algo semelhante à tese sustentada pelos positivistas filiados ao sociologismo e ao realismo, de modo especial em suas formulações norte-americanas, que pretendiam dever afastar-se o Direito natural, em razão de sua indisponibilidade para aplicação pelo Poder Judiciário. Aqui, o erro de origem está na identificação de Direito com Direito judicial.

24. Consoante se observa, Kelsen sempre identifica os temas da justiça e do Direito natural com a metafísica, pelo que pretende afastá-los através da simples eliminação desta. Tentou durante a maior parte de sua vida, mas não o conseguiu. Ao final, teve de admitir, relativamente à conformação específica da *norma básica*, chave de seu sistema, "um mínimo de metafísica, e aqui, de Direito natural, sem os quais não seria possível nem uma cognição da natureza, nem do Direito" (1990:426). Talvez tenha sido esse um dos momentos mais difíceis de sua longa existência de teórico do Direito, talvez só ultrapassado por aquele outro em que teve de confessar que sua *norma fundamental* era "uma pura ou *verdadeira ficção*" (1986:328). Em todas essas tentativas, Kelsen esteve fazendo metafísica, tanto que, com o propósito de negá-la, precisou colocar-se no centro da sua problemática, da sua linguagem particular e do seu modo específico de desenvolver o raciocínio. Esse constitui um dos modos pelos quais se pode explicar a sentença de Edwin A. Burtt, professor de filosofia na Universidade de Cornell, segundo a qual "a única maneira de evitar tornar-se um metafísico é não dizer nada" (1983:180). E Kelsen falou muito sobre temas por definição pertencentes à metafísica.

25. Deve dizer-se, a esta altura, que a pureza do Direito positivo, tal como a projetou Kelsen, constitui apenas mais uma de suas vãs pretensões, em tudo semelhante à igual proposta de pureza metodológica. A existência do ser puro apenas pode imaginar-se numa das quatro situações seguintes: a) como essência ou coisa em si, nesses termos postulado pela metafísica clássica de tradição platônico-kantiana; b) como aquilo que é em si e por si, sem causa nem fundamento exterior, assim tido o absoluto, identificado com o Deus das teologias; c) como o começo de tudo, puro pensamento, melhor, pura abstração, significando o mesmo que o nada da formulação hegeliana; d) um saber independente de toda experiência, se possível fosse. Tudo ponderado, poder-se-ia ter a redução das hipóteses de pureza a duas situações ideais genéricas, a saber: o puro caracterizado como aquilo que está fora da História, ou como aquilo outro que não está misturado com elementos de diferentes índoles, assim configurando a chamada substância simples.

26. Tendo sido o purismo jurídico qualificado, pelo próprio Kelsen, como uma construção "radicalmente realista, isto é, uma teoria do positivismo jurídico" (1974:171), ao mesmo tempo que ciência empírica, "em contraposição à metafísica" (1969:15), haveria de descartar-se, desde logo, a primeira hipótese de ocorrência de pureza, por logicamente inconcebível. Um Direito positivo, realista e empírico, situado fora da História, seria uma contradição em termos, equívoco que uma epistemologia jurídica, como também o é a Teoria Pura do Direito, jamais poderia cometer. Na verdade, tudo o que faz parte do mundo, inclusive os elementos da natureza que lhe emprestam configuração física, adquire historicidade. O simples testemunho do homem que apenas os percebe, enquadrando-os em dimensões espaço-temporais, torna-os fatalmente históricos. Entram na História, de igual modo, todas as obras da cultura, entre as quais se conta o Direito, tanto considerado como teoria, quanto tomado como norma de vida social. No entanto, nada disso parece ter contado para dissuadir Kelsen do propósito de predicar a pureza tanto de sua teoria, como igualmente do próprio Direito. Assim agindo, Kelsen recua para antes de Hugo e Savigny, riscando dos anais do Direito um capítulo que registra parte significativa de sua evolução rumo ao aniquilamento do racionalismo abstracionista da teoria liberal, que produziu o automatismo logicista da Escola de Exegese. Seria como eliminar, de uma penada só, Marx e Leão XIII, no que eles representam de significativo para a construção da teoria do Direito social.

27. Entre os dois modelos de pureza, restou a Kelsen considerar a segunda possibilidade: é puro tudo aquilo que não resulta da junção de partes diferentes, representando um todo indivisível e uniforme. Assim como o método, o Direito deveria também estar estremado de elementos éticos, políticos, sociológicos ou psicológicos, de ideologias, especulações metafísicas ou doutrinas do Direito natural, tudo para que não viesse a desnaturar-se, ao confundir-se com qualquer outra disciplina. Na doutrina jurídica de Kelsen, o puro teria, portanto, a forma do simples e do uno. Um *Direito-apenas-jurídico*, inteiriço, só e sem mais nada. Em termos ontológicos: um ser-acidente sem o necessário suporte, ser-substância, ao qual aderisse para qualificá-lo, por esse meio adquirindo, ele próprio, autonomia existencial. Expliquemo-nos melhor.

28. Encontra-se o Direito – o jurídico – na total dependência de alguma substância na qual possa potencialmente existir. Não é ele *um ser* (coisa, sujeito), mas uma *maneira de ser* (atributo, qualidade) *de outro ser*. Assim, não existe em si e por si, como os substantivos: o homem, a árvore, o livro. Existe apenas, e de modo parasitário, em outras coisas, como é próprio do adjetivo. Essas outras coisas são precisamente os substantivos: o homem *culto*, a árvore *frondosa*, o livro *volumoso*. Direito não é, portanto, a conduta humana, mas o *modo de ser* (direito ou torto, lícito ou ilícito) dessa conduta: a conduta *jurídica*.

29. Tudo que aí ficou expresso, só adquire plena inteligibilidade se confrontado com os dados constitutivos da teoria geral do ser, tal como formulada a partir do pensamento grego antigo. Com efeito, na sua *Metafísica*, já advertia Aristóteles: "Há uns seres que são aptos para existir separados e independentes, enquanto outros são inseparáveis e só podem existir (como) dependentes dos outros" (1964: 1070b). Os seres independentes são as substâncias; aqueles que dependem dos outros denominam-se acidentes. Spinoza, no

século XVII, sintetizou a ideia em frase lapidar: "Tudo que existe, existe em si ou em outra coisa" (1960: 1a, IV). O Direito, adjetivo, portanto ser-acidente, só pode existir agregando-se a um substantivo, um ser-substância, ao qual tem a propriedade de qualificar. Ratificando: Direito é *conduta* (substantivo) *jurídica* (adjetivo).

30. O ser-acidente, como se viu, tem natureza adjetiva. Ao atuar, acrescenta qualidade ao ser-substância, determinando-o, vale dizer, redefinindo-o axiologicamente. Não como *outro ser* (com a mesma identidade), mas como um outro ser (com nova identidade). A conduta jurídica é um *outro ser*, o Direito. Essa expressão envolve um ser (conduta) que deve ser (direita), na qual o ser-substância mostra-se como algo que é, *para ser*, enquanto o ser-acidente emerge como algo que deve ser, para ser. Donde decorre que o Direito, valor humano objetivado, é, *enquanto deve ser*.

31. Do ponto de vista da ontologia jurídica, a conclusão é que o Direito, para adquirir existência real, tem de misturar-se. Nada, em si e por si, pode existir simplesmente como acidente, por exemplo, como *azul, alto, Direito*. Mas, tão somente, como céu *azul*, muro *alto*, conduta direita. Ninguém vê azul; vê *alguma coisa* que tem a cor azul. O adjetivo só existe em junção com o substantivo, vale dizer, de modo impuro. E este, e apenas este, é o seu modo natural de ser no mundo dos fenômenos, lugar de todas as impurezas. Logo, o Direito, a não ser como pura ideia, o que implica desde logo sua não positividade, jamais poderá ser puro. Um Direito positivo puro, por hipótese, seria um rematado absurdo na ordem da teoria do ser.

32. Numa outra perspectiva, o Direito agora substantivado – a norma jurídica – para que não aumentasse sua impureza, teria de renunciar a toda predicação, não se lhe devendo atribuir funções tais como as de promover a justiça e garantir a legitimidade. Justamente como predica a teoria pura, em nome do afastamento da corruptora ideologia. Na verdade, viciosa é essa posição de Kelsen, que forceja por eliminar do Direito uma de suas características essenciais de ente cultural, assim definido como um *ser-que-deve-ser*. Através dessa perspectivação, ressalta-se-lhe a congênita eticidade. O Direito só existe *para*. Não é ele um simples *dever ser, um dever ser*

puramente lógico, mas um dever ser ético e axiológico, um dever-ser-para-ser justo e legítimo.

33. A força inteira do Direito provém daí, e nunca das notas da coação e da imperatividade, conforme pretendem os positivistas, entre os quais coloca-se Kelsen com toda determinação. Vale a advertência de Julius Binder, reproduzida pelo kelseniano Fritz Schreirer com plena concordância, segundo a qual "juridicamente o Direito não obriga a nada" (1975:123). Tal ocorre porque, diz-nos Hans Welzel, "la coacción coacciona, pero no obliga; obligar sólo puede obligar lo valioso" (1957:213). E o valioso é o justo e o legítimo. Contra o injusto e o ilegítimo, interpõem-se o Direito de resistência e a desobediência civil.

34. Ao traçarmos o perfil teórico desse Direito puro, vimos que sua existência, na ordem primeira do ser, dá-se como pura forma, ou ideia pura. Aí, ele é modelo em disponibilidade, potência, tendo apenas existência ideal ou metafísica. Cuida-se, agora, de saber de seu ser na ordem da existência real ou física, onde aparece como produto modelado, potência atualizada. Nosso plano preferencial, agora, é aquele representado pelo mundo fenomênico. Do ponto de vista do Direito positivo, constitui essa a realidade decisiva. O Direito se positiva para, em assim adquirindo maior visibilidade, tornar-se ponto de referência comum para a conduta social, segundo o princípio básico de compartição das liberdades, dom inato de todos os homens. À teoria do Direito importa, antes e acima de tudo, indicar o melhor meio de realização prática desse objetivo. Portanto, não pode, e nem deve, contentar-se em ser meramente contemplativa. Sua tarefa fundamental é disponibilizar modelos, e não apenas descrever o Direito positivo, como pensa Kelsen.

35. Cuidemos, pois, de visualizar esse mundo fenomênico, o mundo da existência real do homem, onde este exercita com poderes absolutos seu ingênito pendor criativo, inclusive reformando-o segundo sua própria natureza. Com tal intensidade, às vezes, conforme o pretendeu Schopenhauer, que o mundo passa a ser tomado simplesmente como vontade e representação.

36. Esse é o mundo ao qual, por pretender-se realista e empirista, deveria cingir-se a Teoria Pura do Direito. Mesmo porque é ele que aparece, no processo natural do confronto das ideias, como única opção ao repudiado mundo da metafísica. No entanto, nesse terreno seria absolutamente inútil tentar encontrar qualquer coisa de puro, porque, por definição, o mundo fenomênico, morada das aparências, é o lugar das impurezas e das imperfeições. Prova-o, à saciedade, o simples fato do progresso humano, o qual mais não significa que o registro do contínuo movimento em busca da perfeição idealizada. Nada nasce perfeito, mas tudo se coloca como passível de aperfeiçoamento. A ideia de perfeição, ela mesma, é aperfeiçoável. No reino dos fenômenos, portanto, nada se manifesta senão como mistura, superposição de partes, composição. E mais: tudo isso ocorre de modo natural, e não por artifício. Trata-se, antes, do próprio modo de ser deste mundo.

37. O Direito positivo aparece, aí, como quarta qualificação da conduta humana. Surge, na condição de instância derradeira, com o propósito de imprimir maior grau de segurança à vida das relações sociais. Veja-se como tudo ocorre: 1º – em primeiro lugar, a conduta se qualifica como *humana*, ato do homem; 2º – depois, como *social*, e isso de modo necessário, posto que só a coexistência pode dar conta da existência individual de cada um de nós; 3º – em seguida, receberá a qualificação de *moral, religiosa, econômica, política* etc., assim assumindo plena autonomia; 4º – em quarto lugar, e finalmente, o ato humano-social-econômico, por exemplo, já feito e acabado, recebe a qualificação de *jurídico*, a fim de que, com tal distintivo, possa valer-se da proteção jurisdicional. E é desse modo, como sistema de restrições, que emerge o Direito na vida do homem. Surgiu para limitar as condutas recíprocas, a fim de que, cada um por si e todos em conjunto, pudessem coexistir segundo o maior grau de liberdade possível. Mas, não sejamos pessimistas: o Direito, ele próprio, não representa uma desvantagem para o ser humano. Foi, antes, a solução. É de outra espécie a inferioridade congênita do homem, e significa precisamente não poder exercitar ele, de modo pleno, seu dom da liberdade. Se quiser usufruí-la, há de limitá-la através do Direito, que deste modo se apresenta como instrumento de compartição de liberdades.

38. Se o processo de advento do Direito positivo é esse, o que parece induvidoso, como, então, predicar-lhe a condição pré-fenomenal da pureza? O Direito positivo, ainda por essa razão, não é e nem pode ser puro. Não que o puro não possa existir no mundo fenomênico. Pode e existe. Existe como o nada, que é, em termos hegelianos, o pensar da vacuidade, "inversamente ele próprio um ser" (1989:20), ou, na concepção de Bochenski, um mero "ente de razão" (1961:93). Para não repetir, com Heller, um ser sem ser, ou melhor, um Direito sem Direito.

39. Nem Direito puro, nem também, como explicitamente preconiza Kelsen, método puro. O princípio metodológico fundamental da teoria pura, concebido com o objetivo de "libertar a ciência jurídica de todos os elementos que lhe são estranhos" (1974:17), constitui procedimento em total descompasso com a teoria do conhecimento de sua época. Com boa razão, pois, afirmou Miguel Reale que considerava "Pontes de Miranda e Kelsen filósofos do século passado, no que diz respeito à assepsia da ciência" (1985:43). Um objeto complexo como o Direito, visualizado sob um só aspecto, o da pura juridicidade, teria de revelar-se na forma de uma completa distorção, consoante de fato aconteceu. O apelo ao sincretismo metodológico, que Kelsen tanto se empenhou em evitar, teria constituído, bem ao contrário, o procedimento mais adequado para apreender o Direito em sua peculiar heterogeneidade de ente multiforme. Prevaleceu, afinal, a ideia de "evitar o sincretismo metodológico (porque ele) obscurece a essência da ciência jurídica e dilui os limites que lhe são impostos pela natureza do seu objeto" (1974:18). Tudo, como sempre, sacrificado à pureza metodológica. Em última análise, ao conhecimento científico levado à exacerbação do cientificismo, uma outra espécie de doença infantil contraída pelos dogmáticos de todos os feitios.

40. Havia, pois, a favor do que Kelsen chamou sincretismo metodológico, tão boas ou melhores razões de ordem teórica do que aquelas que ele invocou para afastá-lo. Relembremos a recomendação de Descartes das *Regras para a Direção do Espírito*: "É preciso acreditar que todas as coisas estão de tal modo conexas entre si que é muitíssimo mais fácil apreendê-las todas ao mesmo tempo do que separar uma só que seja das outras. Portanto, se alguém quiser investigar a sério a verdade das coisas, não deve escolher uma ciência particular." O resultado, conclui, será este: "Em breve ficará espantado de ter feito progressos muito superiores aos de quantos se dedicam a estudos particulares, e de ter obtido não só tudo o que os outros desejam, mas ainda coisas mais elevadas do que as que podem esperar" (1985:13). Quem escreveu essas linhas, todos sabemos, foi um filósofo que também priorizou a metodologia, e com tanto sucesso, que o seu *Discurso do Método* é tido como o prefácio ou a certidão de nascimento da filosofia moderna. Não há, pois, que duvidar da superioridade de sua posição metodológica.

41. O procedimento epistemológico referido por Descartes tornou-se conhecido em nossos dias com o nome de interdisciplinaridade. Não parece haver dúvida de que essa palavra tem o mesmo sentido daquilo que Kelsen denominou sincretismo metodológico. Em nota ao texto de *O Problema da Justiça*, de Kelsen, escreveu a propósito Mario G. Losano: "A interdisciplinaridade em que hoje tanto se insiste coincide, no fundo, com o sincretismo metodológico rejeitado por Kelsen: mesmo essa preclusão contribui provavelmente para distanciar os estudiosos contemporâneos da doutrina pura do direito" (1993:124, nº 16). Oposta é a posição de Miguel Reale, para quem "Kelsen não queria o Direito como única ciência", reconhecendo-lhe o mérito de haver tido a intuição "de um dos movimentos mais altos da gnosiologia, da *Teoria do Conhecimento*, de nossa época, e que se indica pela palavra *interdisciplinaridade*" (1985:17). Pensa Reale, além do mais, que o conhecimento contemporâneo se encontra colocado sob o signo da interdisciplinaridade, entendida por ele como sinônimo de senso de complementaridade.

42. O conhecimento nutre-se de concepções divergentes. Sem elas, nenhum progresso aconteceria. Este, de fato, tem sempre caráter re-ratificador. Tentemos trazer à mostra declarações do próprio Kelsen, a ver se, através delas, consegue decidir-se a questão. Encontram-se nele pelo menos três enfoques diversos, a saber:

1º – A obtenção da pureza metodológica, como vimos, está a exigir seja evitado "um sincretismo metodológico que obscurece a essência da ciência jurídica e dilui os limites que lhe são impostos pela natureza do seu objeto" (1977:18). Pelo processo de purificação da aplicação desse princípio metodológico, serão dela afastados elementos de toda índole, éticos como políticos, sociológicos como psicológicos, bem assim as ideologias políticas e os dados da ciência natural (1974:04).

2º – Kelsen não nega, absolutamente, as bases filosóficas da teoria pura. Antes, ele as indica e as comenta com certa satisfação, consoante também já tivemos ocasião de ver. A propósito, há uma passagem no prefácio da *Teoria General del Estado* que, por esclarecedora da questão, vai aqui transcrita: "Yo creo haber acelerado el ritmo de la inevitable evolución de mi disciplina, poniendo en estrecho contacto la provincia algo lejana de la ciencia jurídica con el fructífero centro de todo conocimiento: la filosofía; lo qual permite la possibilidad de mostrar la conexión que media entre los problemas de la Teoría del Derecho y del Estado y las grandes questiones de otras ciencias" (1965:VIII).

3º – Conforme se vê em *O que é Justiça?*, Kelsen admite francamente que "O Direito pode ser objeto de diversas ciências: a Teoria Pura do Direito nunca pretendeu ser a única ciência do Direito possível ou legítima. A sociologia do Direito e a história do Direito são outras. Elas, juntamente com a análise estrutural do Direito, são necessárias para uma compreensão completa do fenômeno complexo do Direito" (1997:291-292). A exclusividade da teoria pura diria respeito restritamente a seu caráter normativo: ela pretende ser a única ciência normativa do Direito.

43. Do que ficou dito, podem tirar-se as seguintes conclusões literais e imediatas: 1º – O objetivo maior de Kelsen, até o fim inalterado, é a pureza da ciência jurídica; 2º – Pôr em contacto a ciência pura do Direito com a filosofia, centro de todo conhecimento, desse modo evidenciando sua conexão com as questões das outras ciências, não importa, de modo algum, a adoção de postura interdisciplinar. Tal só seria efetivamente possível com a adoção do sincretismo metodológico. 3º – De igual modo, o reconhecimento de uma pluralidade possível de ciências cuidando de um mesmo objeto, o Direito, não configura a interdisciplinaridade. Poderá haver várias ciências jurídicas impuras ao lado de uma ciência pura, a teoria normativista, como parece reconhecer Kelsen.

44. A essência da interdisciplinaridade está, propriamente, no fato da coexistência de tipos diversos de conhecimentos, e não apenas nos de índole científica, sem com isso desnaturar-se. Para que a postura epistemológica de Kelsen pudesse ser caracterizada como interdisciplinar, precisaria que ele, antes de tudo, admitisse a insuficiência metodológica da teoria pura, o que importaria, de fato, um processo de complementaridade, como lembra Miguel Reale. Sublinhe-se: complementaridade relativamente à teoria normativista, e não às diversas ciências jurídicas entre si. Pelo que se sabe da rigidez dos princípios ideológicos de Kelsen, isso jamais ele admitiria. Não há, portanto, como deixar de concluir que Kelsen, não apenas na sua Teoria Pura do Direito, como em seus demais trabalhos científicos, todos marcados pelo mesmo princípio da pureza metódica (1965:VII), passa bem por longe da interdisciplinaridade.

45. Aliás, o postulado da pureza metódica decorre em linha direta do caráter formal da Teoria Pura do Direito. É pura, anotou Norberto Bobbio, porque formal" (1992:08). Por sua vez, o corolário desse formalismo, conforme lembra Simone Goyard-Fabre, é o monismo jurídico (1993:33), o qual, no limite, levou à identificação entre Direito e Estado. Há de ver-se que o formalismo em Kelsen, causa e não consequência, é, ao mesmo tempo, ponto programático e princípio ideológico. Ponto programático, porque funciona como premissa lógica, a conformar, juntamente com as categorias do ser e do dever ser, toda sua investigação doutrinária, consoante ele mesmo o declarou no prefácio dos Problemas Fundamentais: "Le mie ricerche presuppongono due contrasti fondamentali: quello che separa essere e dovere e quello che separa contenuto e forma" (1997b:07). Vista sob esse aspecto, a teoria pura é lógica jurídica formal. O rigor dessa lógica, como já fizemos notar, levou à ideia, inteiramente assimilada por Kelsen, de que os princípios jurídicos formulados pela teoria pura poderiam configurar uma autêntica geometria dos fenômenos jurídicos.

46. Como princípio ideológico, o formalismo destina-se a cumprir as seguintes tarefas principais: a) tornar a teoria pura uma doutrina geral e universal do Direito, capaz de permanecer incólume através dos tempos e adaptar-se a toda mundividência cultural, prestando-se desde modo a conformar quaisquer ordens político-jurídicas, tanto a capitalista, como a socialista; b) eliminar a indagação acerca da finalidade do Direito e, com ela, afastar do horizonte de suas preocupações doutrinárias o incômodo problema da justiça, assim considerado por suas naturais vinculações axiológicas; c) dispensar a atribuição de conteúdo ao Direito, com o objetivo, diz-nos Franz Schreier, de impossibilitar toda tentativa de apelo ao Direito natural, por definição dotado de materialidade (1975:135); d) finalmente, suprimir o problema da fundamentação jurídica, substituindo-o por uma doutrina da validade, intencionalmente elaborada com o propósito de banir a metafísica do âmbito da teoria jurídica.

47. Historiando a formação filosófica da teoria jurídica de Kelsen, William Ebenstein registra que seu nome originário, *teoria normativa do Direito*, foi, sob a influência de Kant e Hermann Cohen, substituído por *Teoria Pura do Direito*, a fim de que se manifestasse, a partir do novo título, a intenção doutrinária da Escola. A pureza tem aí, como no sistema kantiano, diz Ebenstein, duplo significado, a saber: 1º – "Por un lado, por conocimiento puro entendia Kant el conocimiento *que no tiene mezcla empírica*"; 2º – *y por outro el punto de vista puro es únicamente el de la forma de nuestra contemplación de algo, y el concepto puro no es otra cosa sino la forma de nuestra consideración de un sujeto cualquiera*" (1947:49-50). Eis aqui o sentido do formalismo adotado por Kelsen: do ato de conhecimento, vale dizer, de nossa contemplação de algo, conta apenas, e com exclusividade, a respectiva forma. A ciência pura, ao descrever normas, vê unicamente as formas delas.

48. Neste ponto, ocorre uma complicação, uma mais, entre as muitas em que Kelsen se meteu em razão de suas constantes revisões da teoria pura. Num primeiro momento, Kelsen caracterizou a norma jurídica, princípio de dever ser, como juízo hipotético. Durante sua permanência nos Estados Unidos, mudou de opinião, o que se pode verificar pela leitura da *Teoria Geral do Direito e do Estado*, aí editada em 1945. Nessa obra, Kelsen cria a distinção entre a *norma jurídica* produzida pela autoridade legislativa e *regra* ou *proposição jurídica* formulada pelo cientista do Direito. Então, a norma jurídica passou, sob a influência de John Austin, a ser uma ordem, um imperativo, enquanto a proposição jurídica adquiriu a condição de juízo hipotético. Tudo muito bem exposto por Kelsen no contexto da polêmica com Julius Stone, nas *Contribuciones a la Teoría Pura del Derecho* (1969:58-61).

49. A complicação a que aludimos resulta, conforme pensamos, da impossibilidade, para a ciência jurídica, de descrever imperativos (normas) através de juízos hipotéticos (proposições). A dúvida inicial é esta: ao se descrever um imperativo, não se está, se for fiel a descrição, repetindo a mesma coisa, quer dizer, formulando outro imperativo? Se o processo é formal, isto é, contempla apenas a forma da norma, não deveria ser usada a lógica deôntica, prescritiva, e não a lógica ôntica, descritiva, posto que esta é própria apenas para descrever a lei natural? No fundo, subjaz a questão da transitividade ou intransitividade entre ser (descritivo) e dever ser (prescritivo). Haveria, sob outra perspectiva, uma questão de ordem axiológica, pertinente à legitimidade procedimental da atividade científica: esta ciência descritiva, meramente contemplativa, poderia afirmar com autoridade alguma coisa além da descrição, que constitui um ato sem objetivo no plano hipotético da normatividade? Para que serviria, afinal, uma pura geografia da norma jurídica? De todo modo, essa ciência descritiva de Kelsen, em pleno século XX, não deixa de ser um imenso atraso. Como bem adverte Simone Goyard-Fabre, "a tarefa do filósofo não é descrever uma ordem de direito positivo existente" (1999:48). Constituiria grande menosprezo atribuir-se-lhe tal função subalterna. Se o homem se tivesse mantido na atitude passiva da descrição da caverna onde se abrigava, ainda hoje estaríamos todos habitando sombrios e inóspitos buracos.

50. A caracterização da teoria pura como formal não tem, em sua origem, nenhum significado crítico. Kelsen foi, ele mesmo, quem a definiu como tal. E mais: constituiu o formalismo em um dos dois suportes máximos de apoio (1997b:07) de todo seu sistema doutrinário. As razões pelas quais assim procedeu, encontram-se expostas, com detalhes, no prefácio da *Théorie Générale du Droit International Public*. Está dito aí que "une théorie générale du droit international doit être nécessairement – comme toute théorie véritable – abstraite et formelle." Quer dizer: a abstração e o formalismo são reafirmados, por Kelsen, como requisitos necessários de toda verdadeira teoria. E assim ocorre, justifica-se, porque é através deles que se cumpre a tarefa de "simplifier la complexité des phénoménes concrets, en les réduisant à des points de vue géneraux" (1933b:122-123). É, pois, através do procedimento epistemológico da redução, durante o qual os objetos são despojados dos elementos de sua concretude, que se constitui o formalismo como instrumento

central do método kelseniano. Alguma coisa, como se vê, de muito próximo da tentativa de ida direta às essências, conforme preconizado pela fenomenologia de Husserl.

51. Sob esse especial ponto de vista, a abstração e o formalismo representariam, antes, virtudes a serem cultivadas pelos construtores de teorias gerais. A propósito, lembrou Wolfgang Fridmann ter sido exatamente pela ausência do formalismo que a teoria jurídica de Stammler não logrou obter validade universal. Kelsen, disse ele, "a corrigé cette erreur et nous a offert une science juridique adaptable à toutes les formes concevables de la société politique, et qui, selon les termes de Harold Laski est *un exercice de logique, non de vie réelle*" (1965:20). Como se nota, Fridmann destaca, a um só tempo, a boa e a má qualidade das concepções formalistas, a saber, a capacidade de impor-se universalmente e o afastamento da realidade social. Não se vê por quais motivos tenha a teoria geral do Direito de submeter-se a isso que parece uma fatal alternativa. Essa matematização da conduta humana, velha aspiração de todo racionalismo exacerbado, por pressupor o desconhecimento da natureza do homem naquele mínimo que ela tem de cognoscível, só pode ter entrada com sucesso no mundo da utopia. Vale dizer, em lugar nenhum.

52. O formalismo da Teoria Pura do Direito, por tudo que ele envolve de artificialidade construída, tem merecido as mais contundentes censuras, sem, todavia, alcançar unanimidade. Quanto a esse ponto, privilegiemos a opinião de dois jusfilósofos brasileiros, Miguel Reale e Djacir Menezes, pronunciada por ocasião do II Encontro Nacional de Filosofia do Direito, realizado em 1984, e que teve por tema central promover um balanço da obra de Kelsen.

53. Em sua conferência de abertura do Encontro, afirmou, a certa altura, Miguel Reale: "A teoria kelseniana jamais foi formalista, no sentido ingênuo desta palavra. Para ele, fiel à doutrina de Kant, para quem a forma sem a realidade é vazia, e a realidade sem a forma é cega, o elemento formal jamais se apresenta como algo

válido em si e por si, mas sempre como uma estrutura aplicável a determinada porção ou a determinado momento da experiência. A forma, própria do normativismo kelseniano, é, desse modo, constitutiva, no sentido de que desempenha sempre uma função referencial em relação à experiência social" (1985:19). Forte e coerente o argumento. Faltou-lhe, apenas, um elemento, que poderia ser retirado diretamente da própria obra de Kelsen, o qual se consubstancia nessa confissão: "Tuttavia, bisogna che io renunci a capire quelle obiezioni che non avvertono l'esigenza formale-teoretiva di conetti fondamentali stabili: *il mio lavoro serve solo a bisogni teoretici, non pratici, e solo attraverso la speculazione formale questo fine può essere raggiunto*" (1997b:11). A frase em itálico é suficiente para resumir o sentido da sentença de Kelsen: *meu trabalho presta-se apenas a interesses teóricos, não práticos*. Demais, tanto a experiência, como a realidade social, constituem categorias de referibilidade a fatos, objetos próprios da Sociologia do Direito, exatamente do que pretende afastar-se Kelsen, através do princípio metodológico da pureza jurídica.

54. Segundo conferencista do Encontro, Djacir Menezes coloca-se no extremo oposto a Miguel Reale, inclusive no que toca à agudez da sua linguagem. Aludindo ao postulado da pureza metodológica, começa por afirmar que Kelsen "navega ao largo das forças sociais e das pelejas do autoritarismo. Pois bem, malgrado a esperteza da manobra, e graças à ironia dialética da História, preparou uma ideologia que, por sua indiferença social, concebe o Direito à feição de eficaz instrumento para as ditaduras. Expliquemo-nos. Na sua ótica não há a visão do *iustum*. O daltonismo vem na herança ideológica da metodologia neo-positivista. Não enxerga o conteúdo do direito positivo, mas apenas as formas lógicas vazias. O direito é uma geometria abstrata de escolasticismo desidratado, que se exilou da História e proscreveu a causalidade universal do mundo do saber jurídico" (1985:39). A citação é um tanto longa, mas necessária em razão do alcance das questões envolvidas. Eliminadas as invectivas verbais, a posição do mestre cearense parece-nos irretocável em toda a linha.

55. Com efeito, juristas das mais diversas procedências doutrinárias, ao longo de todo o século passado, elegeram como objeto de suas críticas contra a teoria pura, entre outras muitas, todas as situações aí destacadas, quais sejam: a) repúdio à postura de absoluta indiferença para com o social; b) reprovação do formalismo de índole matemática; c) disponibilização do esquema teórico da teoria pura para os regimes autoritários de toda índole; d) afastamento do Direito natural, como doutrina do justo, e consequente eliminação do único recurso do qual o cidadão poderia dispor contra todas as formas de autoritarismos institucionalizados.

56. Não há, pois, como tentar minimizar o peso do formalismo na Teoria Pura do Direito, efetivamente profundo e muito abrangente. Conforme mostrou Giovanni Tarello, a obra de Kelsen pode dizer-se formal, não apenas em um, mas em vários aspectos, os quais aqui reproduzimos "a) perché fonda la possibilità di un discorso giuridico su di una *forma* categoriale; b) perché prescinde dai contenuti e se referisce alla natura non di uno o di alcuni bensí di ogni possibile ordinamento giuridico; c) perché (...) stabilisce criteri formali per la determinazione dell'esistenza giuridica di una norma" (1974:31). Significa dizer: a) porque funda a possibilidade do discurso jurídico sobre uma *forma* categórica; b) porque prescinde dos conteúdos e se refere à natureza, não de um ou de alguns, mas de todos os ordenamentos jurídicos possíveis; c) porque (...) estabelece critérios formais para determinação da existência jurídica de uma norma. Quer dizer, com tantas determinações, não seria de supor fosse o formalismo coisa de somenos importância no contexto da doutrina kelseniana.

57. A posição de Kelsen aqui, como no tocante ao positivismo jurídico, é também da ordem do superlativo. Assiste inteira razão a Nelson Saldanha, portanto, ao afirmar que a Teoria Pura do Direito "constitui a mais coerente e mais impressionante formulação de uma análise formal da problemática jurídica até hoje elaborada" (1987:55). Recordemos que é o próprio Kelsen quem coloca o "contraste fundamental" entre conteúdo e forma em segundo lugar (1997b:07), entre os pontos cardeais de sua metodologia. Vale lembrar que o contraste, a que se refere Kelsen, é da ordem da contraditoriedade, e não da simples contrariedade, motivo pelo qual a forma, em seu pensamento, descarta totalmente o conteúdo. Bem o notou Heinrich Triepel, ao destacar que, em razão do geometrismo jurídico da teoria normativista, "el Derecho se ve, en cuanto pura forma, natural e intencionalmente vaciado de todo contenido" (1974:49). Um Direito esvaziado de todo conteúdo é, sem dúvida, um Direito puramente formal.

58. Kelsen acredita, contudo, ter sido mal compreendido no que concerne ao formalismo da teoria pura. É o que manifesta no ensaio *La Idea del Derecho Natural*, de 1927, portanto dezesseis anos depois dos *Problemas Fundamentais*, onde colocou a questão da forma como prioridade de sua construção doutrinária. Para ele, o *formal*, através do qual se identifica o Direito positivo, é apenas o oposto do *material*, que define o Direito natural. Somente pelo contraste entre um e outro é que se pode captar tanto a essência do Direito positivo, como a do Direito natural. Com base nessas premissas, escreveu o seguinte: "El reproche de formalismo que se dirige siempre a la elaboración científica del Derecho positivo, con pleno desconocimiento de la peculiaridad de su carácter positivo, es un notorio prejuicio de carácter jusnaturalista" (1946:20). Parece que o preconceito, nesta questão, não é de índole jusnaturalista.

59. Por aí se vê como Kelsen distorce a questão, ideologizando-a. Na verdade, não são apenas os jusnaturalistas que criticam o formalismo de Kelsen; os positivistas também o fazem, e com semelhante ou igual ênfase. Estão no caso todos aqueles que, como Alfred Verdross, Fritz Sander e Carlos Cossio, para ficarmos apenas no círculo de seus companheiros de Escola, admitem que o Direito positivo também tenha, necessariamente, conteúdo. Não admitem, e com sobradas razões, é que exista, de modo inevitável, esse vínculo consequencial entre positivismo e formalismo, como parece entender Kelsen.

60. Volta à baila, portanto, o problema do conteúdo, um dos temas recorrentes da teoria pura, e para o qual Kelsen jamais encontrou solução satisfatória e definitiva. Acostumamo-nos a ouvi-lo afirmar que qualquer conteúdo pode ser Direito, querendo com isso significar que tal questão é irrelevante para a ciência jurídica. Voltemos à segunda edição da *Teoria Pura do Direito*, obra de sua preferência como referencial das posições consolidadas de seu pensamento. Está dito aí que "todo e qualquer conteúdo pode ser Direito. Não há qualquer conduta humana que, como tal, por força de seu conteúdo, esteja excluída de ser conteúdo de uma norma jurídica" (1974:273). Assim ocorre, e já houvera Kelsen explicado na primeira edição da obra, porque "a validade (da norma) não é uma questão de conteúdo" (1939:61). A validade, que é o que importa, decorre, apenas, de ter sido a norma criada de acordo com o modo prescrito por outra norma. Isso não tem nenhuma vinculação com a realidade social, porquanto a teoria pura não se interessa por fatos, não cuida da eficácia do Direito. Quem por eles pode interessar-se são os sociólogos, que lidam com a experiência real, não o jurista puro, que deve permanecer na esfera da pura idealidade.

61. Como, então, a teoria pura considera os fatos? Trata-os como conteúdo das normas, vale dizer, como conduta humana, conforme Kelsen acabou de afirmar. Neste ponto, contudo, é ele levado a recolocar o problema, situando sua posição em confronto com o pensamento da teoria egológica, de Carlos Cossio, para quem o objeto da ciência jurídica é a mesma conduta humana. Vejamos suas explicações: "Na afirmação evidente de que o objeto da ciência jurídica é o Direito, está contida a afirmação – menos evidente – de que são as normas jurídicas o objeto da ciência jurídica, e a conduta humana só o é na medida em que é determinada nas normas jurídicas como pressuposto ou consequência, ou – por outras palavras – na medida em que constitui conteúdo de normas jurídicas (1974:109). Assim ocorre, remata Kelsen, porque "a ciência jurídica procura apreender seu objeto *juridicamente*, isto é, do ponto de vista do Direito." (1974:109). Na nota de rodapé correspondente, esclarece Kelsen ser esta a posição da teoria pura em face da chamada teoria egológica.

62. O raciocínio de Kelsen adquire, às vezes, contornos tão complexos e sutis, que o texto se torna obscuro. Faz-se necessário, então, simplificá-lo, o que vale, inclusive, como exercício de compreensão. Separemos suas sentenças, para melhor dominá-las. Está dito, na passagem reproduzida, que: 1º – o objeto da ciência jurídica é o Direito positivo enquanto (expresso através de) normas jurídicas; 2º – a conduta humana, na medida em que constitui conteúdo da norma jurídica, pode também ser considerada objeto da ciência jurídica. Esse tipo específico de colocação é o que significa, para Kelsen, apreender o objeto juridicamente, quer dizer, considerá-lo do ponto de vista do Direito, mesmo que a referibilidade não seja imediata. Há, no caso, duas reduções: o Direito, objeto da ciência jurídica, é igual à norma que, por sua vez, é igual à conduta humana normatizada. Em último caso, pois, o objeto da ciência jurídica é a conduta humana normatizada. Em que residirá, afinal, a diferença entre a conduta humana como objeto da teoria pura e a mesma conduta humana como objeto da teoria egológica?

63. A diferença parece estar aqui: enquanto a conduta da teoria egológica é conteúdo material, devendo ser apreciada sociologicamente, a conduta da teoria normativista constitui conteúdo meramente formal, somente apreensível através do raciocínio abstrato, como puro nexo de dever ser lógico. Não nos esqueçamos da advertência de Legaz y Lacambra, segundo a qual, o Direito-norma-jurídica, de inspiração kelseniana, "é realidade mental, construída *ex novo* unicamente pela força do pensamento" (1947:458). Nesses termos, a ciência jurídica terá por objeto o estudo de normas como *conteúdos espirituais*. A expressão é criação do próprio Kelsen. São suas palavras a propósito: "A teoria jurídica pura – como ciência específica do Direito – dirige-se ao conhecimento das normas jurídicas: não encaradas como fatos de consciência, não na sua volição nem na sua representação, mas as próprias normas queridas e representadas, como conteúdos espirituais" (1939:14-15). Impõe-se a premissa: nenhum fato pode produzir Direito. Só o Direito pode criar Direito, porquanto só um dever ser pode ser derivado de outro dever ser, donde poder concluir-se: o Direito regula, com plena autonomia, sua própria criação.

64. Eis como o fato da conduta humana, conteúdo da norma, se transforma em elemento puramente formal. Esse é o fato concebido pelo jurista, que cuida apenas da validade do Direito, e não de sua eficácia. O fato passa a contar, não como substância, mas como representação ou sentido da substancia. Disso Kelsen nos dá uma explicação pormenorizada, agora no plano das relações entre ser e dever ser, nos seguintes termos: "una norma no es un hecho del ser, sino una prescripción del deber ser; es el *sentido* de un hecho del ser... (...)...el acto mediante el cual se crea una norma, el acto de ordenar, es un ser; la norma, que es su sentido, es un imperativo, um dever ser" (1969:11). Em seguida, a conclusão, que é o que mais nos interessa particularmente nesse contexto: "El conocimiento puede dirigirse al acto del ser o a *su sentido* normativo y de esta maneira apunta a dos objetos diferentes, el uno real y el otro ideal" (1969:11). Portanto, para a teoria pura, o ato de ser, aquele pelo qual se cria a norma, é objeto real, enquanto o sentido normativo deste ato de ser, que é a norma, um dever ser, constitui objeto ideal. Confirma-se, outra vez: a norma e seu conteúdo, como exigência do formalismo metodológico que conforma a teoria normativista, habitam o mundo espiritual da pura idealidade. Mundo este construído pelo jurista puro a partir do puro pensamento. Tal a força do formalismo em Kelsen.

65. A teoria de Kelsen não tem pontos livres de críticas, mas os tem, e não poucos, de alta rejeição, como esse do formalismo. Nessa matéria, positivistas e jusnaturalistas como que se unem nos ataques contra a Teoria Pura do Direito. Censuram-na os jusnaturalistas, pela construção de uma ciência social sem fatos sociais, no que identificam absoluto desprezo pela tese central do positivismo, segundo a qual a única realidade admitida seria aquela formada pelas relações entre fatos; os positivistas, à sua vez, criticam-na pela entrada da metafísica no centro mesmo de seu sistema, assim a desencaminhando para o terreno inconsequente e infértil da pura abstração pela abstração. É nesse sentido que León Dujovne afirma ser a construção kelseniana "una teoría abstracta de una abstracción, y no del Derecho mismo" (1963:452). Kelsen parece concordar com isso, quando afirma, como acabamos de ver, que o Direito é objeto ideal, e não real.

66. Há, ainda, contra Kelsen, se bem que a favor da tese positivista, a acusação geral de que, embora de maneira disfarçada, Kelsen introduz a facticidade no centro de seu sistema, assim destruindo a pureza metodológica, razão determinante da própria existência de sua teoria. Juan-Ramón Capella faz o registro: "Aquí nuestra primera surpresa: resulta que el ser, la efectividad, la facticidad, no desempeña en la teoría de Kelsen solamente un papel de apuntalador general del sistema, sino que se reintroduce, aunque sea tímidamente, a través del prácticamente no muy relevante problema del desuso, *también en cada una de las normas*" (1976:187). Tocante a este ponto, há de observar-se que a validade, objeto da ciência normativa e questão de pura forma, termina por ser subordinada à eficácia, objeto da jurisprudência sociológica, matéria da ordem dos fatos.

67. É a nova posição, que passou a constar da versão norte-americana da teoria pura, a *Teoria Geral do Direito e do Estado*, de 1945. Começa Kelsen por ratificar, em toda a linha, seu entendimento anterior a respeito da matéria: "Como já dissemos, uma norma não é válida por ser eficaz" (1990:115). Poucas páginas depois, o início da mudança: "A validade de uma ordem jurídica depende, desse modo, de sua concordância com a realidade, da sua *eficácia* (1990:126). Na página seguinte, a posição consolidada: "Contudo, o princípio de eficácia pode ser adotado, até certo ponto, também pelo Direito nacional, e, desse modo, dentro de uma ordem jurídica nacional, a validade de uma norma jurídica isolada pode ser tornada dependente de sua eficácia. Tal é o caso quando a norma jurídica perde sua validade por dessuetude" (1990:126). Dizer que a validade depende da eficácia, portanto, da realidade fática, implica admitir, sem mais nem menos, que o dever ser depende do ser.

68. O contraste com a posição anterior, firmada já nos *Problemas Fundamentais*, é evidente: "la norma vale in quanto deve essere osservata; anche, la norma priva de efetti resta norma" (1997b:52). O artigo *Juízos de Valor na Ciência Jurídica*, de 1942, mantém a mesma disposição, apenas melhor especificada: "uma norma jurídica isolada pode ser válida mesmo que não prove ser eficaz em cada caso individual" (1997:219). De modo incompreensivel, porém, tal postura foi mantida na edição definitiva da *Teoria Pura do Direito*, de 1960, portanto posterior à obra norte-americana: "Uma norma jurídica não perde, porém, a sua validade pelo fato de uma norma jurídica singular perder a sua eficácia, isto é, pelo fato de ela não ser aplicada em geral ou em casos isolados" (1974:298). Têm os comentadores de Kelsen, em geral, entendido que, levando-se em conta seu giro norte-americano no rumo do realismo psicológico e da sociologia, deve prevalecer, em última instância, a posição segundo a qual a validade tornou-se subordinada à eficácia.

69. Vê-se, pois, como Kelsen, ao incorporar elementos da teoria jurídica anglo-americana, finalmente destrói o rígido formalismo que sustentara desde os primeiros tempos. Mas, então, já se trata do segundo Kelsen. Não há como superdimensionar o acontecimento: todas as passagens são assim, máxime aquelas ocorrentes no delicado mundo das relações intelectuais, onde a vaidade aflora mais naturalmente e com maior intensidade do que em qualquer outra área. E Kelsen, a tirar-se pela postura assumida na defesa de sua teoria, cultivou esse sentimento sem impor-lhe limites.

70. O formalismo de Kelsen, ou o que dele restou após a reforma estadunidense de sua teoria, pode perfeitamente, como afirmou Alfred Verdross, "coexistir con una metafísica y con una doctrina de los valores jurídicos" (1962:289). Por outros meios, que não os projetados por Kelsen, tal situação serve aos propósitos de universalidade da Teoria Pura do Direito.

Capítulo V

UMA TEORIA DO *DEVER* SER, DA COAÇÃO E DA *NFH*

1. Todos devemos estar lembrados das duas principais premissas programáticas do trabalho doutrinário de Kelsen, anunciadas já no prefácio da primeira edição dos *Problemas Fundamentais*, em 1911. São elas de ordem lógico-epistemológicas, como se vê: "La mie ricerche presuppongono due contrasti fondamentali: quello che separa essere e dovere e quello che separa contenuto e forma" (1997b:07). Diante desses contrastes fundamentais, a separar ser e dever ser, conteúdo e forma, Kelsen faz opção radical pelas categorias do dever ser e da forma, caracterizando sua teoria jurídica como essencialmente normativa e formal.

2. O contraste entre ser e dever, na forma que assumiu na ciência normativa, vincula-se, como o próprio Kelsen o proclama, "alla distinzione corrente, fondata su quel contrasto, tra scienze causali e scienze normative" (1997b:07). Indica Kelsen, pois, ter sido a distinção corrente entre ciências causais e ciências normativas o fato que o motivou na tomada de posição a respeito da matéria. Esclarece Kelsen, por fim, que "non è infatti facile per la jurisprudenza, anche perché rappresenta una limitazione dolorosa della sua libertà di movimento spirituale, mantenere il suo sguardo vòlto sempre e solo al mondo del dovere, nel quale, tuttavia, si ha continuamente la tentazione di deviare nel mondo della vita reale, dell'essere, e di spiegare ciò che effettivamente accade" (1997b:09). Como se vê, termina Kelsen com a declaração de não ter sido fácil à ciência do Direito, por representar uma limitação da liberdade de movimento intelectual, manter-se restrita ao mundo do dever ser, no qual, todavia, há a permanente tentação de desviar-se para a esfera da vida real, o mundo do ser, a fim de verificar o que aí efetivamente acontece. Sublinhe-se a expressa declaração de que, manter-se a ciência jurídica no mundo do dever ser, significou desviar-se da esfera da vida real, o mundo do ser, em oposição à esfera da realidade mental, o mundo das ideias, onde Kelsen situa o Direito positivo.

3. Houve, contudo, outra via de acesso de Kelsen às categorias do ser e do dever ser. A revelação consta do prefácio da segunda edição dos *Problemas Fundamentais*, escrito em 1923. Agora, ele já não mais se refere ao modelo oriundo do contraste entre ciências causais e ciências normativas. A fonte, aqui apontada, é Kant. Mas um Kant na particular versão de Wilhelm Windelband e Georg Simmel. Senão, vejamos.

4. Começa Kelsen por recordar que os *Problemas Fundamentais* partem da necessária oposição entre dever ser e ser, descoberta primeiramente por Kant, no esforço de fundar a autonomia da razão prática frente à razão teórica, do valor frente à realidade, da moral frente à natureza. Continua Kelsen: "Ricollegandomi alla interpretazione che di Kant hanno dato Windelband e Simmel, il dovere diventa per me espressione della autonomia del diritto, che è còmpito della scienza giuridica determinare, a differenza di un essere sociale afferrabile *sociologicamente*" (1997b:18). Lê-se, aí, ter sido Kelsen atraído pela interpretação kantiana de Windelband e Simmel, em que o dever ser surge como expressão da autonomia do Direito, tarefa atribuída à ciência jurídica, ao contrário de um ser social captável sociologicamente.

5. Esse contraste entre ser e dever ser projeta-se, desde logo, nas oposições entre natureza e cultura, física e metafísica, aparência e essência, fato e valor, causalidade e normatividade. Estabelece-se, demais, absoluta intransitividade entre os termos da oposição, tornando-os autônomos e imóveis. Em suma: ser e dever estão separados por oposição, incomunicabilidade e exclusão. Arnold Brecht, diante dessa postulação de total incomunicabilidade entre ser e de-

ver ser, a denominou "doutrina do abismo" (1965:173). Predica-se, de fato, a existência de um fosso intransponível entre o mundo do ser e o mundo do dever ser.

6. Tal postura doutrinária é, contudo, relativamente recente. Consoante nos lembra o mesmo Brecht, até o início do século XX, "os escritores devotados a questões éticas e legais derivaram suas doutrinas sobre o que deve ser, ou o que deve ser feito, dos dados factuais sobre o que é" (1965:171). Vigorava, de modo pleno, o princípio da transitividade entre ser e dever ser. Como não recordar, a propósito, a tese principal da teoria democrática de Rousseau, segundo a qual, por terem nascido iguais, assim deveriam os homens ser tratados. Na teoria histórica de Savigny, aquilo que é, o costume jurídico, deveria ser recebido como o melhor Direito, porque originado espontaneamente no seio do povo. Ou, por último, a ideia jusnaturalista de que o princípio que está de acordo com a natureza humana, assim entendido o Direito natural numa de suas mais expressivas versões, deveria fornecer a pauta do Direito positivo.

7. A moderna doutrina da incomunicabilidade entre ser e dever ser, Passerin D'Entrèves a identifica na oposição lógica estabelecida por David Hume entre fato e valor (1972:207). Kant, em seguida, a incorpora a seu pensamento, tornando-a a todos os títulos absoluta. São palavras suas, deveras esclarecedoras: "Com efeito, relativamente à natureza, a experiência dá-nos a regra e é a fonte da verdade; no que toca às leis morais, a experiência é (infelizmente!) a madre da aparência e é altamente reprovável extrair as leis acerca do que *devo fazer* daquilo *que se faz* ou querer reduzi-las ao *que é feito*" (1985:312). Consequentemente, no âmbito da Ética, ao qual pertence a espécie Direito, não se poderia passar da esfera do ser à esfera do dever ser, querendo isso significar que juízos de fato não podem dar origem a juízos de valor. É esta versão da irredutível intransitividade entre os dois mundos, o do ser e o do dever ser, que vai dominar a ética moderna, nela assumindo a autoridade de dogma.

8. Parece fora de dúvida, portanto, que é Kant a principal fonte da doutrina kelseniana da oposição e incomunicabilidade entre as categorias do ser e do dever ser. Além da declaração do próprio Kelsen nesse sentido, há pouco reproduzida, estudiosos da teoria pura, entre os quais podemos citar García Máynez (1978:10), Robert Walter (1999:44) e Wolfgang Schild, têm pacificamente confirmado esse ponto de vista. Vale a pena ouvir o que diz a propósito Wolfgang Schild, professor da Universidade de Viena. No seu entender, "Kelsen concibe el aludido antagonismo de ser y deber ser en el neokantismo como contraste inherente al raciocinio: 'El ser y el deber ser constituyen determinaciones generales del pensamiento cuyo empleo nos permite aprehender los objectos'. Vease sobre el particular *Wiener Rechtstheoretische Schule*, pág. 6" (1983:06). Sem dúvida, teria sido também na obra de Kant que Kelsen colhera a doutrina da incomunicabilidade absoluta entre ser e dever ser, incorporando-a à Teoria Pura do Direito.

9. Na passagem da doutrina de um para o outro jurista, ter-se-ia registrado radical alteração no sentido das respectivas proposições ideológicas, tendo sido a substância *moral*, da doutrina de Kant, substituída pela forma *lógica*, que passou a ostentar a teoria pura. Cedamos a vez a Kelsen, para que ele o diga com suas palavras: "la teoría pura del derecho... está muy lejos de dar a la norma jurídica un *carácter idealista*, lo qual significa un valor moral. (...) El *debe* en la regla de derecho no tiene significado moral sino puramente lógico" (1957:201-202). Teria vindo de Kant apenas a forma, não o conteúdo.

10. À margem, uma observação: ou Kelsen realmente se engana quanto à índole idealista de sua doutrina ou comete mais uma antinomia. Aqui, na *Teoría Comunista del Derecho y del Estado*, de 1955, que acabamos de citar, Kelsen desmente tenha atribuído caráter idealista à norma jurídica. Porém, antes e depois desta data, respectivamente em 1923 e em 1959, fez declarações positivas a respeito do idealismo de sua teoria normativista. Em 1923, no prefácio da segunda edição dos *Problemas Fundamentais*, Kelsen afirma ter-se mantido a ciência jurídica restrita ao mundo do dever ser, apesar da permanente tentação de desviar-se para a esfera da vida real, o mundo do ser, a fim de verificar o que aí efetivamente acontece (1997b:09). Ora, a esfera oposta à vida real, ao mundo do ser, é, sem dúvida, o mundo ideal das normas como dever ser. Em 1959, em texto da polêmica com Alf Ross, diz que a norma *é o sentido de um ato do ser* e, nessa condição, um *objeto ideal* (1969:11). Quanto ao mais, não nos parece que exista qualquer vínculo de dependência entre idealismo e moralismo, como deixa pressupor Kelsen.

11. De todo modo, na Teoria Pura do Direito, o lugar do ser é claramente subalterno, servindo apenas como contraponto do dever ser, este, sim, a dominar de maneira soberana todas suas formas de raciocínio. Por isso ainda, fica também excluída a possibilidade de transição entre um e outro. Quais as razões da adoção de tal posicionamento, Kelsen, como sempre, não explica nem justifica. Limita-se à atitude dogmática das simples afirmações. Após declarar que, "na verdade, a norma é um dever-ser e o ato de vontade de que ela constitui o sentido é um ser", acrescenta: "A distinção entre ser e dever ser não pode ser mais aprofundada. É um dado imediato da nossa consciência. Ninguém pode negar que o enunciado: tal coisa é – ou seja, o enunciado através do qual descrevemos um ser fático – se distingue essencialmente do enunciado: algo deve ser – com o qual descrevemos uma norma – e que da circunstância de algo ser se não segue que algo deva ser, assim como da circunstância de que algo deve ser se não segue que algo seja" (1974:22-23). Há de aceitar-se, pois, como premissa necessária, a afirmativa de que a distinção entre ser e dever ser constitui um dado imediato de nossa consciência e que, por isso só, é verdadeira ou exata. Mas, não se define o que sejam esses dados imediatos da consciência, nem se lhes questionam a existência e as funções.

12. Kelsen parece não notar a petição de princípio que se abriga na sua argumentação. Satisfaz-se, antes, com apoiá-la em citações de dois eminentes filósofos ingleses. Pela primeira delas, de autoria de George E. Moore, "uma noção simples não é definível nem – o que vale o mesmo – analisável". De acordo com a outra, devida a Arthur N. Prior, "é impossível deduzir uma conclusão ética de premissas inteiramente não éticas" (1974:23). Pelos autores citados, contudo, nada foi dito no sentido de preencher a lacuna dos fundamentos. Ficaram todos no mesmo, a saber, nas meras declarações dogmáticas.

13. Afirmações no mesmo sentido repetem-se por todos os seus trabalhos, desde as *Lições Preliminares*, de 1911, como se viu, até à *Teoria Geral das Normas*, obra póstuma, publicada em 1978. Existem, neste último livro, várias passagens de confirmação da chamada *doutrina do abismo*. Do capítulo dezesseis, no parágrafo denominado "insolúvel dualismo de ser e dever ser", reproduzimos este trecho: "Um dever-ser não se pode reduzir a um ser, um ser não se pode reduzir a um dever-ser; assim, também não se pode de um ser deduzir um dever-ser, nem de um dever-ser deduzir um ser" (1986:70). E este outro, do mesmo capítulo dezesseis, no parágrafo intitulado "realidade e valor": "O dualismo de ser e dever-ser sucumbe com o dualismo de *realidade* e *valor*. Assim, não se pode deduzir da realidade nenhum valor e do valor nenhuma realidade" (1986:75). Mas, Kelsen ainda não encerrou o assunto. Revê, pondo-as em confronto com a sua, as posições de vários pensadores da transitividade, desde Platão e Aristóteles, passando por Tomás de Aquino, Jeremy Bentham, Moritz Schlick, Fritz Mauthner e Felix S. Cohen, detendo-se, finalmente, em Kant, no qual, entretanto, nega o dualismo ser/dever-ser (1986: 99).

14. É visível, na relação dos autores examinados por Kelsen, a ausência de filósofos da dialética dos contrários, desde Heráclito até Hegel. Quando se ocupou de um dos grandes entre eles, Karl Marx, foi com o objetivo exclusivo da crítica ideológica, com o propósito indisfarçável de desacreditá-lo politicamente. Parece que ele prefere tê-los, a todos, por simplesmente descartáveis a enfrentá-los, o que é de certo um grande equívoco. Recordemos que, na carta que dirigiu a Renato Treves a respeito das bases filosóficas da sua teoria jurídica, a invocação ao nome de Hegel é apenas para dizer que a filosofia do Direito dele, "apesar da idéia de espírito objetivo, não pôde atingir um grau de objetividade similar àquele da Teoria Pura do Direito" (1991:71). É muito pouco e, ao mesmo tempo, demais. Kelsen ficou devendo um ajuste de contas aberto e franco com Hegel.

15. Antes de dar início à crítica da concepção transitivista, e após lembrar, mais uma vez, que "tampouco se pode definir o conceito de dever ser como o conceito de ser" (1986:77), Kelsen achou por bem lembrar os pressupostos doutrinários em que ela se apoia para "negar, direta ou indiretamente, o dualismo do ser e dever-ser". São estes: "É que se supõe que um ser esteja implicado no dever-ser ou um dever-ser no ser, ou que o ser esteja fundado num dever-ser ou o dever-ser esteja fundado num ser, ou que um determinado dever-ser de qualquer forma esteja ligado com um determinado ser, um esteja *subordinado* ao outro, seja *coordenado* ou *paralelizado*, um possa ser *traduzido* no outro" (1986:77). Kelsen pretende ter esgotado, com a citação dessas hipóteses, todos os modelos da dialética. Isso, porém, não o desculpa de ter evitado o diálogo com Hegel durante o longo período de cerca de sessenta anos de plena atividade intelectual.

15a. Note-se que das duas referências feitas a Hegel, a primeira, nominal, visou inferiorizar seu conceito de *espírito objetivo* diante do "grau de objetividade" alcançado pela Teoria Pura do Direito; a outra, indireta, – a atingir o próprio pensamento dialético como tal, – consistiu na reiteração, agora em termos exaustivos, de toda espécie de comunicabilidade entre ser e dever ser. Em ambos os casos houve, tão somente, a emissão de juízos negativos feitos em tom dogmático. Nada, portanto, que tivesse a idoneidade epistemológica de pôr em cheque o caráter científico das teses contrapostas. Mas, não é só isso. Como conceber que um pensador de língua e formação alemãs, demais instruído no idealismo de Platão e de Kant, não tivesse plena consciência de sua participação quase compulsória nas matrizes filosóficas de Hegel, as quais marcaram de modo indelével, ao menos por oposição implícita, todo o pensamento filosófico europeu dos tempos contemporâneos? Ter-se-ia enganado Nietzsche, ao proclamar que "nós, alemães, somos hegelianos, mesmo que nunca tivesse havido um Hegel, na medida em que (à diferença dos latinos) damos instintivamente ao *vir-a-ser*, ao desenvolvimento, um valor mais profundo e mais rico do que aquilo que é, – nós mal acreditamos que se justifique o conceito de *ser*." (1976:§357). Não, Nietzsche não se equivocou. Em verdade, Hegel é um daquele pensadores que conseguiram expressar com superioridade o espírito de seu tempo, tais como o fizeram, relativamente às respectivas épocas, Platão, Agostinho, Tomás de Aquino e Descartes. Porém, tem mais. Há a lição iluminadora da Sociologia do Conhecimento, tão pertinente à questão sob exame. Tomo de empréstimo a lição irretocável de Castoriades, em A *Ascensão da Insignificância*, volume IV de *As Encruzilhadas do Labirinto*: "Você nasceu na Itália em 1954, na França em 1930, nos Estados Unidos em 1945, na Grécia em 1922: você não decidiu sobre isso, mas este fato decidirá a parte essencial de sua existência: sua língua, sua religião, 99% (na melhor da hipóteses) de seu pensamento, aquilo pelo qual você deseja viver e aceita (ou não) morrer" (2002:258). Tudo somado, fica cada vez mais difícil explicar o afastamento de Hegel por parte de Kelsen.

16. Na contestação às doutrinas dos autores transitivistas, Kelsen limita-se a reafirmar suas posições em favor da incomunicabilidade entre ser e dever ser, as quais envolvem, especialmente, a negação da metafísica, o afastamento do Direito natural e das colocações sociológicas e psicológicas relacionadas à gênese da norma jurídica, entre outras. De surpreendente, mesmo, só a revelação de que "um dualismo do ser e dever-ser, ... não pode ser encontrado na filosofia de Kant,..." (1986:99). Desse modo, Kelsen nega que a passagem da *Crítica da Razão Pura*, na qual Kant afirma ser "altamente reprovável extrair as leis acerca do que *devo fazer* daquilo *que se faz* ou querer reduzi-las ao *que é feito*" (1985:312), possa legitimar tal dualismo. Faltar-lhe-ia, para tal, o indispensável suporte doutrinário.

17. E não caberia, na hipótese, invocar a autoridade de Kant, por dois motivos apontados por Kelsen, a saber: 1º – "O que Kant tem em vista com a (primeira) frase citada, não é propriamente o dualismo do ser e dever ser, um problema teórico, senão a indagação se o legislador moral (...) deve realizar as leis morais conforme o modelo da efetiva conduta dos indivíduos; por isso, uma, por assim dizer, questão político-legislativa; e a esta indagação, Kant dá uma resposta negativa"; 2º – "Um dualismo do ser e dever-ser, já por causa disso, não pode ser encontrado na filosofia de Kant, porque, segundo esta norma moral, o dever-ser moral, a lei da Moral, parte da razão como razão prática, que é a mesma razão, cuja função é conhecimento do ser" (1986:99). Se é assim, a razão decisiva da não invocação de Kant residiria tão somente em não abrigar seu pensamento o dualismo do ser e dever ser. E isso, por si só, teria o caráter de argumento conclusivo e final.

18. Difícil, para dizer o menos, é sustentar esta tese. Os argumentos invocados são inábeis e insatisfatórios. Kelsen, antes, afirmara textualmente a vinculação de sua doutrina ao dualismo kantiano de ser e dever ser. Os juristas que estudaram a teoria pura, sem discrepância, confirmam a influência direta de Kant sobre Kelsen também nesse particular aspecto. Portanto, não basta Kelsen pretender seja válida uma retificação de seu pensamento acerca da doutrina de outro filósofo, tendo-a colocado sob o estrito prisma da apreciação tópica, com desprezo do contexto geral da questão. E o que se chama contexto geral da questão envolveria de modo necessário, no caso, o posicionamento crítico de Kelsen relativamente aos seguintes aspectos: 1. que fatos ou circunstâncias levaram-no a rever sua posição; 2. em quais pontos estava ela equivocada e por que assim ocorreu; 3. que dizem outros intérpretes de Kant a respeito do alegado não dualismo de sua teoria; 4. em que os analistas da teoria pura erraram ao apontar a filiação kantiana de sua doutrina da intransitividade; 5. qual o fundamento em que se apoia para pretender seja verídica esta sua última posição. Em síntese, em boa argumentação científica, teria Kelsen de provar não só que agora estava certo, mas também que os outros continuavam errados.

19. Do ponto de vista da doutrina positivista, pela qual Kelsen qualifica prioritariamente sua teoria, caberia indagar como se comporta o princípio da intransitividade entre ser e dever ser. A dar crédito a dois eminentes positivistas do século passado, Gustavo Radbruch e Herbert Hart, a resposta seria esta: de maneira francamente ambígua. Segundo Radbruch, a postura de Kelsen o coloca em aberta oposição ao ideário do positivismo, tendo em conta que este, contrariando os ensinamentos de Kant, "infere o dever ser do ser" (1974:47-48). Já para Herbert Hart, tal posicionamento, ao contrário, leva Kelsen precisamente a alinhar-se com a doutrina positivista, segundo a qual "no existe conexión necesaria entre el derecho y la moral, o entre el derecho que es y el que debe ser" (1962:16). A discrepância acontece em razão da falta de unidade ideológica do positivismo, o qual engloba um leque de versões doutrinárias bem distintas, às vezes até opostas, como ocorre no caso presente. Tal estado de "imprecisão e incerteza" levou Simone Goyard-Fabre a repetir, com Michel Virally, que "já não se sabe bem o que a palavra (positivismo) designa" (2002:02). Kelsen, que idealizou para sua teoria jurídica um tipo especial de positivismo, onde a ortodoxia convive com a heterodoxia, não deixa de ter sua posição legitimada através, dentre outros, do pensamento de Herbert Hart. Do mesmo modo que se diz do jusnaturalismo, pode-se, portanto, repetir com respeito a seu oposto: há positivismos para todos os gostos e situações.

20. O princípio da intransitividade também serve de obstáculo à afirmação da existência de um Direito natural que, na sua condição de ser, determinaria o que deveria ser, ou seja, ditaria regras para a conformação do Direito positivo. Admitir tal entendimento, diz Kelsen, importaria, sob outro prisma, tomar a natureza "como uma autoridade normativa, como uma espécie de legislador" (1997:20), coisa para ele de todo impensável. Especialmente em razão do caráter ideológico que Kelsen empresta às doutrinas do Direito natural. Portanto, purificar o Direito positivo significaria, desde logo, banir definitivamente o Direito natural e, com este, o elenco de problemas incômodos, de todas as procedências, por ele suscitados. A *doutrina do abismo* livraria a teoria pura de toda essa complexa problemática, abrindo caminho para que pudesse Kelsen concentrar-se naquilo que elegeu como temas fundamentais.

21. Em artigo no qual aponta as "obscuridades e incongruências na teoria kelseniana do Direito", Bruno Leoni detém-se, entre outros aspectos, no exame das categorias do ser e dever ser, para concluir, afinal, que os resultados obtidos com sua utilização foram manifestamente insuficientes "per giustificare il rilievo che al concetto de *Sollen* viene dato dal Kelsen come chiave della teoria" (1960:169). Não se pode aceitar, continua ele, que um conceito chave como o de dever ser, de tanta importância para a compreensão da teoria pura, não tenha sido sequer definido, o que igualmente ocorreu com seu oposto, o conceito de ser (1960:168-169). Demais, embora tenha sido apresentado como sinônimo de norma, não pode dizer-se, continua Leoni, que o dever ser seja uma conotação linguística constante, ou pelo menos habitual, da norma jurídica (1960:169). A censura mais decisiva do filósofo italiano, no entanto, parece ser aquela pela qual ele faz notar "che, nella teoria kelseniana, il *Sollen* in cui si manifestano le norme finisce per diventare un *Sein*, ossia un qualche aspetto della realtà. (...) Tuttavia Kelsen non sembra affatto sospettare che il *Sollen* possa, in quanto lo si studia, diventare un Sein" (1960:168). Essa crítica, aliás, é geral, e não só de Bruno Leoni.

22. Na verdade, ao afirmar Leoni que, em Kelsen, *o dever ser,* no qual se manifesta a norma jurídica, termina por tornar-se um *ser,* isto é, um aspecto qualquer da realidade, não está de modo algum sendo original. Tal desvio de pensamento tem sido por demais censurado. Só não concordamos com a afirmação de que Kelsen não pareça suspeitar que a categoria do dever ser, tal como por ele empregada, pudesse transformar-se em ser. Um movimento de tamanha repercussão ideológica não se produz inconscientemente, sobretudo em quem, como Kelsen, vivia sob constante pressão dos críticos, sempre diligentes em indicar-lhe inconsistências doutrinárias em todos os níveis de seu pensamento.

23. Restaria, então, apontar em quais atitudes ou posicionamentos doutrinários adotados por Kelsen transformações de dever ser em ser poderiam ser surpreendidas. Passemos a relacioná-las, sempre que possível com citações de juristas que a elas se referem de maneira específica. O primeiro ponto a tratar é este da teoria da norma como ordem ou imperativo, predicado normativo chamado de volta em sua obra norte-americana, depois de ter sido solenemente expulso e substituído pela doutrina do juízo hipotético, quando da formulação inicial da teoria pura. Afirma, a propósito, Djacir Menezes: "A imperatividade, que brota da utilização das regras, definiria o *normativo*. Dar-nos-ia a transição do que é para o que *deve ser*" (1985:35). Por esse meio, conclui Djacir, ocorreria o desequilíbrio do formalismo da teoria kelseniana.

24. Outra questão alusiva a nosso tema é esta da dependência da eficácia para a validade do Direito. Kelsen a admite francamente em vários textos. Como consta da *Teoria Geral do Direito e do Estado*: "Contudo, o princípio de eficácia pode ser adotado, até certo ponto, também pelo Direito nacional, e, desse modo, dentro de uma ordem jurídica nacional, a validade de uma norma isolada pode ser tornada dependente de sua eficácia. Tal é o caso quando a norma jurídica perde sua validade por dessuetude" (1990:126). Mais referências no mesmo sentido podem ser encontradas na *Teoria Pura do Direito* (1974:294), em *O Que é Justiça?* (1974:218) e na *Teoria Geral do Direito e do Estado* (1990:123), entre outros muitos textos de Kelsen.

25. Versando a matéria, escreveu García Máynez: a tese de que a norma violada continua valendo como norma, "enfáticamente defendida por él en 1911, es abandonada en obras posteriores; en *General Theory of Law and State*, que apareció en 1945, el autor sostiene, con no menos énfasis, que la norma cuya ineficacia se prolonga de manera indefinida acaba por perder su fuerza obligatoria" (1978:15-16). Então, o princípio da absoluta independência de ser e dever já não mais prevalecia. O que se estaria verificando, bem ao contrário, era a ocorrência de um dever ser derivado ou depen-

dente de um ser, conforme opiniões de Mario G. Losano (1993: XIX), Albert Calsamiglia (1977:214-215) e Wolfgang Friedmann (1965:239). Como Kelsen também o admite na perspectiva do Direito Internacional. Nessa esfera, o fato cria a norma. São palavras suas: "Portanto, o motivo para a validade do Direito internacional, a sua norma fundamental, é uma norma que institui o costume como fato criador de Direito" (1997:259). Tem-se identificado, também, nesse movimento rumo à realidade dos fatos sociais, a prova da inclusão de elementos sociológicos na teoria normativista. E, em sentido contrário, a perda de sua pureza.

26. Tem em tudo idêntico sentido a adoção irrestrita, por Kelsen, do conceito de Direito como "ordem coativa" (1957:09). Mais precisamente: "sistema de normas coactivas de deber ser, es decir, de normas que prescriben a ciertos órganos jurídicos que ellos, en determinadas condiciones, *deben* dirigir actos de fuerza contra seres humanos"(1969:13). Ora, a coação, tida por Kelsen como elemento essencial ou essência do Direito (1990:49), é também por ele caracterizada como *ato* ou *critério empírico* do Direito, conforme se verá pelas citações seguintes. Nos *Problemas Escogidos de la Teoría Pura del Derecho*, afirmou Kelsen: "... la sanción es un acto de coerción, es decir, um acto por el que se emplea la fuerza,..." (1952:61-62). Na primeira edição da *Teoria Pura do Direito*, por sua vez, defendeu, contra a doutrina do Direito natural, o ponto de vista da "coação como critério empírico do Direito, visto que este consiste, para ela, no seu conteúdo íntimo, na sua coincidência com a ideia do Direito" (1939:32). Em *O Que é Justiça?*, Kelsen esclarece que, ao contrário da coação psíquica da moral, a coação jurídica encontra sua especificidade na sanção externa (1997:270). Note-se, embora de passagem, que Kelsen às vezes identifica coação com sanção.

27. Como se nota, a coação é fenômeno do mesmo nível da eficácia. Com efeito, também o emprego da força assume a condição de ato ou fato da realidade, em todo caso, um *critério empírico* do Direito, no dizer do próprio Kelsen. A coação realiza-se, torna-se efetiva, cumpre-se, afinal, na esfera empírica da realidade social. Trata-se, aqui também, do fenômeno da efetividade ou facticidade. Ostentando tal forma, pois, não poderia deixar de qualificar-se a coação como entidade do mundo do ser. Nesse ponto, dever ser (norma) e ser (coação) coincidem plenamente: a coação é da essência da norma. Mais uma vez, o dever ser surge como derivado ou dependente do ser. E, de novo, quebra-se o rígido princípio da intransitividade entre ser e dever ser, que permeia e fertiliza toda a teoria pura do Direito.

28. A mesma comunicabilidade entre ser e dever ser é observada no que concerne à *norma fundamental hipotética*, peça importantíssima da teoria pura do Direito, ao mesmo tempo base e fecho do ordenamento jurídico de feição kelseniana. As anotações, nesse particular, são de Juan Ramón Capella. A pressuposição da *norma fundamental* surge no seio da seguinte antinomia: de um lado, torna-se necessário admitir a efetividade, o ser; de outro, tem-se por firmemente estabelecido que o ser não pode fundamentar o dever ser. Então, afirma Capella, "la solución de Kelsen consiste en escindir kantianamente esa facticidad. Por una parte, estarán los hechos reales de que no se puede prescindir, la efectividad; por outra, el concepto *subjetivo* de esa efectividad, la interiorización teórica o conceptual, del científico, de esos hechos; a essa interiorización se le atribuye carácter normativo, no a los hechos mismos" (1976:189-190). Quer dizer: afirma-se por via oblíqua o que não se pode ou não se deve sustentar por via direta.

29. Para tentar desmanchar a antinomia, invocam-se os poderes da subjetividade. Diz Capella: "La subjectividad – reconoce implícitamente Kelsen – convierte el ser en dever ser. En otras palabras: hace su apologia – afirma que el ser debe ser" (1976:190). A conclusão final de Capella é a mesma de Ernst Bloch: "El deber ser, en Kelsen, queda excluido del âmbito de la racionalidad" (1976:190). Faltava ceder a palavra a Kelsen, a fim de que ele explicasse isso com suas próprias palavras. É o que faremos agora: "Pues una norma no es un hecho del ser sino una prescripción del deber

ser; es el *sentido* de un hecho del ser... El acto cuyo sentido es la norma o – como suele decirse en sentido figurado – el acto mediante el cual se crea una norma, el acto de ordenar, es un ser; la norma, que es su sentido, es un deber ser" (1969:11). Em conclusão: Kelsen afirma, ele próprio, que o ser dá origem ao dever ser. Tudo se converte em questão de estilo científico, do modo especial como o fato deve ser descrito.

30. Mas, sob outro aspecto, ao situar Kelsen o Direito com exclusividade no mundo do dever ser, afronta aquilo que Michel Villey considera o dogma geral do positivismo, originário de Kant, e segundo o qual "la science n'a pas compétence sur le devoir être" (1975:199). Com efeito, o positivismo visa fundamentalmente à observação dos fatos da realidade, isto é, das coisas que pertencem, também de modo exclusivo, ao mundo fenomênico do ser, em franca oposição ao mundo ideal e numênico do dever ser. Essa marca positivista, aliás, Anthony Giddens a identifica como elemento histórico da doutrina, já manifestada, em suas origens, no pensamento de Comte. Giddens a enuncia nos seguintes termos: a atitude positivista implica "a existência de um limite claro e definível entre o factual, ou o *observável*, e o imaginário, ou o *fictício*" (1980:328). Não deveria haver, portanto, como parece pretender Kelsen, um positivismo das essências, vale dizer, um positivismo idealista. No entanto, ele o formalizou.

31. Consoante já tivemos ocasião de fazer notar, é exatamente nesses termos que se conforma o positivismo de inspiração kelseniana, através do qual o Direito é visualizado, no mundo ideativo do dever ser, como pura ideia formal. Viu-o Angelo Falzea com toda clareza: "La nota opposizione tra essere e dover-essere, leggi naturali e norme, che costituisce il punto di partenza metodologico della *Reine Rechtslehre* è esplicitamente interpretata da Kelsen nel senso del contrapposto tra realtà e idealità" (1970:230-231). Na verdade, a oposição entre ser e dever ser, em Kelsen, corresponde exatamente ao contraste existente entre realidade e idealidade. A opção kelseniana pelo dever ser conduz seu pensamento ao mundo da idealidade. Define-se, por esse meio, o caráter normativo-ideativo do Direito de que se nutre a teoria pura.

32. Apesar de Kelsen haver afirmado, em tom de princípio programático, que a teoria pura, por ser positivista e realista, "recusa-se a valorar o Direito positivo" (1974:161), admite francamente, no entanto, tenha a norma jurídica função axiológica. Está também dito na *Teoria Pura do Direito*, antes dessa sua primeira afirmativa, que "a norma considerada como objetivamente válida funciona como medida de valor relativamente à conduta real" (1974:38). Em seguida, explica-se Kelsen: "O valor, como dever-ser, coloca-se em face da realidade, como ser; valor e realidade – tal como o dever-ser e o ser – pertencem a duas esferas diferentes" (1974:40). Mais incisiva é sua asserção de que a "norma fundamental hipotética é a base de todos os juízos jurídicos de valor possíveis na estrutura da ordem jurídica de um Estado dado" (1997:215). Portanto, a teoria pura envolve o valor, que, como tal, perpassa toda a ordem jurídica.

33. Se é assim, como parece fora de dúvida, não se explica como, numa primeira fase, tenha Kelsen absolutizado a neutralidade axiológica, e nem como, com igual radicalismo, tenha tentado eliminar do Direito o princípio da finalidade, elemento congênito de toda obra cultural. Ninguém faz ou fabrica alguma coisa para nada. Toda ação humana decorre de uma motivação com vistas a um fim. Esse pressuposto da finalidade está tão identificado com o homem, que parece compor sua própria natureza. Tanto assim que, descartá-lo, configuraria atitude logo tida, não apenas por intelectualmente equivocada, mas, antes, por psicologicamente anormal. Entretanto, Kelsen acha que o jurista puro deve limitar seu interesse à própria ordem jurídica, nunca se preocupando com os fins para os quais fora ela criada. Agir de modo contrário representaria, para o pensador positivista, um extravio de caminho e um desvirtuamento de atribuições.

34. Leia-se, para confirmá-lo, esta passagem do texto da primeira edição da *Teoria Pura do Direito*, onde Kelsen afirma que o fim situa-se para além do Direito, e, desse modo, não pode constituir matéria que interesse ao cientista puro: "O Direito é, apenas, um meio específico, um aparelho de coação que, olhado em si mesmo, não tem qualquer valor ético ou político, porque o seu valor depende do fim, transcendente ao Direito" (1939:33). Tem-se, então, que o Direito, do qual se ocupa a teoria pura, por não cuidar de finalidade, encontra-se de todo desprovido de valoração ética ou política. Ficou reduzido a mero aparelho de coação. Na mesma página, ainda, ratifica: "porquanto esta teoria não se interessa pelo fim que se tem em vista alcançar com a ordem jurídica, mas tão somente pela própria ordem jurídica" (1933:33).

35. Em última análise, não se pode entender como, admitidos os valores – como realmente o foram, e sem reserva – deixem-se de pressupor as naturais finalidades para as quais apontam. Não se consegue justificar porque o dever ser deva limitar-se ao "isto é bom", porquanto, na ordem natural do pensar, o qualificativo surge em decorrência de sua aptidão ou propensão para algo, como uma seta apontando no rumo de alguma coisa. O bom é sempre *bom para*. Posicionamentos de Kelsen, como este, parecem justificar a opinião de Ernst Bloch de que o racionalismo matematicista de Kelsen haveria naturalmente de desembocar no irracionalismo (1976:154). Parece não haver outro meio de explicá-lo.

36. Há também uma causa ou fim pelo qual Kelsen elimina de sua teoria jurídica a questão da finalidade, deixando o dever ser sem motivação. Heinrich Triepel a identifica no propósito de afastamento do elemento político do âmbito da ciência do Direito. São palavras suas: "Con particular hostilidad se rechazan consideraciones políticas, ya que son consideraciones finalistas y como tales algo extraño al Derecho" (1974:49). Tem toda razão Triepel. Não há saber mais comprometido com a investigação dos meios de realização de seus fins do que a ciência política, justamente porque, como diz Hannah Arendt, tem ela por "tarefa e objetivo a garantia da vida no sentido mais amplo" (1998:46). Porém, isso cheira a metafísica, e Kelsen não pretende ceder-lhe espaço a qualquer pretexto.

37. Embora as consequências de tal posicionamento fossem desastrosas, como efetivamente o foram, Kelsen não hesitou em adotá-lo. O critério decisivo de sua atividade de cientista do Direito, qual seja, a obtenção da pureza do método, não deveria ceder nunca diante de nenhum obstáculo. Um dos maus resultados de tal postura, consoante lembrou o mesmo Triepel, foi "un empobrecimiento de nuestra ciencia, que debe pagar verdaderamente cara la gloria de la pureza metódica" (1974:50-51). Em boa verdade, ocorreu mais do que a perda de fertilidade. Houve, de fato, verdadeira desnaturação da ciência jurídica e do próprio Direito positivo, os quais, de tanto se virem purificados, perderam suas identidades.

38. Vem ao caso invocar a arguta observação de György Lukács, formulada em entrevista concedida aos professores Leo Kofler, Wolfgang Abendroth e Hans Heine Holz, ao comentar a declaração de Kelsen, feita nos anos 1920, segundo a qual "o nascimento do Direito constituía um mistério para a ciência jurídica." Após lembrar "que os reais problemas da vida não se resolvem no plano da teoria do conhecimento, nem no plano da lógica", sentenciou o filósofo húngaro: "Tomadas em si e por si e coaguladas em método principal, como no kantismo, no positivismo e no neopositivismo, as questões da teoria do conhecimento se tornaram um obstáculo a um conhecimento real" (1969:22). Nenhum diagnóstico mais preciso. A imensa maioria dos desencontros doutrinários de Kelsen encontra sua fonte na subordinação de sua temática à pureza metódica. De tanto zelar pela integridade do seu método, terminou ele por desnaturar o Direito, que deveria ser seu objeto principal, descaracterizando-o até torná-lo irreconhecível. Viu-o muito bem Michel Villey, ao afirmar que a teoria pura nos pretende impor uma "image déformée du droit", uma representação "étrangement irréele". Em razão de seu caráter artificial, conclui, apresenta-se "sans aucun intérêt pratique" (1962:290 e 291). A dúvida, neste ponto, é se Kelsen tomaria as observações aqui registradas como censura, dado que ele mesmo declarou, reiteradas vezes, que teve de manter-se sempre vigilante para não cair na tentação de "desviar-se para o mundo da vida real" (1997b:09). Se era isso o que de fato desejava, conseguiu-o plenamente.

39. Outra consequência lamentável foi o abastardamento do sentido da Política, por Kelsen reduzido a mera questão de força física. Com efeito, após definir o Estado como comunidade política, e assim identificá-lo com a ordem normativa ou Direito, afirmou Kelsen em termos incisivos: "El elemento *político* de esta comunidad solo es el carácter coercitivo de este orden normativo" (1974b: 55-56). Não se tem, aí, nenhuma opinião acidental, mas, apenas, uma ratificação do que já houvera sido escrito na *Teoria Geral do Direito e do Estado*, segundo muitos, a obra principal de exposição da teoria pura. Após definir o Estado como *organização política* ou ordem, indaga Kelsen: "Mas em que reside o caráter político dessa ordem?" E responde imediatamente: "No fato de ser uma ordem coercitiva." Por fim, as explicações: "O Estado é uma organização política por ser uma ordem que regula o uso da força, porque ela monopoliza o uso da força. Porém, como já vimos, esse é um dos caracteres essenciais do Direito. O Estado é uma sociedade politicamente organizada porque é uma comunidade constituída por uma ordem coercitiva, e essa ordem coercitiva é o Direito" (1990:191). O raciocínio circular de Kelsen aqui nos serve para não deixar nenhuma dúvida sobre seu pensamento.

40. Como se pode notar, e não sem surpresa, para Kelsen a coação jurídica é, nem mais nem menos, o elemento político do Estado. Tem-se, então, a política reduzida ao *uso da força*, que é como ele define a coação. Em outros termos, a fim de melhor revelar-se a absurdidade da tese: usar a força física é fazer política, mesmo que se ressalve tratar-se de força institucionalizada, para distingui-la da atividade de um assaltante, como costumava dizer Kelsen (1974:75). A política torna-se, desse modo, atividade exclusiva dos funcionários estatais encarregados de aplicar a coação jurídica. Interpõem-se, naturalmente, a tais afirmativas duas ordens de contra-argumentos, uma de índole ideológica, outra de caráter técnico-científico.

41. O contra-argumento de índole ideológica começaria por colocar esta pergunta: com que fundamento se reduz a Política ao uso da força? Kelsen não disse, porque seu método não o permitia. Para responder, faz-se mister tirar de vez a metafísica da clandestinidade, onde ele ajudara a mantê-la até não poder mais. E essa, seguramente, não é questão para positivistas. Kelsen, portanto, com seus parcos instrumentos teóricos, não tinha condições de resolvê-la. Aptos a tratar dela, em seu tempo, estavam os fenomenólogos e os existencialistas. Lembremos, dentre eles, um só nome, o de Hannah Arendt. Na melhor linha do pensamento metafísico, aquele que se estrutura definitivamente em Aristóteles, forneceu-nos ela construtivas lições sobre a dignidade da Política em seu ínsito compromisso de índole humanista. E é assim porque a Política constitui uma das dimensões mais dignificantes da condição do ser humano. Não é outro o sentido da definição aristotélica do homem como animal político (*zoon politikon*). Vale lembrar ter sido o homem grego, no qual se inspirou Aristóteles, o construtor da primeira experiência de democracia no mundo ocidental.

42. Mas, Kelsen, como autor do projeto positivista de uma Teoria Pura do Direito, não está, decisivamente, interessado nessa problemática metafísico-humanista. Não se encontra, na sua obra jurídica, nenhuma preocupação com os problemas fundamentais daquilo que se pode definir como antropologia filosófica, a grande aspiração de seu mestre Immanuel Kant, ele mesmo tendo dado o exemplo, ao colocar a questão da liberdade do homem no âmago de sua filosofia jurídica. O objetivo de Kant foi retomado por eminentes pensadores dos dois últimos séculos, entre os quais podem citar-se Feuerbach, Marx, Nietzsche, Freud, Max Scheler, Cassirer, Heidegger, Sartre, Merleau-Ponty, entre muitos. Em conferência de 1926, advertia Max Scheler: "Se há um problema filosófico cuja solução é exigida com a maior urgência pela nossa época, é esse o problema de uma antropologia filosófica" (1986:73). Muitos pensadores engajaram-se decididamente na realização da tarefa, de tal modo que o século XX passou a ver visto, por muitos, como aquele em que a filosofia transformara-se em antropologia.

43. Carl Schmitt, contemporâneo de Kelsen e franco opositor da sua teoria pura, destinou todo um capítulo de *O Conceito do Político* à questão do "fundamento antropológico das teorias políticas" (1992:85-95). Sinal de que o tema estava na ordem do dia. A mesma atitude, aplicada ao Direito, nós a encontramos desde os pensadores gregos e romanos da antiguidade clássica, a exemplo de Cícero, autor da advertência de que a explicação da natureza do Direito deve ser buscada na compreensão da natureza do homem. Em suas palavras: "Car c'est la nature du droit que nous voulons exposer, et c'est à la nature de l'homme qu'il faut la demander" (1965:131). Ensinamento adotado por Alfred Verdross, companheiro de Kelsen desde a primeira hora. Suas palavras a propósito parecem conter direta censura ao chefe de sua Escola. Vale a pena reproduzi-las: "El fundamento de la filosofía del derecho tiene que ser el reconocimiento de la dignidad de la persona humana; este fundamento adquiere un valor absoluto cuando la filosofía del derecho descansa sobre una base metafísica, en tanto la filosofía empírica no puede proporcionar sino una base hipotética, insuficiente para asegurar la dignidad de la persona" (1962:368). Esse é, de resto, o sentido de toda obra cultural, tanto que o homem se viu dotado de liberdade para autorrealizar-se. E é nisso que consiste, essencialmente, a dignidade humana.

44. Contudo, a ortodoxia positivista parece ter mantido Kelsen afastado do caminho que poderia conduzi-lo à doutrina geral do homem, já, à sua época, descomprometida com a velha problemática em torno de sua bondade ou maldade natural, que emoldurara a teoria contratualista dos séculos XVII e XVIII. O equívoco maior desse posicionamento foi sua alternatividade radical: o homem, sem meias medidas, ou era essencialmente bom, ou por natureza mal. Com razão, pois, pôde escrever Fábio Ulhoa Coelho: "A antropologia kelseniana considera o homem naturalmente inclinado a perseguir apenas a satisfação de interesses egoístas" (1996:44). Os raros vestígios de antropologia que se conseguem divisar em sua obra ostentam a marca histórica dessa época, identificável pelo inconfundível traço doutrinário do pensador tido como o grande teórico do absolutismo político moderno, o positivista Thomas Hobbes. Kelsen, à semelhança do filósofo inglês, acredita na maldade congênita do homem, da qual decorre seu indomável egoísmo.

45. Veja-se esta frase tirada de sua aula de despedida na Universidade da Califórnia, em maio de 1952: "O comportamento exterior do homem não se diferencia muito do (comportamento) do animal: os peixes grandes devoram os pequenos, tanto no reino animal como no reino dos homens" (1997:09). Essa ideia da maldade humana, também em Kelsen, não é circunstancial; ela já pode ser rastreada tanto no ensaio *La Idea del Derecho Natural*, de 1927 (1946:39 e 51), como na segunda edição da *Teoria Pura do Direito*, de 1960 (1974:96). Assim sendo, nada mais natural do que o uso da força, a coação, tanto lá como cá.

46. Com respeito ao contra-argumento de caráter técnico-científico, ver-se-á que são dispensáveis maiores esforços para provar que, fossem verdadeiras as assertivas de Kelsen, não teríamos, ao final do processo, nem Direito e nem Estado. Esse é um dos sentidos possíveis que se pode atribuir ao gracejo de Karl Larenz, proferido relativamente à doutrina da interpretação, ao afirmar que Kelsen "*deita a criança fora com a água do banho*" (1978:96). A criança, aqui, simbolizaria o Direito e o Estado. Hermann Heller, em outro tom de linguagem, dissera a mesma coisa, isto é, que Kelsen havia construído uma teoria do Direito sem Direito e uma teoria do Estado sem Estado (1968:75 e 78). Contudo, passemos às provas.

47. Os elementos de que precisamos para tal fim, todos a serem retirados de textos do próprio Kelsen, consubstanciam-se nas seguintes afirmações: 1º – o objeto da teoria pura é o conhecimento da essência do Direito: "como ciência, (a teoria pura) só se julga obrigada a conhecer o Direito positivo na sua essência" (1939:21); 2º – Direito e Estado são uma só e a mesma coisa: "o Estado, como pessoa, não é mais do que a personificação da ordem jurídica, e que o Estado, como poder, é a eficácia dessa ordem" (1939:106); 3º – a coação é característica essencial do Direito e do Estado: "Mas se for reconhecido que o Estado é, por sua própria natureza, um ordenamento da conduta humana, que a característica essencial dessa ordem, a coerção, é ao mesmo tempo o elemento essencial do Direito, esse dualismo tradicional não pode mais ser sustentado" (1997:277). Tudo isso de uma parte. Da outra, a afirmação taxativa de que a coação, no Direito, é apenas acidental. Leia-se: "Dizer que o Direito é uma ordem coativa significa que as suas normas estatuem atos de coação atribuíveis à comunidade jurídica. Isto não significa, porém, que em todos os casos da sua efetivação se tenha de empregar a coação física. Tal apenas terá de suceder quando essa efetivação encontre resistência, o que não é normalmente o caso" (1974:61).

48. Definir uma coisa é identificar sua natureza, ou seja, isolar aquela nota que, em razão de sua unicidade e permanência, possa individualizar e distinguir essa mesma coisa. Uma coisa só pode ser ela mesma e durante todo o tempo. Nada pode ser por tempo determinado. Fora disso, não tem sentido falar-se em *essência*. Por exclusão, define-se o *acidente*, aquilo que não pertence à essência da coisa e que, por isso, pode ser mudado ou suprimido, a qualquer tempo, sem que se altere substancialmente a coisa. Na expressão *casa nova*, enquanto *casa* envolve conceito de essência, nova, ou velha, ou alta, ou baixa etc., envolvem conceitos de acidente. São, essas, consabidas lições preliminares de ontologia e de lógica formal, tão antigas como a própria filosofia. Ora, o que Kelsen diz serem a mesma e única coisa, Direito e Estado, na verdade, por serem dois entes históricos, têm de, por necessidade ôntica, possuírem essências diversas. Demais, o que ele proclama, umas vezes, ser essencial ao Direito e ao Estado, a coação, outras vezes é apresentado induvidosamente como elemento acidental. Logo, o que não tem essência própria, nem modo certo de existir, de fato não existe. É bem o caso do Direito e do Estado segundo a Teoria Pura do Direito.

49. Ao incorporar a ideia essencialista de coação a seu sistema jurídico, Kelsen realizava um movimento de duplo sentido, por ele mesmo descrito na primeira edição da *Teoria Pura do Direito*. Num primeiro momento, tem de retornar à "tradição da ciência jurídica positivista do século XIX", contra a qual decisivamente se posicionara, colocando-se, portanto, "em oposição à ciência jurídica dos nossos dias". Assim o fez porque esta, "em íntima conexão com o iniciado regresso ao Direito natural, pretende renunciar ao momento da coação como critério empírico do Direito" (1939:29 e 32). Posição, como se vê, claramente ideológica: revigorar a doutrina coativista em baixa e enfraquecer o movimento de recuperação do Direito natural.

50. Em sua obra clássica, *Teoria Geral do Estado*, aparecida em 1905 – ano em que Kelsen publica seu primeiro trabalho jurídico, *A Teoria do Estado de Dante Alighieri* – , Georg Jellinek, aquele a quem Kelsen chamou "meu inolvidável mestre" (1965:IX), fazia-se porta-voz da ciência de sua época. Desde logo, lembrava que, ao invés de apoiar-se na ideia de coação, "hoy ya tan reducida que necesita tomar una actitud defensiva", externava seu entendimento, a ela contrário, de que (...) la positividad del Derecho descansa, pues, en última instancia, en la convicción de su obligatoriedad" (1958:274 e 275). Aproveitava o momento, ainda, para advertir ser "injusta la identificación establecida por el Derecho natural entre norma jurídica e norma coactiva" (1958:275). Já se vê que ambos, discípulo e mestre, ao se referirem ao Direito natural, não têm em mente o mesmo objeto.

51. A atraente novidade do movimento anticoativista de então, impulsionado pelos nomes prestigiosos de Bierling, Thon, Binding, Merkel e Triepel, todos filiados ao positivismo jurídico, terá sem dúvida motivado, em linha de oposição direta, a impetuosa reação coativista de Kelsen. Como que assumindo a postura de salvador de um princípio julgado indispensável à caracterização do positivismo, ideia propulsora de sua teoria, passou Kelsen a reduzir o Direito, todo o Direito, ao simples conceito de aparelho de coação, entendida esta como uso da força física. Nessa perspectiva, a norma jurídica viu-se convertida em simples invólucro de um conteúdo representado, sem mais nem menos, pela pura força. Nesse

momento, anota Norberto Bobbio, "la fuerza no es el medio para la realización del derecho, sino el contenido de las normas jurídicas, y por lo tanto, el derecho es concebido como el conjunto de normas que regulan el uso de la fuerza" (1989:75). Atinge-se, nesse ponto, a máxima degradação dos objetivos do Direito.

52. Quatro princípios básicos dão corpo ao absolutismo coativista de Kelsen. Encontram-se eles consolidados na *Teoria Geral do Direito e do Estado,* na seguinte forma: 1º – "O Direito é uma ordem coercitiva" (1990:25). Mais precisamente: uma ordem essencialmente coercitiva, posto que "a coerção é um elemento essencial do Direito" (1990:48); 2º – a obediência voluntária não afasta a coerção, antes a confirma, posto que "a obediência voluntária é em si mesma uma forma de motivação, ou seja, de coerção, e, por conseguinte, não é liberdade, mas coerção no sentido psicológico" (1990:25); 3º – a coerção pressupõe o conceito de Direito como ameaça. "Isso porque a palavra se refere à (...) técnica social que consiste em obter a conduta social desejada dos homens através da ameaça de uma medida de coerção a ser aplicada em caso de conduta contrária" (1990:26); 4º – O fim da coerção coincidirá com a abolição do Direito, segundo a hipótese a seguir colocada: "Caso a ordem social viesse no futuro a não mais possuir o caráter de ordem coercitiva, caso a sociedade viesse a existir sem *Direito,* então..." (1990:26).

53. Como se observa, pretendeu Kelsen retirar dos opositores todas as hipóteses de contestação da teoria coativista. Com tal objetivo, dispôs que qualquer atitude do cidadão perante o Direito estaria a configurar, de um modo ou de outro, a coação jurídica. Até mesmo a objeção clássica, devida a Trendelenburg e a Ahrens, segundo a qual o espontâneo cumprimento do Direito seria prova suficiente de sua não coatividade essencial, sofreu tentativa de invalidação através da risível teoria que vê na simples motivação uma forma de coação. Significa dizer que a coação preside todos os atos humanos, até mesmo aqueles que se realizam para fazer o bem, o certo, o justo, como se nos afigura o cumprimento de uma obrigação jurídica. Outro escândalo é a caracterização do Direito como ameaça. Então, não existe nenhuma diferença entre o animal irracional que se pretende adestrar e o homem, seu adestrador? Onde terá metido Kelsen a liberdade e a consciência do homem? Parece não haver dúvida da causa de tantos equívocos: faltou à construção kelseniana uma teoria geral do homem. Em última instância, seria de indagar-se-lhe: tendo em vista a absoluta maldade do homem, essa sua doutrina não seria apenas uma manifestação da congenial má índole que o domina e define?

54. Um parêntesis de ordem da semântica: *coerção*, em Kelsen, quer significar tanto *coação*, o uso atual da força, o ato, como *coatividade*, a possibilidade do uso da força, a potência. Existem, pois, duas maneiras distintas de vincular o Direito à força física. Enquanto, para Kant, o Direito é faculdade de usar a força, portanto, coatividade, para Ihering, representa já o uso da força, sendo caracterizado como coação. Os juristas sempre adotam, com exclusividade, uma ou outra posição. Kelsen incorporou as duas, no que evidencia, uma vez mais, seu radicalismo coativista.

55. Especialista do estudo da coação jurídica entre nós, não há como deixar de reproduzir o juízo de Mata-Machado sobre o primado do absolutismo coativista de Kelsen, tanto que ele nos parece irretocável. Está escrito em sua obra *Direito e Coerção*: "Nenhum outro jurista, nem mesmo, de certo modo, Ihering, deu maior ênfase à coerção como nota específica da regra jurídica" (1957:204). Deve-se, antes de tudo, lamentar que tal propósito tenha sido realizado em nome do Direito e com prejuízo do respeito à dignidade do homem. Aliás, ainda a propósito de Ihering, deve sublinhar-se o fato da precedência deste na formulação da doutrina que postula a identidade entre Direito, Estado e coação, consoante ocorrerá depois em Kelsen. Com efeito, lê-se em *A Finalidade do Direito*: "A organização social da coação, porém, significa o mesmo que *Estado* e *Direito*. O Estado é a sociedade como detentora da força de coação regulada e disciplinada. A quintessência dos princípios que o norteiam nesse sentido, a disciplina da coação, é o Direito" (1979:166-167). Como se observa, nesse ponto Kelsen não pode reivindicar nenhuma originalidade para sua teoria.

56. Os problemas da doutrina do abismo intransponível entre ser e dever ser e da coação jurídica como nota essencial do Direito têm natural envolvimento com outra tese central da Teoria Pura do Direito, qual seja, a proposição de uma *norma básica ou fundamental hipotética* (NFH) como princípio dinâmico, instituidor da ordem jurídica na forma piramidal de um sistema escalonado de normas. Constitui esta NHF o ponto arquimédico de apoio da construção doutrinária de Kelsen, fiador de sua própria possibilidade e existência. Sem essa *Norma Fundamental Hipotética* não haveria Teoria Pura do Direito.

57. Na perspectiva do primeiro tema, viu-se que o ato de pressupor a NFH, fonte de validade de todas as outras normas do sistema, envolve a conversão de um ser em dever ser, significando, pois, a quebra da incomunicabilidade entre os dois mundos. Quanto ao outro, relativo à coação, estaria ainda por explicar como a norma, um dever ser, poderia servir de fôrma ou veículo para um ser, a coação, e não para um dever ser, o modo de conduta humana normatizada. A questão parece-nos dever colocar-se em termos do desvendamento da natureza da NFH, o que consistiria em saber se é, ela mesma, coativa. Se for, é porque transmite juridicidade às outras normas, o que não é pacífico na doutrina kelseniana; se não for, não será também jurídica, não podendo, por isso, comunicar validade às demais normas do sistema, a principal função que lhe defere Kelsen. Será essa, entre muitas outras, uma de nossas preocupações ao tratarmos do tema da NFH.

58. O Direito, na concepção da teoria pura, é uma ordem, uma organização, um sistema hierárquico de normas. Constitui um todo autárquico, completo e fechado, sendo-lhe vedada qualquer comunicação com o mundo exterior. Essa, justamente, a principal maneira pela qual busca manter-se puro. A autorreprodução faz com que ele se baste a si mesmo: todas as suas normas produzem normas. O fundamento de validade segue o princípio da graduação, a norma superior transmitindo validade à inferior: a constituição à

lei, a lei ao decreto, o decreto à portaria, e assim sucessivamente, partindo da própria Constituição até à sentença judicial, pontos extremos do sistema normativo como ordem jurídica positivista. Tudo funciona até esses limites com plena normalidade, através de simples operações lógicas de deduções. Porém, não podia continuar no mesmo ritmo, pois tal método levaria a um movimento sem fim, a um processo *ad infinitum*. Tornou-se necessário, então, fosse o processo interrompido. Com esse objetivo, apelou Kelsen para a figura da NFH, concebida, ao mesmo tempo, como princípio e fim de tudo que ocorre no mundo jurídico.

59. A ideia de tal norma não deixava de ser estranha. Por isso Kelsen sentiu-se como que obrigado a invocar, para legitimá-la, sua naturalidade e historicidade. Escreveu a propósito: "Com a sua teoria da norma fundamental a Teoria Pura do Direito de forma alguma inaugura um novo método do conhecimento jurídico. Ela apenas consciencializa aquilo que todos os juristas fazem – quase sempre inconscientemente. (...) A teoria da norma fundamental é somente o resultado de uma análise do processo que o conhecimento jurídico positivista desde sempre tem utilizado" (1974: 284 e 285). A ressalva deve ter-lhe parecido importante, a fim de deixar claro que, ao adotar tal doutrina, não estava abandonando o positivismo jurídico. Leia-se nas entrelinhas: o recurso, de que lançara mão, não tinha índole metafísica, não ostentava caráter transcendente ao próprio Direito positivo. Páginas adiante, Kelsen volta ao assunto para reafirmar sua fidelidade ao positivismo: "Precisamente na sua teoria da norma fundamental se revela a Teoria Pura do Direito como teoria jurídica positivista" (1974:404). Não adiantou muito, porquanto Kelsen teve de esclarecer, desde logo, que a NFH não era norma de Direito positivo, como, evidentemente, não poderia ser.

60. Preliminarmente, deve a NFH definir-se como uma norma pressuposta pelo pensamento jurídico, e não como norma posta, isto é, positivada pelo legislador. Em termos de lógica moderna, afirma Lourival Vilanova, tal pressuposição pode ser caracterizada como "uma proposição extrassistemática. Sintaticamente, é uma regra fora do sistema: é uma proposição de metalinguagem em relação ao Direito positivo. Por isso, é insusceptível de ser revisada pelo processo legislativo ordinário, ou pelo processo de revisão constitucional" (1977:219). Se é assim, onde, *fora* do sistema jurídico, encontra-se ela, então? Responde Kelsen: ela "existe na consciência jurídica" (1990:121), podendo ser "estabelecida por meio de uma análise lógica do pensamento jurídico efetivo" (1990:03). Indicando a quem compete tal tarefa, afirmou: "A ciência do Direito revela essa pressuposição por meio de uma análise do pensamento jurídico" (1997:218). Coloca-se, por fim, uma questão decisiva, qual seja, a do critério com base no qual a *norma básica* é pressuposta. Volta a palavra a Kelsen: "Uma análise do pensamento jurídico demonstra que os juristas consideram válida uma constituição apenas quando a ordem jurídica nela fundamentada é eficaz. Este é o princípio da eficácia" (1997:218). Mas, o que é que tem o princípio da eficácia com a *norma básica?* Tudo. Ouçamos a conclusão do raciocínio de Kelsen: "O princípio da eficácia é a norma fundamental geral que o pensamento jurídico pressupõe sempre que reconhece um conjunto de normas como a constituição válida de um Estado particular" (1997:218).

61. Os textos de Kelsen acima reproduzidos nos sugerem, de imediato, duas ordens de observações, quais sejam: 1ª – ao identificar a NFH com o princípio da eficácia, Kelsen coloca a ordem jurídica sob o signo sociológico do fato social real, invalidando, ao mesmo tempo, dois dos mais importantes princípios de sustentação da sua teoria jurídica: o da pureza metódica e o da incomunicabilidade entre ser e dever ser; 2ª – a NFH, enquanto revelada pela ciência do Direito através da análise do pensamento jurídico, ostenta caráter doutrinário. É improcedente a justificativa por ele invocada em sentido contrário: "La norma básica no es una *construcción* intelectual porque – como he dicho antes – no es *creada* por el pensamiento jurídico sino *presupuesta* por él" (1969:75). Ora, a ciência, a teoria científica, é toda ela pressuposição, conjecturas. Pode negar-se que uma teoria não seja uma construção intelectual? A verdade, portanto, encontra-se do lado de Nélson de Sousa Sampaio ao dizer

que a NFH "é, pois, fruto da construção doutrinária, chame-se *teoria* ou *ciência* – pouco importa." E conclui: "Não foi por outra razão que se pôde afirmar que a Teoria Pura do Direito não passa de uma *gigantesca teoria das fontes*" (1985:88). Quanto a esse ponto, também, parece inexistir dúvida.

62. Pelo menos quatro orientações filosóficas distintas são comumente invocadas como fontes de inspiração da teoria da NFH kelseniana: a primeira procede de Kant, e diz respeito a seu modelo de constituição como ideia necessária à fundamentação da ordem jurídica (1985:310-311); vem, a segunda, de Ernst Mach, especificamente do seu princípio da economia do pensamento; origina-se a terceira da teoria da ficção, de Hans Vaihinger; a quarta, finalmente, deriva do método hipotético de Hermann Cohen.

63. Dessas três últimas influências, fala o próprio Kelsen, de modo expresso, na célebre carta a Renato Treves sobre os fundamentos filosóficos da teoria pura. Após admitir Mach e Vaihinger como precursores, diz Kelsen preferir renunciar à inspiração nesses dois filósofos. E arremata: "O essencial é que a teoria da norma fundamental provém inteiramente do método da hipótese desenvolvido por Cohen" (1991:72). No final do período, uma referência indireta a Kant: "Esta questão se insere completamente no espírito da lógica transcendental" (1991:72). Na *Teoria Geral do Direito e do Estado*, no texto onde Kelsen admite pudesse a NFH ser considerada uma doutrina do Direito natural, poderá ver-se como essa lógica transcendental é exatamente a lógica de conformação kantiana.

64. Deixando de lado a falta de rigor científico de Kelsen no tocante às origens doutrinárias de sua NFH, atitude que, de resto, persiste durante todo o tratamento do tema, lembremos, com William Ebenstein, a procedência da fonte coheniana, senão como exclusiva, pelo menos como instância de decisão final. Constitui, esta, mais uma via que nos levará ao idealismo da Teoria Pura do Direito. Ouçamos o mesmo Ebenstein: "Kelsen sigue en esto tanto a Platón como a Hermann Cohen, que llevó la filosofía transcendental de Kant a su conclusión lógica. Para ambos el pensamiento es en el fondo *hipótesis*, es decir, una base inventada. Y éste es el significado idealista de *hipótesis* que adopta Kelsen" (1947:112). Não podia ser diferente. Na pirâmide normativa de Kelsen, tanto as normas postas, como a norma pressuposta, que imprime dinamicidade àquelas, habitam, todas, o mundo das ideias.

65. A multiplicidade de funções da NFH dá bem a medida de sua importância para a Teoria Pura do Direito. Com o objetivo de precisão, procuremos adotar, ao determiná-las, as próprias palavras de Kelsen. Veremos que, relativamente a cada ordem jurídica, a *norma básica* desempenha as seguintes funções:

1ª – dar-lhe *fundamento de validade*: "E o fundamento de validade de uma ordem normativa é – como veremos – uma norma fundamental da qual se retira a validade de todas as normas pertencentes a essa ordem" (1974:57);

2ª – garantir-lhe a *unidade*: "Uma 'ordem' é um sistema de normas cuja unidade é constituída pelo fato de todas elas terem o mesmo fundamento de validade" (1974:57);

3ª – conferir competência para *criação de Direito*: "A função integral dessa norma básica é conferir poder criador de Direito ao ato do primeiro legislador e a todos os outros atos baseados no primeiro ato" (1990:121);

4ª – transmitir *juridicidade* a atos da conduta humana: "Por el momento, basta notar que gracias a esta presuposición (da norma básica) de la ciencia del Derecho se confiere a ciertos actos de conducta humana la calidad de atos jurídicos, es decir, de actos que crean o aplican normas jurídicas" (1952:44). Em outro texto: "sem essa pressuposição nenhum ato humano poderia ser interpretado como um ato jurídico e, especialmente, como um ato criador de Direito (1990:121);

5ª – possibilitar a *existência da ciência do Direito e da interpretação jurídica*: "la ciencia del Derecho supone previamente la norma fundamental. Sin esta presuposición no habría ni ciencia del Derecho ni intepretación jurídica de las relaciones interindividuales" (1952:44);

6ª – permitir a *formulação de juízos de valor jurídico*: "Essa norma fundamental é a base de todos os juízos jurídicos de valor possíveis na estrutura da ordem jurídica de um Estado dado" (1997:215);

7ª – propiciar condições para o *conhecimento do Direito positivo*: "Com a doutrina da norma fundamental, a teoria pura do Direito limita-se a estabelecer as condições lógico-transcendentais do método do conhecimento jurídico positivo usado desde tempos muito antigos, mediante uma análise do seu processo real" (1939:64).

66. Existem, nesse elenco, pelo menos dois pontos que, por não tão evidentes, estão a merecer esclarecimentos. O primeiro deles diz respeito ao poder criador de Direito conferido "ao ato do primeiro legislador e a todos os outros atos baseados no primeiro ato" (1990:121). Da tese envolvida nessa afirmação, decorre que a *norma básica* funciona, ao mesmo tempo, como "condição de plenitude e autossuficiência" da ordem jurídica, consoante nos adverte D'Entrèves (1972:139). Pode-se, pois, atribuir mais essas duas funções à NFH. A interpretação que levará à plenitude e à autossuficiência do Direito não pode ser aquela que é realizada pela ciência jurídica, posto que esta tem caráter meramente descritivo, limitando-se, assim, ao conhecimento do sentido das normas jurídicas. A interpretação, a qual Kelsen aí se refere, é somente aquela que tem por fim o preenchimento das lacunas do Direito, a saber, a interpretação criadora, que compete privativamente aos órgãos públicos com função de aplicação das normas jurídicas. Kelsen chama autêntica a interpretação feita pelos órgãos jurídicos e, não autêntica, a realizada pela ciência do Direito (1974:472). Só a interpretação autêntica, por autorizada pela NFH, é criadora de Direito e, portanto, responsável por sua plenitude e autossuficiência.

67. O segundo ponto carente de maiores esclarecimentos é este referente ao poder, atribuído à NFH, de transmitir juridicidade a atos da conduta humana. Estes atos, segundo Kelsen, são de duas ordens, a saber, atos de criação ou de aplicação de *normas jurídicas* (1952:44). Em outros termos: a pressuposição dessa norma fundamental confere-lhes a qualidade de atos jurídicos, quer dizer, torna-os jurídicos, jurisdiciza-os. Se essa norma transmite juridicidade, como parece induvidoso, é porque, ela mesma, é jurídica. Tal afirmação constitui simples decorrência do princípio ontológico segundo o qual nenhum ser pode transmitir aquilo que não possui por natureza. Ora, como para Kelsen jurídico e coativo significam a mesma coisa, tem-se que essa *norma fundamental* é coativa, porque jurídica. Do mesmo modo, como Direito é Direito positivo, a *norma fundamental* é necessariamente positiva.

68. Essa conclusão, apesar de fundada em premissas rigorosamente kelsenianas, não significa que por ele tivesse sido aceita. Kelsen não é explícito e nem claro com relação a muitos pontos dessa matéria, consoante se verá a seguir. Lembremo-nos de que, na polêmica que travou com Julius Stone, desmentiu ele tivesse alguma vez declarado nada poder dizer acerca da natureza e da origem dessa *norma básica*. Pelo contrário, afirmou, "no existe ningún problema del que me haya ocupado tanto como el de la norma básica" (1969:68). Contudo, o dizer demais pode ser forte indício da situação configurada por Bachelard, segundo a qual "quanto menos precisa for uma ideia, mais palavras existem para expressá-la" (1996:140). Na verdade, esse parece ser bem o caso da NFH.

69. No contexto da referida polêmica, ao enfrentar a questão da natureza da *norma básica*, Kelsen coloca em discussão, de uma vez só, vários temas distintos. Assim procedendo, torna a matéria muito mais complexa do que ela realmente parece ser por definição. Senão, vejamos. Começa ele por admitir a possibilidade de duas respostas contraditórias, uma afirmando que a *norma básica* não é, outra dizendo que é jurídica. Cedamos-lhe a palavra: "La norma básica es *metajurídica*, si se entiende por estas palabras que la norma básica no es una norma de derecho positivo, es decir, una norma creada por un acto real de voluntad de un órgano jurídico. Es *jurídica* si por este término entendemos todo lo que tenga funciones jurídicas relevantes, ya que la norma básica presupuesta en el pensamiento jurídico tiene la función de fundamentar la validez objetiva del significado subjectivo de los actos creadores de la constitución de una comunidad" (1969:66). O equívoco básico: Kelsen elege critérios diferentes para a afirmação e para a negação da juridicidade da *norma básica*, o que invalida de princípio toda a sua argumentação. A medida da metajuridicidade, ou não juridicidade, é o Direito positivo; da juridicidade, a relevância das funções jurídicas.

70. Tomada como jurídica, continua Kelsen, "la teoría de la norma básica es – hasta cierto punto – similar a la doctrina del derecho natural según la cual un orden jurídico positivo es válido se corresponde al derecho natural." E conclui: "El derecho natural no es considerado *metajurídico* a pesar de no ser derecho positivo" (1969:66). Ainda aqui a colocação não nos parece exata, pois a simples analogia com o Direito natural, num texto publicado originalmente em 1965, parece descartar a posição assumida em 1945, portanto, vinte anos antes, na *Teoria Geral do Direito e do Estado*. Nessa obra, convém recordar, Kelsen admite seja a NFH considerada como elemento de uma doutrina do Direito natural, envolvendo, portanto, um mínimo de metafísica, "caso se queira chamar metafísicas as categorias da filosofia transcendental de Kant por não serem elas dados da experiência, mas condições da experiência" (1990:425-426). O decisivo, no entanto, é que Kelsen, apontando uma opção, não parece ter-se julgado na obrigação de decidir-se por qualquer das possibilidades aventadas.

71. Esse não é, porém, o único aspecto relativo à doutrina da NFH deixado sem solução definitiva. Vejamos este outro, consistente em saber se tal norma é ou não de Direito positivo. Também

constituiu, tal questão, matéria da polêmica com Julius Stone, o qual acusou Kelsen de cometer a ambiguidade de afirmar ser e não ser a *norma básica*, ao mesmo tempo, uma norma de Direito positivo. Respondeu-lhe Kelsen: "Esta interpretación no encuentro ningún fundamento en mis obras. Yo he distinguido siempre claramente (...) entre la norma básica presupuesta en el pensamiento jurídico como constitución en sentido lógico-jurídico, y la constitución en sentido jurídico-positivo" (1969:65). Explica, a seguir, que a norma básica como constituição em sentido lógico jurídico é uma norma pressuposta no pensamento jurídico, e não uma norma posta criada por um ato real de vontade de um órgão jurídico, não sendo, por isso, uma norma de Direito positivo. Ao contrário, a norma básica como constituição em sentido jurídico-positivo é, sem nenhuma dúvida, por sua condição de norma posta, uma norma de Direito positivo. Conclui Kelsen: "Distingo estos dos conceptos com la mayor claridad possible" (1969:68). Não quer isso dizer que, em outra perspectiva, deixa o equívoco de manifestar-se.

72. Passagens de dois textos de Kelsen serão aqui trazidas a lume para mostrar que parece ter razão Julius Stone ao qualificar de ambígua sua postura a respeito da positividade da NFH. No mínimo, estaria a verificar-se grande falta de clareza no trato da matéria, o que seria tanto mais estranho em se tratando de uma teoria que pretende também impor-se como ciência rigorosa. Vamos às demonstrações:

> 1ª – O primeiro texto aqui utilizado constitui, talvez, o último trabalho de Kelsen publicado em vida do autor. Trata-se do ensaio *Justicia y Derecho Natural*, de 1966. Encontram-se, aí, duas afirmações que, de tão francamente opostas e contraditórias, claramente se excluem. A primeira é esta: "Es cierto que la norma fundamental no es norma de derecho positivo, es decir, de un orden obligatorio creado por la lei o la costumbre y eficaz de manera general" (1966:161). A outra, esta: "La teoría pura del derecho es una teoría monista del derecho: se-

gún esta, no hay más que un derecho, el derecho positivo. La norma fundamental no es un derecho diferente del derecho positivo, es solamente su fundamento de validez, la condición lógica trascendental de su validez" (1966:163). Leia-se em três tempos: a norma fundamental é Direito; esse Direito não é um Direito diferente do Direito positivo; se não é um Direito diferente do Direito positivo, é porque é igual a ele, é ele mesmo. Logo, a norma fundamental é Direito positivo.

2ª – O segundo texto é o já muitas vezes referido ensaio *Juízos de Valor na Ciência do Direito*, publicado em 1942. Está dito, em seu parágrafo décimo, que "O princípio da eficácia é a norma fundamental geral que o pensamento jurídico pressupõe sempre que reconhece um conjunto de normas como a constituição válida de um Estado particular" (1997:218). Ora, somente a norma de Direito positivo tem eficácia, que mais não significa do que a real e efetiva atuação dela. O princípio da eficácia, diz Kelsen, é a *norma fundamental*. Logo, a *norma fundamental* é Direito positivo.

73. Vale lembrar, por oportuno, o depoimento de um dos primeiros companheiros de Kelsen na Escola de Viena, o internacionalista Josef L. Kunz. Afirmou ele que, por influência sua e de Verdross, Kelsen promoveu uma "innovación radical" no que concerne à eleição da NFH, já não mais considerada "el producto arbitrario de la imaginación del jurista. Su contenido está determinado por hechos" (1974:94). Confirma-o Kelsen: a *norma básica* não tem "por conteúdo senão a instituição de um fato produtor de normas" (1974:271). Como se vê, a informação de Verdross coincide perfeitamente com o novo conceito de *norma básica* formulado por Kelsen, com base no qual concluímos por sua positividade. Em razão disso pôde também dizer Kunz que "la norma básica es la última hipótesis de la positividad jurídica: es la norma que autoriza al primer legislador" (1974:93-

94). Certíssimo: para que tal norma transmitisse positividade era preciso que ela própria fosse positiva.

74. Instaura-se, a partir daí, grande semelhança entre a *norma básica* kelseniana e o costume da teoria de Savigny, tal como esta se encontra exposta na obra *Los Fundamentos de la Ciencia Jurídica*, de 1840. Do mesmo modo que Kelsen, Savigny também encontra o fundamento do Direito na consciência: para Savigny, na consciência comum do povo (1949: 35 e 51), manifestada no costume; para Kelsen, na consciência jurídica (1990:121), expressa na *norma básica*. O possível espaço entre uma e outra desaparece no momento em que Kelsen passa a admitir a *norma básica* como princípio da eficácia, elemento definidor do costume. Ambos buscam o mesmo resultado final: o Direito puro. Savigny identifica-o com o costume, que chama "campo do Direito puro" (1949:72), de onde surgem as *regras de Direito* que vão fundamentar as leis do Direito positivo. Também a *norma básica* kelseniana, que dá fundamento de validade à ordem jurídica, constitui uma norma que, tal como o costume, se funda no princípio da eficácia e tem por motivo final a pureza do Direito. Existe, demais, um elemento comum de ligação entre as *regras de Direito* e a *norma básica*, qual seja, o Direito natural. Enquanto para Savigny *as regras de Direito*, que formam o Direito do povo, é que constituem o autêntico Direito natural (1970:57), para Kelsen "la teoría de la norma básica és – hasta cierto punto – similar a la doctrina del derecho natural según la cual un orden jurídico positivo es válido si corresponde al derecho natural" (1969:66). Tudo devidamente ponderado, parece confirmar-se, afinal, a ideia de que a NFH é, além de jurídica, positiva.

75. O essencial da *norma fundamental* é que ela é uma pressuposição facultativa, muito embora tenha a função primordial de "encontrar la validez del derecho positivo en un sentido hipotético" (1974b:81). Se ela é pressuposta, "las relaciones, establecidas por estas normas, entre los individuos que dictan órdenes y los individuos a quienes estas órdenas van dirigidas, pueden ser interpretadas como relaciones jurídicas". Mas, "si no es presupuesta, lo que es

posible, el orden coercitivo no puede ser interpretado de esta manera", e "las relaciones constituidas o establecidas por estas órdenes sólo pueden ser interpretadas como relaciones de poder, no como relaciones jurídicas" (1974b:81-82). Portanto, a *norma fundamental*, ao atuar, transforma poder em Direito. Essa constitui, na verdade, sua função política primordial. O resultado prático pode ser expresso nos seguintes termos: "si la norma fundamental no se presupone, no puede notarse ninguna diferencia entre la orden de un asaltante y la orden de un juez o de un funcionario fiscal" (1974b:82).

76. Ainda aqui a posição de Kelsen padece da fraqueza da ambiguidade. As passagens acima reproduzidas foram tiradas do texto de suas conferências no México, em 1960. No escrito da polêmica com Julius Stone, de 1965, afirmara a mesma coisa: "Un punto esencial de mi teoría de la norma básica... es que no es necesario presuponer la norma básica" (1969:69). Idêntico ponto de vista encontra-se no ensaio *Juízos de Valor na Ciência do Direito*, publicado em 1942. Aí, após afirmar que "não há nenhuma necessidade de pressupor a norma fundamental", conclui no sentido de que o próprio Direito é prescindível à sociedade humana. São suas palavras: "O sistema de normas que chamamos *ordem jurídica* é um plano de interpretação possível, mas não necessário" (1997:221). O espantoso é que Kelsen afirma tese de tal repercussão com a simplicidade de quem estivesse falando acerca de coisa pacífica e historicamente comprovada. Contudo, a respeito da faculdade de pressuposição da NFH, nada de anormal ainda.

77. A ambiguidade de seu posicionamento vai manifestar-se ao compulsarmos a *Teoria Geral do Direito e do Estado*, aparecida em 1945. Lê-se em seu texto que "a norma fundamental é apenas uma pressuposição necessária de qualquer interpretação positivista do material jurídico" (1990:121). De duas, uma: ou a *norma fundamental* passou agora a ser necessária à própria existência da ordem jurídica, ou ela é necessária apenas para qualquer interpretação positivista do material jurídico. Acontece, porém, que esse *material jurídico*, para ser interpretado, tem, com anterioridade, de existir. E só existe se a *norma fundamental* o pressupuser. Logo, tal norma já não mais pode ser tida como facultativa, e sim como obrigatória em qualquer hipótese, posto que qualquer interpretação pressupõe a ordem jurídica a ser interpretada, e esta, a norma fundamental que lhe transmita validade.

78. Outra questão que nos parece de nenhuma consistência na doutrina da norma básica é esta relativa a sua presumida capacidade de fundamentar a ordem jurídica, por Kelsen apontada como sua principal função. Refere-se ele, de modo uniforme, nos textos principais da teoria pura, ao que denomina *fundamento de validade*. Sua forma de colocar o problema segue este padrão linguístico: "A função desta norma fundamental é fundamentar a validade objetiva de uma ordem jurídica positiva, (...) quer dizer: interpretar o sentido subjetivo destes atos como seu sentido objetivo" (1974:279). O hermetismo da fórmula adia o entendimento da questão. Precisa saber-se, com antecedência, o que é fundamento e, em seguida, que sentido tem o termo aplicado ao Direito: fundamento do Direito.

79. Fundamento é o ato de fundamentar. E fundamentar significa justificar. Do latim, *justificare*, de *justus*, justo, e *ficare*, tornar, fazer. Fundamentar consiste em apresentar a razão pela qual algo, segundo sua especial natureza, pode ser tido por justo, ou certo, ou correto. O fundamento envolve, não um juízo de realidade acerca de como é a coisa, mas um juízo de valor pertinente à razão *por que* ela se apresenta deste modo e não de outro qualquer. Não constitui, portanto, uma operação ao nível da imanência, mas no plano da transcendência. Coisas do mesmo nível, por corresponderem a valores equivalentes, não se prestam a estabelecer entre si fundamentação. Como se faz lembrar André Lalande, invocando G. Belot, a palavra *transcendente* implica sempre "uma solução de continuidade." Assim sendo, "uma realidade é transcendente em relação a uma outra quando reúne duas características: 1º – ser-lhe superior, pertencer a um grau mais elevado numa hierarquia; e 2º – não poder ser atingida a partir da primeira por meio de um movimento contínuo" (1993: verb *Transcendente*). Demais, por situar-se no plano da transcendência, a fundamentação é da ordem da metafísica. Em consequência, o fundamento do empírico só pode ser o supraempírico. Logo, norma não pode fundamentar norma. Tal pretensão tem sido equiparada à fantasia do Barão de Munchhausen, o qual, atolado em um pântano, dele consegue escapar puxando-se para cima pelos próprios cabelos, e trazendo consigo, apertado entre as pernas, o animal enlameado.

80. Por esse motivo, as filosofias da imanência, a exemplo do positivismo, do materialismo, do pragmatismo e do existencialismo, quando não denunciam o problema do fundamento como esforço estéril e imprudente, fazem por ignorá-lo, mesmo porque não lhe poderiam dar solução. Kelsen, por sua vez, desviou a questão da sua peculiar instância metafísica de valor para a instância empirista da validade. E assim o fez, explicou-se, porque a ideia emocional de justiça mostra-se incompatível com o caráter científico da teoria pura. Escreveu a propósito: "Os juízos de justiça não podem ser postos à prova objetivamente. Portanto, uma ciência do Direito não tem espaço para eles" (1997:223).

81. Fritz Schreier, ao mesmo tempo kelseniano e fenomenologista, pretende justificar a ausência de "investigación de los fundamentos y de los fines" na teoria pura pelo fato de que esta "no se refiere a los actos de creación, sino de aprehensión del Derecho" (1975:127). Esqueceu Schreier as palavras do mestre em uma de suas obras básicas, as quais o colocam em oposição direta à orientação metodológica adotada por Kelsen. Senão, vejamos: "Também é verdade que, no sentido da teoria do conhecimento de Kant, a ciência jurídica como conhecimento do Direito, assim como todo o conhecimento, *produz* o seu objeto na medida em que o apreende como um todo com sentido" (1974:112). Se produz, cria, sem dúvida. É fato que a teoria pura não trata dos fundamentos e nem dos fins, mas a razão disso é simplesmente a falta de aptidão teórica do positivismo para empreender a tarefa. Autolimitando-se à busca do real pela metade, a sua parte sensível, o positivismo abdicou da possibilidade de transcendê-lo e, assim, poder fundamentá-lo.

82. Ao tratar da matéria, nota-se Kelsen perfeitamente satisfeito com os limites impostos pela natureza da filosofia que adotou. No seu entender, representam eles virtudes e não defeitos. Aliás, não se poderia pretender que assim não fosse, porquanto um dos objetivos principais de seu pensamento foi revigorar o positivismo em declínio desde o último quartel do século XIX. Kelsen apostou nas suas potencialidades e tratou de situá-lo no caminho da recuperação. No prefácio de 1944 para a sua *Teoria Geral do Direito e do Estado*, obra de capital importância na reformulação do perfil doutrinário da sua teoria jurídica, Kelsen reafirma as teses centrais do positivismo jurídico. E o faz com tal determinação, que parece estar inteiramente seguro de não haver, dentre as disponibilidades oferecidas pela epistemologia, paradigma mais apropriado para apreciar o Direito enquanto disciplina científica. Tem interesse para o nosso tema reproduzir o que aí escreveu a propósito da questão do fundamento.

83. A matéria não ocupa mais de um curto parágrafo, mas diz o essencial. Começa Kelsen afirmando que "a Teoria Pura do Direito insiste numa distinção clara entre o Direito empírico e a justiça transcendental, excluindo esta de seus interesses específicos. (...) recusa-se a ser uma metafísica do Direito. Consequentemente, ela procura a base do Direito – isto é, o fundamento de sua validade – não num princípio metajurídico, mas numa hipótese jurídica – isto é, uma norma fundamental – a ser estabelecida por meio de uma análise lógica do pensamento jurídico efetivo" (1990:03). Essa posição, conforme Kelsen explica a seguir, é adotada com vistas à pureza metódica, princípio que conforma todo seu pensamento.

84. Está aí, claramente comprovado, tudo que acima dissemos sobre a incapacidade do positivismo para construir uma teoria da fundamentação. Tendo afastado desde logo a metafísica e, por consequência, permanecendo no restrito domínio do empírico, não

poderia alcançar a teoria pura, jamais, estabelecer autêntico fundamento de coisa alguma. Ora, esta hipótese da *norma básica*, através da qual Kelsen pretendeu dar o que chamou *fundamento de validade* ao Direito, nunca passou de um ilusório artifício para disfarçar a pobreza doutrinária do positivismo jurídico. Isso, ele o reconheceu ao final de suas inúmeras tentativas para sustentá-la. Foi quando, já vimos, proclamou que tal norma não passava de mera ficção.

85. Na verdade, a doutrina da *norma fundamental* tornou-se tão vulnerável a todo gênero de críticas que é geralmente através dela que têm tido início as contestações mais severas à teoria pura do Direito. Poucos terão sido os que a aceitam como hipótese científica válida. Está no caso Passerin D'Entrèves. Cedamos-lhe a palavra: "No puedo hallar ninguna seria objeción a la teoría kelseniana de la *norma fundamental* en cuanto condición de un correcto pensar jurídico. Al contrario, creo que la teoría arroja considerable luz sobre la auténtica naturaleza de la jurisprudencia. Al fundamentar su entera construcción sobre una premisa hipotética, el jurista puede arguir con razón que no está haciendo nada distinto de lo que hacen todas las demás ciencias empíricas" (1972:140). Há, nas duas posições, uma enorme diferença no que tange aos respectivos conceitos de hipótese. Na ciência, a premissa hipotética é provisória, funcionando apenas como ponto de partida de uma demonstração que deverá ser, finalmente, comprovada ou refutada. Na doutrina kelseniana, ao contrário, a premissa hipotética é definitiva, revestindo a forma de axioma matemático e, portanto, de elemento não sujeito à verificação. Significaria dizer, finalmente, que, enquanto na ciência a hipótese tem o sentido de ato crítico, aberto ao debate, na teoria pura assume a condição oposta de atitude dogmática, insusceptível de discussão. Por isso, precisamente, é que já se afirmou ser essa *norma fundamental* de índole teológica. Simplesmente, ou se acredita nela ou não.

86. Kelsen repeliu a censura. No prefácio da primeira edição da *Teoria Pura do Direito*, queixou-se ele, dentre outros desentendimentos, de ter sido o espírito de sua doutrina "aparentado com o da escolástica católica" (1974:09-10). A crítica a tal respeito partiu de Ernst Bloch, que afirmou ter percebido na doutrina da NFH resquícios de scotismo medieval, caracterizado como "la doctrine d'un primat général de la volonté sur l'entendement" (1976:154). W. Friedmann registra, a propósito, opinião semelhante do jurista sueco Axel Hägerström, o qual vislumbrou nessa norma "une sorte de quasi-théologie mystique" (1965:261). Decerto, a NFH não deixa de ser um mistério jurídico.

87. No prefácio citado, afirma Kelsen que a totalidade das censuras dirigidas contra sua teoria "precisamente demonstra, melhor do que ela própria o poderia fazer, a sua pureza" (1974:10). Simples rasgo de ironia. Sua doutrina da *norma fundamental* é sabidamente sem consistência e insatisfatória, a começar pela posição dúbia que ocupa na pirâmide jurídica. Anotou-o Michel Miaille: "Kelsen et les juristes classiques pourront affirmer désormais que cette norme est la base du système juridique... au moment même où elle est *le sommet*" (1976:356-357). A questão, aqui, é esta: a n*orma fundamental* é a *base* do sistema jurídico ou o cume dele? Diz Miaille, a seguir, que os juristas parecem não saber mais onde fica o *cume* e onde está a base. E, em tom sarcástico, arremata: quando as coisas se passam no domínio das ideias, deixa de existir a força da gravidade.

88. Na tentativa de atribuição de conteúdo à *norma fundamental,* Kelsen percorreu longo caminho, pontilhado de muitas e diferentes hipóteses. Em ocasiões diversas, foi dito que tal norma tinha a significação do costume, do princípio *pacta sunt servanda* (sugerido por Anzilotti), do Direito natural e, por fim, que era uma simples ficção, consoante já foi visto. Neste último caso, dada a identidade estabelecida por Kelsen entre Direito e Estado, teríamos que considerar o Estado, também, como uma ficção fundada na crença. Kelsen mesmo o afirmou sem reservas: "En este sentido, Dios y el Estado sólo existen si y en la medida en que uno cree en ellos, y quedan aniquilados, junto con su inmenso poder que llena la historia universal, cuando el alma humana se libera de esta creencia" (1989b:265). Em seguida, lembra que o mesmo resultado pode ser conseguido através do pensamento ateísta, a exemplo da posição de Max Stirner, para quem o Estado não era senão um fantasma, um fruto da imaginação, uma simples ficção.

89. Um dos piores momentos do jurista Kelsen terá sido, sem dúvida, aquele em que, aos oitenta e dois anos de idade, teve de confessar não mais poder manter a doutrina da norma fundamental como pressuposição da ciência jurídica, que sustentara a custo de tantas polêmicas e durante cerca de cinquenta anos. O texto em que Kelsen explica sua nova posição foi publicado originariamente na *Revista Austríaca de Direito Público*, no ano de 1963. A passagem a seguir reproduzida encontra-se entre as páginas 119-120 do citado periódico, e foi para aqui trazida da obra de Alf Ross, *Lógica de las Normas* (1971:147). Por sua importância doutrinária e histórica, a colocamos excepcionalmente em destaque:

> "En obras anteriores he hablado de normas que no son el contenido significativo de un acto de volición. En mi doctrina, la norma básica fue siempre concebida como una norma que no era el contenido significativo de un acto de volición sino que estaba presupuesta por nuestro pensamiento. Debo ahora confesar que no puedo seguir manteniendo esta doctrina, que tengo que abandonarla. Pueden cerme, no ha sido fácil renunciar a una doctrina que he defendido durante décadas. La he abandonado al comprobar que una norma (*Sollen*) debe ser el correlato de una voluntad (*Wollen*). Mi norma básica es una forma *ficticia* basada en un acto de volición ficticio... En la norma básica se concibe un acto de volición ficticio, que realmente no existe."

90. Diante do que ficou dito, não há como deixar de concordar com a opinião de Alf Ross, segundo a qual "debe abandonarse la doctrina de una norma básica" (1971:147). Não pode a ciência pretender fundar-se numa ficção. Tendo em vista as diversificadas funções de tal norma, seu descarte importaria a completa destruição do sistema kelseniano de ciência jurídica, construído com o rigor lógico-matemático da geometria. Tombada a pedra central que dá sustentação à pirâmide, todas as demais viriam abaixo num movimento irrefreável de acomodação. Esse, exatamente, o estado em que Kelsen deixou a Teoria Pura do Direito.

Capítulo VI

UMA TEORIA CIENTÍFICA, ANTI-IDEOLÓGICA E ANTIJUSNATURALISTA

1. Um dos títulos através dos quais Kelsen pretende superiorizar e dignificar sua construção doutrinária é a cientificidade. A Teoria Pura do Direito é ciência, vale dizer, conhecimento jurídico marcado pelo rigor científico. Uma ciência nova, desvinculada, em quase tudo, do que ele chamou jurisprudência tradicional, vigente nos séculos XIX e XX. Sua mácula, Kelsen a identifica no sincretismo metodológico, uma mistura de ciência jurídica com sociologia, psicologia, ética e teoria política. O projeto científico que tem em vista se afirma a partir de franca oposição a esse paradigma e se define através de uma expressão: pureza metódica. Kelsen quer a todo custo purificar a ciência do Direito, a fim de tê-la original e autêntica. Essa será a pauta invariável do seu trabalho de mais de cinquenta anos. À sua execução sacrificará tudo, sem nenhuma reserva. Menos, naturalmente, o próprio postulado da pureza jurídica.

2. O centro das preocupações científicas de Kelsen situa-se, portanto, no método. Está escrito no prefácio da primeira edição dos *Problemas Fundamentais da Teoria Jurídica do Estado*, de 1911: "Il lavoro ha un carattere eminentemente metodologico" (1997b:05). A teoria pura é, antes de mais, uma metodologia jurídica. Daí, também, sua feição epistemológica. Kelsen parece ter plena consciência do instrumental teórico de que necessita para bem executar seu grandioso projeto jurídico-científico. Tanto que ele não se apresenta como simples continuador de uma obra cultural em andamento; pretende ser um demolidor e um novo construtor. Sabe que deve

preparar-se para a renhida polêmica que obra de tal porte sempre faz desencadear.

3. Por essas razões, especialmente, Kelsen é um teórico dos conceitos introdutórios, preocupando-se, desde o início, com a apresentação das preliminares de seu pensamento. Já na obra que contém o primeiro esboço da teoria pura, os *Problemas Fundamentais*, encontra-se como que uma carta de princípios nesse sentido. Igual procedimento se repetirá em todas as obras fundamentais de exposição da teoria pura. Parecem lições de um mestre-escola preocupado com a precisão e coerência de seu pensamento.

4. Está, pois, previamente determinado que a Teoria Pura do Direito é o estudo científico do Direito positivo, tomado este nos estritos termos do positivismo jurídico. Mais: uma teoria positivista em aberta oposição à doutrina do Direito natural. Sua exclusiva preocupação reside em definir o Direito que é, nada tendo com o Direito que foi ou com aquele que deverá ser. Cuida apenas do Direito atual, tal como está posto, sem se importar com suas falhas e deficiências. A fim de desempenhar-se desse mister, Kelsen declara servir-se de dois "contrasti fondamentali: quello che separa essere e dovere e quello che separa contenuto e forma" (1997b:07). Vale dizer: seus principais instrumentos teóricos são as antinomias entre ser e dever ser e entre conteúdo e forma.

5. Entenda-se a preocupação central de Kelsen: construir uma teoria da norma como dever ser e do Direito sem conteúdo, como pura forma. Não lhe interessa discutir o mundo fático do ser e menos ainda a questão do conteúdo normativo, temas dos quais procura deliberadamente afastar-se, por tê-los como elementos causadores de impureza jurídica. Apenas a norma lhe diz respeito, porque somente dela pode deduzir-se outra norma, e nunca de um fato (1963:13). Por último, lembremo-nos de que, para ele, "todo e qualquer conteúdo pode ser Direito" (1974:273). Se é assim, não adiantaria perder tempo com essas matérias.

6. Ao sublinhar o caráter científico de sua teoria, estava Kelsen, demais, passando aviso de sua plena inserção no espírito de sua época, com o que procurava legitimar-se perante a intelectualidade contemporânea, que continuava vendo na ciência quase um sagrado objeto de culto. Não nos esqueçamos de que esse era o tempo em que florescia o Círculo de Viena, para o qual nada que se colocasse fora do âmbito da ciência tinha sentido. Tal preocupação marcou igualmente, e de modo decisivo, as atitudes de teóricos que lhe foram anteriores e contemporâneos, cujos exemplos mais expressivos parecem ter sido Marx e Freud. Também nestes a ciência representou quase uma obsessão. Some-se a tudo isso, o fato de que a autonomia da ciência jurídica constituía velha reivindicação do positivismo jurídico, cujo programa estava sendo agora revitalizado por Kelsen.

7. Tamanho foi o empenho de Kelsen em propagar as virtudes de sua ciência pura, pondo-a em vantajoso confronto com outras disciplinas jurídicas pleiteantes da mesma distinção, a exemplo da Sociologia do Direito, que se pensou estar ele postulando sua exclusividade como saber científico. Com efeito, na *Teoría General del Estado*, obra de 1925, Kelsen chegou a negar a pretensão de cientificidade da Sociologia Jurídica, embora o admitisse mais tarde. Talvez tivesse ele assim agido por, então, considerar que o objeto da Sociologia Jurídica era o estudo da justiça, conforme escreveu no prefácio de *Sociedad y Naturaleza*, obra de 1943. Está dito aí que "la presente obra es parte de un estudio sistemático de la idea de justicia. (...) Es un enfoque crítico-ideológico – y esto significa un enfoque sociológico – del problema de la justicia" (1945:VII). Ora, sabemos todos que Kelsen considerava a justiça tema de índole emotiva, insusceptível de apreciação racional, quer dizer, um objeto não científico por natureza.

8. Num artigo com o título *Direito, Estado e Justiça na Teoria Pura do Direito*, publicado no *The Yale Law Journal*, em janeiro de 1948, Kelsen assenta definitivamente sua posição a respeito do assunto, que passou a ser esta: "O Direito pode ser objeto de diversas

ciências; a Teoria Pura do Direito nunca pretendeu ser a única ciência do Direito possível ou legítima. A sociologia do Direito e a história do Direito são outras". E concluía: "Elas, juntamente com a análise estrutural do Direito, são necessárias para uma compreensão completa do fenômeno complexo do Direito" (1997:291-292). Esse entendimento se repete, integralmente, nas famosas conferências de Buenos Aires, pronunciadas em 1949 (1952:90), e na *Teoría Comunista del Derecho y del Estado*, de 1955, onde escreveu: "El que la teoría pura del derecho no plantee la pregunta en cuestión (por qué existe en el derecho burgués normas que protegen la propiedad privada), no significa que la considere inadmisible o sin importancia, sino sólo que es una pregunta que debe ser contestada por otros métodos que los de una teoría normativa del derecho" (1957:202). Nos trabalhos de sua fase americana, consoante nos informa Calsamiglia, Kelsen passa a reivindicar mais modestamente, para a Teoria Pura do Direito, o título de *única teoria científica normativa* (1977:19). Admite, a seu lado, uma jurisprudência sociológica, diz o próprio Keslen, como "complemento da jurisprudência normativa" (1997:285). Até aí, cedeu mais do que era de se esperar.

9. De início, propõe-se a teoria pura, na qualidade de ciência jurídica, "única e exclusivamente conhecer o seu objeto". Para consegui-lo, terá de "responder a esta questão: o que é e como é o Direito", não lhe importando "a questão de saber como deve ser o Direito, ou como deve ele ser feito" (1974:17). Com o passar do tempo, Kelsen vai especificando melhor essa tarefa, vinculando-lhe cinco distintas e bem caracterizadas atribuições, a saber: 1ª – investigar "a natureza da sociedade e, mais particularmente, a essência do Direito e do Estado" (1939:02); 2ª – determinar a "estrutura" e as "formas típicas" do Direito (1997:261); 3ª – descrever "seu objeto – o Direito – em proposições de *dever ser*" (1997:264); 4ª – tratar da questão da validade jurídica: "a jurisprudência normativa trata da validade do Direito; a jurisprudência sociológica, da sua eficácia" (1997:265); 5º – estudar a dinâmica do Direito, através "do processo da sua criação. Essa necessidade existe porque o Direito...

regulamenta a sua própria criação" (1997:274). Identificam-se nessas proposições pelo menos duas antinomias, como se verá a seguir.

10. A primeira contradição é esta: após haver afirmado que não lhe importa a questão de saber "como deve ele (o Direito) ser feito" (1974:17), Kelsen declara que, por "necessidade", tem a teoria pura de estudar a dinâmica do Direito, o "processo da sua criação" (1997:274). Logo, interessa-lhe saber como deve ele ser feito. E isso por necessidade imposta pelo mecanismo de autorregulação do Direito. Segundo Kelsen, não, evidentemente, para saber se o Direito criado é justo e legítimo, coisa que não pode ocupar espaço em seu ideário positivista. Mas, pelo menos, para saber se satisfaz seus próprios critérios de validade formal do Direito.

11. A outra antinomia configura-se a partir da afirmação do caráter meramente descritivo da ciência normativa, o que constitui posição uniforme no pensamento de Kelsen. Da primeira edição da *Teoria Pura do Direito* (1939:20) até a obra póstuma, a *Teoria Geral das Normas* (1986:349), Kelsen atribui invariavelmente à ciência do Direito o objetivo de descrever normas jurídicas como proposições de dever ser. Para bem confirmá-lo, vale a pena reproduzir algumas citações alusivas à matéria. Comecemos com o prefácio da segunda edição, definitiva, da *Teoria Pura do Direito*, onde ele afirma ser seu propósito "uma ciência jurídica objetiva, que se limita a descrever o seu objeto, ..." (1974:14). Passemos ao que escreve na *Teoria Geral do Direito e do Estado*: "A tarefa da ciência do Direito é descrever o Direito de uma comunidade, isto é, o material produzido pela autoridade jurídica no procedimento legislativo" (1990:49). Por fim, leiamos o que está dito nos *Problemas Escogidos de la Teoría Pura del Derecho*: "Sólo un orden jurídico positivo es suceptible de descripción mediante las reglas de derecho formuladas por la Ciencia del Derecho" (1952:51). É sempre *descrever* o verbo utilizado para indicar o objetivo principal da ciência jurídica de molde normativo.

12. Uma parte da antinomia é esta, que acabamos de ver: a ciência jurídica é restritivamente descritiva. A outra se configura através de elementos da formulação linguística das demais tarefas deferidas por Kelsen à ciência jurídica, fixadas por meio de palavras denotativas de atividades que ultrapassam, de muito, a simples descrição de um objeto. Estão no caso as expressões: determinar a estrutura e as formas típicas do Direito (1997:261) e tratar da validade jurídica (1997:265). Há outras proposições de Kelsen no mesmo sentido. Veja-se, por amostra, o que afirmou no prefácio da *Teoria Geral do Direito e do Estado*, como se sabe uma das duas obras responsáveis pela configuração definitiva da doutrina kelseniana. A atenção que o texto merece, leva-nos a colocá-lo em destaque, inclusive com grifo nos termos decisivos. São palavras de Kelsen:

> "A teoria pura do Direito mostra o verdadeiro sentido destas expressões figuradas. Ela mostra que o Estado como ordem social *deve ser* necessariamente idêntico ao Direito (...). Justamente como a teoria pura do Direito *elimina* o dualismo de Direito e justiça e o dualismo de Direito objetivo e subjetivo, ela abole o dualismo de Direito e Estado. Ao fazê-lo ela *estabelece* uma teoria do Estado como uma parte intrínseca da teoria do Direito e *postula* a unidade do Direito nacional e do Direito internacional dentro de um sistema que compreende todas as ordens jurídicas positivas" (1990:04).

13. Parece não haver a menor dúvida de que, quem propõe algo que *deve ser* e afirma que *elimina, abole, estabelece e postula*, com certeza não se está referindo a nenhuma tarefa de ordem descritiva. Na verdade, essas afirmativas de Kelsen, por serem apenas declaratórias de fatos evidentes, facilmente identificáveis através da leitura dos textos principais de sua teoria ou mesmo de uma boa exposição dela, têm caráter meramente confirmatório das reais atividades de sua ciência. Em sua falta, nada mudaria. As proposições da ciência normativa têm, de fato, caráter prescritivo. Registrou-o Simone Goyard-Fabre: "Longe de se limitar a uma teoria descritiva do Estado, ele abala uma tradição secular e define o Estado como uma entidade jurídica, ao ponto de, para ele, *Estado e ordem jurídica* *serem expressões sinônimas*" (1999:255). Há, aqui, uma profunda intervenção da ciência jurídica, tendente a alterar a própria natureza dos objetos de que trata.

14. Norberto Bobbio tenta explicar a antinomia: "Il carattere di scienza descrittiva, e non prescrittiva, che Kelsen assegna alla scienza del diritto (...) è un compito che lo stesso Kelsen assegna al giurista, e pertanto è non tanto una descrizione quanto una involuntaria prescrizione del modo con cui il buon giurista dovrebbe comportarsi per corrispondere a un modello ideale" (1992:09). Está dito aí que o caráter de ciência descritiva, e não prescritiva, que Kelsen atribui à ciência do direito (...) constitui tarefa que o mesmo Kelsen atribui ao jurista, e portanto é não tanto uma descrição quanto uma involuntária prescrição do modo pelo qual o bom jurista deve comportar-se para corresponder a um modelo ideal. Vê-se que, também para Bobbio, um dos principais intérpretes do pensamento de Kelsen, ele mesmo kelseniano confesso, o caráter da teoria pura é realmente prescritivo da maneira pela qual o jurista deve agir para realizar seu modelo ideal de ciência.

15. Há mais: é o próprio Kelsen, numa de suas passagens ao nível de declaração de princípios, que invalida sua reiterada afirmação do caráter descritivo da ciência jurídica. Nesse texto, proclama com plena convicção seu caráter construtivo ou prescritivo. Senão, vejamos: "Também é verdade que, no sentido da teoria do conhecimento de Kant, a ciência jurídica como conhecimento do Direito, assim como todo o conhecimento, tem caráter construtivo e, por conseguinte, *produz* o seu objeto na medida em que o apreende como um todo com sentido" (1974:112). Assim: todo conhecimento tem caráter constitutivo de seu objeto; Ora, a ciência jurídica é conhecimento; logo, a ciência jurídica tem caráter construtivo do seu objeto.

16. Mas, apesar de tudo isso, Kelsen nunca deixou de proclamar o caráter descritivo da teoria pura. E, ao fazê-lo, a colocava em franco descompasso com a epistemologia contemporânea.

Demonstra-o, antes de tudo, sua adesão àqueles objetivos que se podem chamar as três ingenuidades do positivismo cientificista: ciência neutra, exata e pura. A necessidade inafastável da mediação da teoria para escolha e estudo dos fatos, iluminando-os, afasta, desde o princípio, a neutralidade. A teoria, de que é feita a ciência, já representa, por si só, uma prévia tomada de compromisso no plano das ideias. De outra parte, a inexistência de um critério fixo e permanente de avaliação empírica impossibilitaria, à sua vez, a verificação de resultados. Sem que se tenha a prévia e clara visão do que se pretende ao formular uma teoria, impossível medir o grau de sucesso alcançado pelo empreendimento científico. Finalmente, a sujidade congênita ao mundo no qual atua a ciência, o mundo dos fenômenos, impede seja alcançada a pureza de qualquer método ou objeto. Como disse J. Haberer: "Para a ciência a idade da inocência acabou" (1974:107). Estão aí as obras dos cientistas de nossos dias, especialmente O Fim das Certezas, de Ilya Prigogine, e As Ciências do Impreciso, de Abraham A. Moles, a testificar a veracidade do que acaba de ser afirmado.

17. Acrescente-se a tudo isso a incompletude e imperfeição naturais do próprio homem, e estará formado o contexto no qual se desenvolve sua atividade cultural, do que é exemplo a ciência jurídica. Não que estejamos a negar-lhe o poder da autotranscendência, movimento pelo qual o homem se supera constantemente a si mesmo. Não, o terrível seria considerá-lo um mero ser de imanência, quase equiparado às coisas. Acontece, porém, que, tal como a sombra que lhe é projetada a partir de suas costas, os ideais de perfeição caminham sempre à sua frente. Aprimoram-se de modo constante, assim afastando a possibilidade de alguma vez tê-los por integralmente realizados. E, mesmo se alguma vez os tivéssemos, não poderíamos prová-lo.

18. O projeto de ciência meramente descritiva de Kelsen tem por objetivo principal afastar a metafísica da esfera da ciência do Direito, por esse modo tornando os valores prescindíveis à vida jurídica. Daí seus celebrados predicados de autonomia e imanência.

Nenhum apelo à ideia de justiça a pressupor valoração; nada da noção de Direito natural com pretensões a legitimar o Direito positivo. Do ponto de vista da teoria pura, o Direito é considerado, em si, uma autarquia, um todo autônomo, completo e independente, a alimentar-se por seus próprios meios. Ocorre, porém, que a mera descrição de fatos ou acontecimentos não caracteriza uma teoria. No processo científico, a teoria coloca-se além dessa fase preambular, num momento posterior destinado à criatividade. Nesse instante é que, realmente, se manifesta a excelência do saber, ou melhor, do fazer cientifico.

19. Foram esses, precisamente, os motivos invocados por Christophe Grzegorczyk para fundamentar sua afirmação de que "*la Théorie pure* de Kelsen est, à notre avis, assurément *pure*, mais elle n'est pas pour autant une *théorie*" (1982:23). Embora aceite o jurista polonês que a teoria pura seja, na verdade, pura, discorda inteiramente de que ela possa ser qualificada como teoria. Com toda razão, porquanto inexiste teoria descritiva. Apreciando a matéria em obra de índole epistemológica, Christian Atias chega à conclusão idêntica. Limitando-se a teoria pura ao exame das fontes jurídicas para dizer o que é o Direito, sem levar em consideração sua possível injustiça, escreve ele, "le notable est qu'ainsi définie la science du droit disparaît" (1985:39). Quer dizer: definida em termos de atividade meramente descritiva, com inteiro desprezo pelos valores normativos, a ciência do Direito desaparece.

20. A opinião de Eugênio Pašukanis a respeito da questão, por apresentar-se de maneira mais abrangente e completa, merece também ser aqui reproduzida. São palavras suas: "Una teoría general del derecho que no trata de explicar nada, que vuelve la espalda de antemano a los hechos de la realidad, es decir, a la vida social y que tiene por objeto las normas sin interesarse en su origen (cuestión metafísica) ni en su relación con ningún tipo de interés material, puede naturalmente pretender el nombre de teoría únicamente en el sentido en que se habla, por ejemplo, de una teoría del juego de ajedrez. Pero una tal teoría nada tiene en común con la ciencia"

(1976:40). A conclusão, por qualquer ângulo que se tenha apreciado o problema, é esta mesma: a ciência da teoria pura não é, absolutamente, científica. Ou, pelo menos, já não é mais.

21. O tempo da ciência puramente descritiva passou, faz séculos. Foi a época de Aristóteles e da Escolástica, da Antiguidade e da Idade Média. Depois veio o Renascimento e Galileu, e com eles, a ciência explicativa, que esquadrinhou os céus a fim de torná-los inteligíveis através de seus esquemas matemáticos. Com Bacon e a Modernidade, surge a ciência construtiva que, a partir de Kant, vê-se autorizada a criar seu próprio objeto. Passa a falar-se dela, então, como empreendimento ou processo criativo. Exige-se-lhe que seja fértil e eficaz. Pensando nisso é que pôde escrever Bronowski: "A ciência é muitas coisas, (...); mas, ao fim e ao cabo, tudo se resume nisto: ciência é aceitação do que é eficaz e rejeição do que não é" (1977:06). Kelsen tenta unir as duas pontas opostas da evolução, a ciência descritiva, de perfil contemplativo, com a ciência construtiva, de índole operativa, que cria seu próprio objeto. Não podia dar certo, como efetivamente não deu. Na teoria da ciência, o que ele disse, não fez, e o que fez, não disse.

22. A ciência contemporânea já não coloca como objetivo principal a descrição da realidade, embora necessite de antemão conhecê-la. Há de ter-se em conta, como acertadamente lembrou Robert Musil, um dos distintos contemporâneos de Kelsen, que, se existe um senso de realidade, tem de haver também um senso de possibilidade. Pode este ser definido, disse Musil, "como capacidade de pensar tudo aquilo que também poderia ser, e não julgar que aquilo que é seja mais importante do que aquilo que não é" (1989:14). Toma-se a realidade, pois, como missão e invenção. Bem ao contrário do que afirmou Kelsen, importa que a teoria diga precisamente, em nosso caso particular, como deve ser o Direito, e não apenas como ele é. Só interessa saber como ele é, para torná-lo diferente, isto é, para proceder a sua reforma, com vistas a sua atualização e aperfeiçoamento. Sua função mais eminente é projetar o Direito futuro. Em sendo assim, envolve a teoria, de modo necessário, um

juízo conjectural, uma predição ou hipótese, consoante proposição basilar da epistemologia de Karl Popper, construtor de um dos mais respeitados paradigmas científicos do século XX.

23. A diferença primordial entre os dois conceitos de ciência acima confrontados revela-se, contudo, mais ampla e mais profunda. A ciência fechada de Kelsen, proclamadamente positivista e formalista, opera com conceitos lógicos irresistíveis, porque desprovidos de conteúdo, assumindo, afinal, a imagem de obra completa e acabada, perfeito exemplar desta coisa extemporânea e insólita chamada dogmática jurídica. Em sentido oposto, a ciência atual, ao admitir a metafísica e os valores, situa-se propositadamente fora do âmbito de influência das categorias positivistas e formalistas, afirmando-se como processo, algo por natureza aberto à crítica e, portanto, provisório, dado o caráter conjectural de seus enunciados fundamentais. A propósito, vale invocar o depoimento de um dos mais atuantes teóricos da ciência do século passado, Bertrand Russell. É das suas memórias filosóficas, obra de pleno amadurecimento intelectual, a passagem aqui reproduzida. Tem o seguinte teor: "A ciência, em nenhum momento, está inteiramente certa, mas é raro estar inteiramente errada e, normalmente, tem maior chance de estar certa do que as teorias não científicas. Portanto, é racional aceitá-la hipoteticamente" (1980:12).

24. Há, ainda, outro flagrante desacordo entre os dois modelos de ciências: o primeiro aparece com o sentido de obra individual, coisa feita e acabada, assim tida por propriedade privada daquele que a construiu, e, como tal, não podendo ser retocada, pena de perder a identidade; o segundo, ao contrário, afirma-se como obra coletiva, processo em constante desenvolvimento, a respeito do qual não se pode cogitar de proprietário, permanecendo, por isso, em disponibilidade a todas as possíveis intervenções rerratificadoras da crítica. É a respeito deste último modelo que se aplica a chamada objeção Robson Crusoé, mencionada por Popper, e segundo a qual nenhuma pessoa sozinha, morando numa ilha deserta, poderia fazer ciência.

25. O tom das polêmicas de Kelsen, especialmente com os heterodoxos do normativismo, a exemplo de Fritz Sander e Carlos Cossio, parece situá-lo como partidário do primeiro modelo. Entende Kelsen que as censuras dirigidas contra sua teoria decorrem sempre da falta de entendimento do seu conteúdo pelos apressados críticos. Se eles a tivessem bem entendido, inexistiriam razões para fazê-las. Foi o caso de Julius Stone (1969:49). Em outra ocasião, como que repreende Alf Ross por, além de afastar-se da teoria pura, pretender ainda opor-se a ela (1969:09). O que escreveu no prefácio da primeira edição da *Teoria Pura do Direito* constitui padrão de sua postura a respeito: "Assim, acontece que os argumentos que são dirigidos, não propriamente contra a Teoria Pura do Direito, mas contra a sua falsa imagem, constituída segundo as eventuais necessidades do opositor, se anulam mutuamente e, portanto, quase tornam supérflua uma refutação" (1974:09). Reponta, nesses posicionamentos, uma indisfarçável pretensão ao monopólio da verdade, que não se compadece absolutamente com o espírito científico.

26. Vale a pena esclarecer que a postura descritivista da teoria pura não constitui princípio essencial do positivismo, que, como tal, pudesse ser invocado para oferecer justificativa à opção de Kelsen. Basta recordar que o fundador da Escola, Augusto Comte, já proclamara na primeira metade do século XIX, no famoso *Cours de Philosophie Positive*, que "toute science a pour but la prevoyance" (1877:20). Que toda ciência tivesse por fim a previsão estava, aliás, de acordo com o lema científico que elaborou para o positivismo, representado por três verbos: ver, para prever, a fim de prover.

27. O motivo de Kelsen, embora de cunho positivista, foi bem outro, como vimos. Foi o horror metafísico. Que outros façam metafísica, não lhe interessa. Basta que esta não apareça na sua teoria pura, a fim de não desnaturá-la. Admite, assim, que a jurisprudência sociológica, no seu objetivo de tratar da eficácia do Direito, procure "descrever e, tanto quanto possível, prever a atividade dos órgãos criadores e aplicadores da lei, especialmente os tribunais"

(1997:265). Em momento tardio de sua atividade teórica, ao subordinar a validade à eficácia, como tivemos ocasião de ver, Kelsen terá reconhecido à jurisprudência normativa, de igual modo, o poder de "prever a atividade dos órgãos criadores e aplicadores da lei", nos termos da citação acima.

28. Um último registro a respeito da predicação do caráter descritivo à teoria pura. Além de insubsistente do ponto de vista epistemológico, tal atitude definir-se-ia, sob o aspecto político, como conservadora, o que poderia despertar, num mundo marcado por profundas desigualdades sociais, sentimentos de desilusão ou ameaça. Seriam de invocar-se, na oportunidade, as funções sociais da ciência, requerendo-se de Kelsen uma atitude claramente democrática e progressista. Nessa linha de raciocínio, Mario G. Losano explica por que considera a Teoria Pura do Direito uma posição a favor do conservadorismo jurídico. Cedamos-lhe a palavra: "Quem descreve e enumera simplesmente está delegando a outrem o ato de prescrever e escolher; uma vez que, diante da inércia do outro, prescreve e escolhe quem tem o poder, a teoria pura do direito apresenta-se como doutrina do *status quo* jurídico" (1993:XXIX). Não há outra saída, dado que não se pode considerar o conhecimento um fim em si mesmo, mas algo que deve servir a uma ação.

29. Sem apresentar justificativa, Norberto Bobbio considera Kelsen progressista. Numa passagem a respeito da opinião deste sobre o caráter conservador do Direito natural, escreveu o jusfilósofo italiano: "um progressista como Kelsen refuta o mesmo Direito natural associando-o à ideia da conservação social" (2002:180). Em se tratando de assunto de forte matiz ideológico, como esse, qualquer tomada de posição, para pretender alcançar validade, estaria a exigir substancial fundamentação. Fora disso, pouco significado tem, mesmo que o autor da afirmação seja um pensador de reconhecidos méritos, como Bobbio. No domínio da ciência, só há uma e única autoridade, a autoridade dos fatos. Por isso, reveste ela a condição de critério decisivo.

30. A questão da utilidade da ciência puramente descritiva está nesta hipótese. Para que servirá, por acaso, uma ciência jurídica que não propõe soluções para os temas dos quais se ocupa? Por exemplo: para que é formulada sua teoria da interpretação, definida como puro ato de conhecimento, se a mesma, nas palavras de Kelsen, "não pode fazer outra coisa senão estabelecer as possíveis significações de uma norma jurídica" (1974:472), sem qualquer possibilidade de utilização prática de seus resultados? Não pode, nem ao menos, procurar exercer influência sobre a criação do Direito. A mesma situação, consoante lembra William H. Simon, repete-se com a ética jurídica profissional. Diz ele: "Mas o positivismo alega ser apenas descritivo; não tem nenhuma teoria de dever ou direito. (...) Por si, o positivismo é inútil para uma visão da ética profissional" (2001:66). E, indistintamente, para todos os aspectos da vida prática do Direito, onde se espera encontrar soluções justas para problemas coexistênciais.

31. Apesar de todas essas limitações, permanece a teoria pura convicta de sua superioridade como ciência jurídica, tanto sobre a jurisprudência tradicional, quanto sobre a de sua época. Essa primazia, Kelsen a atribui a seu feitio anti-ideológico. Conforme está escrito no prefácio da *Teoria Geral do Direito e do Estado*, do seguinte teor: "É precisamente por seu caráter anti-ideológico que a teoria pura do Direito prova ser uma verdadeira ciência do Direito" (1990:04). Esta posição, aliás, integra o ideário programático de Kelsen, aparecendo já bem fixada na primeira edição da *Teoria Pura do Direito*. Ao proclamar, aí, a tendência anti-ideológica da teoria, garante Kelsen que ela "se nega, em especial, a servir quaisquer interesses políticos, fornecendo-lhes a ideologia que os autorizasse a legitimar ou desqualificar a ordem social existente" (1939:21). Já se pode, a esta altura, relacionar duas consequências do afastamento da ideologia do pensamento de Kelsen: 1ª – propiciar a superioridade do seu modelo de ciência, preservando-lhe a pureza; 2ª – garantir-lhe o distanciamento da realidade social, assegurando-lhe a integridade idealista.

32. Contudo, não ficam apenas nesses dois bons resultados os frutos da ausência da ideologia. Há muito mais. Permite, ainda, afastar as incômodas noções de justiça e de Direito natural, também pontos essenciais de seu ideário teórico. Eis o que afirmou Kelsen ainda na primeira edição da *Teoria Pura do Direito*: "A teoria jurídica pura assegura a sua tendência anti-ideológica ao isolar o estudo do Direito de toda e qualquer relação com a ideologia jusnaturalista acerca da justiça" (1939:39). Eliminadas as noções ideológicas de Direito natural e de justiça, Kelsen pôde pleitear dois outros posicionamentos: 1º – a desobrigação de cuidar do problema dos valores, tema de constante perturbação em todo o contexto da teoria pura, dado que o motivo principal de sua exigência, a noção de justiça, fora também descartado; 2º – uma fundamentação ao nível da imanência, posto que, com o descarte do Direito natural de configuração metafísica, ficara excluída a possibilidade de existência uma ordem anterior e superior ao Direito positivo, que devesse legitimá-lo.

33. Um pouco antes, mas ainda no mesmo texto, Kelsen, ao lembrar o caráter ideológico da ciência jurídica de seu tempo, tornara explícito a que tipo de Direito natural visava com o afastamento da ideologia. Era aquele, precisamente, que informara o conceito de Direito da jurisprudência tradicional, a saber, um "Direito natural conservador, o qual (...) utiliza um conceito transcendente de Direito". E concluía: "Esse conceito corresponde, plenamente, ao caráter radicalmente metafísico da filosofia, durante a época em que dominou o Direito natural" (1939:23). Nada obstante jamais ter negado que sua ciência repousava sobre bases nitidamente filosóficas (1965:VIII), Kelsen julgava necessário dispensar-se, de modo formal, desta espécie de filosofia de corte transcendente. Permanecia atuando nele o horror metafísico, com tanto orgulho cultivado em sua Viena do início do século XX.

34. Mas, não somente pelos motivos citados a ideologia estava a merecer seu afastamento do âmbito da ciência jurídica. Ela apresenta, demais, defeitos intrínsecos, que a tornam prejudicial à visão científica da realidade, por encobri-la ou obscurecê-la. Nesse sentido, constitui um atentado à verdade. É o que nos diz Kelsen nas passagens seguintes, ambas recolhidas da primeira edição da *Teoria Pura do Direito*. Com efeito, está dito aí que "a ideologia obscurece a realidade ao exaltá-la, com o propósito de a conservar e defender, ou de rebaixá-la, com a intenção de a atacar, destruir e substituir por outra" (1939:21). Tal ocorre, esclarece Kelsen, porque "todas as ideologias têm a sua origem mais na vontade do que no conhecimento; provêm de certos interesses, ou melhor, de um interesse que não é o interesse pela verdade" (1939:21).

35. Como a fechar um ciclo, Kelsen repete o mesmo entendimento na sua última grande obra publicada em vida, a *Teoria Geral do Direito e do Estado*. Até as palavras dos dois textos se assemelham: "Mas a ideologia política encobre a realidade, seja transfigurando-a a fim de conservá-la ou defendê-la, seja desfigurando-a a fim de atacá-la, destruí-la ou substituí-la por outra realidade. Toda ideologia política tem a sua raiz na volição, não na cognição, no elemento emocional de nossa consciência, não no racional; ela se origina de certos interesses, ou, antes, de outros interesses que não o da verdade" (1990:04). Kelsen aponta diretamente para a falta de racionalidade da ideologia, por isso desqualificando-a. Não poderia uma concepção científica de tão refinada linhagem, nos moldes em que concebeu Kelsen sua Teoria Pura do Direito, somar com métodos que negam primazia ao papel da razão humana no conhecimento da realidade. Muito pelo contrário, Kelsen faz reviver na teoria normativa o racionalismo de feição abstrata em sua forma mais apurada, tal como se manifestou nos séculos XVII e XVIII, épocas de predomínio do Direito natural e do movimento de codificação.

36. Terá sido o zelo pela coerência dos procedimentos racionais que motivou Kelsen a também condenar a ideologia por sua vocação para produzir resultados antinômicos, muito embora estes não parecessem incomodá-lo. Como consta da *Teoria Pura do Direito*: "Aliás as contradições em que necessariamente as teorias ideológicas se enredam não significam para elas qualquer obstáculo

sério. Com efeito, as ideologias não visam propriamente o aprofundamento do conhecimento, mas a determinação da vontade" (1974: 394). O que não parece correto, nesse ponto, é Kelsen contrapor, como coisas que se excluem entre si, o conhecimento à vontade ou mesmo à emoção. Tanto a procura como a descoberta da verdade despertam emoção e paixão. Nem poderia ser o contrário; homem algum é uma máquina. Todo procedimento, científico ou não, envolve, de modo necessário, a vontade. Nem tampouco nos parece procedente a afirmação de que a ideologia, por irracional, levaria fatalmente a contradições. Kelsen deveria estar lembrado que em Kant, uma das matrizes de seu pensamento, é precisamente a razão pura a fonte de todas as antinomias. Para resolve-las, Kant admite, embora com reservas, a dialética.

37. Se bem se observou, pôde ver-se que o conceito de ideologia adotado por Kelsen é de origem marxista. Tem caráter negativo: a ideologia deturpa, obscurece e encobre a realidade. Representa, por isso, o lado negativo das coisas, onde encontram guarida o erro, a falsa crença, a fraude e a mistificação, enfim as desnaturações dos seres e das coisas. Já nas *Teses sobre Feuerbach,* Marx passa a adotar o entendimento, fundado no fato da alienação religiosa, de que a ideologia opera a "duplicação do mundo num mundo religioso, representado, e num (mundo) real" (4ª tese). Essa transformação artificial de uma coisa em duas constitui uma das mais eficazes técnicas da ilusão ou falsa consciência, que é uma das formas assumidas pela ideologia; a outra é a utopia.

38. A obra de Marx, em que o tema recebeu especial tratamento, foi A *Ideologia Alemã.* Transmite ele, aí, a noção de ideologia através de uma metáfora: a imagem invertida numa máquina fotográfica, tomada, analogicamente, como contrapartida da imagem invertida da realidade, ocasionada pela visão ideológica. São suas palavras: "... em toda ideologia, os homens e suas relações nos aparecem de cabeça para baixo, como em uma câmara escura..." (1989:20-21). Em razão da distorção epistemológica que promove, deste modo maculando o conhecimento, o fenômeno recebeu do marxismo classificação subalterna, sendo assim relegado à esfera intelectualmente desprezível da pré-cientificidade. Exatamente como o tratou a teoria pura, muito embora, sob o prisma doutrinário, as perspectivas sejam opostas. Kelsen parte dos equívocos teóricos da ciência jurídica de seu tempo; Marx, das contradições sociais reais, de que os equívocos teóricos são expressão e consequência.

39. Como se vê, Marx, pensador das concretudes, e Kelsen, pensador das abstrações, não somente se põem em acordo nas suas concepções negativas da ideologia. Há outros elementos que os aproximam e um, principalmente, que os afasta de modo decisivo. O ponto de distanciamento é este: para Marx o real está no social, na vida vivida pelos homens em determinadas circunstâncias histórico-sociais, enquanto para Kelsen o real se encontra no mundo ideativo das normas jurídicas, situado muito além da realidade social e sem qualquer contacto com esta, na esfera abstrata do pensamento, onde coloca o Direito. Orlando Gomes, num ensaio de comparação entre o normativismo e o marxismo, também confirma que a teoria de Kelsen "atribui ao Direito um objeto ideal, que é a norma, simples realidade espiritual" (1959:37). Propondo-se, demais, uma ciência meramente descritiva, Kelsen nunca poderia pensar em adotar formalmente a divisa contida na 11ª tese sobre Feuerbach, qual seja: "Os filósofos têm apenas interpretado o mundo de maneiras diferentes; a questão, porém, é *transformá-lo*". Kelsen quer fixar-se definitivamente no mundo do dever ser, mantendo-se, a todo custo, afastado do "mundo da vida real, do ser" (1997b:09).

40. Além da aceitação de idêntico conceito de ideologia, Kelsen e Marx se equiparam, contudo, nos seguintes pontos: ambos trabalham com base nas premissas da superioridade intelectual da ciência e da possibilidade do pensamento puro, e criticam, com igual ênfase, a ideologia burguesa. Aproxima-os, ainda, uma fatal coincidência: o marxismo e o normativismo terminaram por se converterem em ideologias. Sob o aspecto da atividade intelectual, houve, como sabemos, uma simpatia recíproca entre Kelsen e os austromarxistas, propiciada, sobretudo, pela unicidade das fontes onde ambos fertilizaram suas doutrinas, Kant e Mach. Fica claro, contudo, que não estamos pretendendo mais do que uma aproximação entre Kelsen e Marx, apoiada, de resto, em dados fáticos. Pensamos, com o Orlando Gomes do ensaio sobre *Marx e Kelsen*, que é impossível conciliá-los (1959:49). No entanto, uma simples aproximação nos parece autorizada, no mínimo para dar conta daquilo que Hegel chamou *astúcias da razão*.

41. Quanto ao marxismo soviético, Kelsen o acusa de ser uma contrafação ideológica. Nas duas obras que dedicou à matéria, reunidas, em 1955, sob o título geral de *Teoría Comunista del Derecho y del Estado*, tenta desqualificar os conceitos marxistas de Direito e de Estado por sua vinculação à superestrutura ideológica (1957:27). Ao mesmo tempo, procura identificar, a fim de depreciá-las, inspirações jusnaturalistas nas concepções jurídicas de Marx (1957:42) e de dois dos mais eminentes representantes da teoria soviética do Direito, Stucka (1957:103) e Vishinsky (1957:173). Kelsen termina por repudiar em bloco a teoria marxista do Direito, alegando que a mesma, "al negar la posibilidad de una ciencia objetiva, políticamente independiente, considera a la ciencia como una mera *superestructura* ideológica, y por lo tanto como un instrumento de la política" (1957:174). Assim falando, Kelsen coloca-se naturalmente como o antípoda da concepção marxista, a postura correta sombreando a atitude errada. Ver-se-á, em seguida, como Kelsen, ao definir, ele próprio, o Direito e o Estado como ideologias, incide no mesmo equívoco pelo qual condena a concepção marxista-soviética.

42. É interessante observar o duplo significado com o qual Kelsen incorpora a doutrina da ideologia, utilizando-a tanto para se defender, precavendo-se, como para acusar, assim tentando desmerecer a autoridade dos contraditores. Trata-se de consabida tática, ela mesma de feição ideológica: não é de bom tom admitir que nós próprios fazemos ideologia; tal atividade é coisa atribuível apenas aos outros, especialmente a nossos opositores. Desde o primeiro momento, Kelsen assume tal posicionamento, como se verifica pela leitura do prefácio de 1933 para a primeira edição da *Teoria Pura* *do Direito*. Afirma ele, aí, "suspeitar que haverá sempre partidos políticos que terão a esperar da verdade social mais prejuízos que vantagens, e por essa razão, não podendo renunciar às ideologias, hão de dedicar-se a combater uma teoria social que se nega a fornecer-lhas" (1939:03). A declaração é inconsistente. Como se verá, a Teoria Pura do Direito é uma ideologia. O que, demais, há a estranhar, aqui, é a tentativa de caracterização de uma teoria puramente idealista, abstrata e formal como *teoria social*.

43. Se procurarmos um conceito de ideologia, depararemos, desde o princípio, com a dificuldade em formulá-lo. Há duas ordens principais de empecilhos: 1ª – a ideologia é um ser de muitas faces e disfarces, o que dificulta sua identificação; 2ª – não possui território privado ou específico, estando por toda parte, até nos opostos dialéticos, donde a tese do caráter ideológico das teorias anti-ideológicas. Isso posto, entendemos poder concluir-se, com Karl Manheim, que tudo está permeado de ideologia, tanto os poderes como os saberes. Na sua condição primordial de poder-saber, o Direito está cheio de ideologia. O poder do Direito é um poder que sabe, e por isso quer exercitar-se; seu saber é um saber que pode, e por isso quer colocar- se com pretensão de eficácia.

44. Torna-se oportuno examinar, com Martin Kriele, que versou acuradamente a matéria no âmbito da teoria política, a diversidade de notas que integram o conceito de ideologia, a fim de que possamos caracterizar suas espécies. No entender de Kriele, as convicções assumem a condição de ideologias quando:

> 1º – "Se basan en intereses, y no en razones". O que não quer dizer, porém, que a ideologia seja irracional, tanto que a eleição de interesses pressupõe uma atividade racional.

> 2º – "El concepto opuesto a la ideología no es – como se dice a menudo – la verdad, sino *la disposición al diálogo*". A ideologia é da ordem dos seres dogmáticos, que

se colocam de modo incondicional, dispensando toda espécie de comprovação, assim pretendendo impor-se ao acatamento do grupo. Nesse sentido, o dogmatismo é um atentado ao estatuto democrático do pensamento;

3º – "Ideología no significa que se quiere engañar a otro". Não, obrigatoriamente. As ideologias políticas, contudo, visam quase sempre esse objetivo.

4º – "No toda convicción basada en intereses suele ser llamada ideológica, sino unicamente la que se basa en intereses políticos, sociales o econômicos: intereses de lograr dominio, libertad, distribución o consecución de biens, poder, honor, educación o también el interés de resignarse frente a lo inalcanzable". Dadas as múltiplas especificações, a restrição inicial parece ter perdido seu sentido.

5º – "Se llama ideología no a la articulación inmediata de intereses, sino al *encubrimiento del interés* por medio de proposiciones basadas en razones teóricas o religiosas con pretensión de validez objetiva, que parecen no tener nada que ver con los intereses". Revela-se, nessa passagem, a ideologia com o sentido da aparência enganosa, da ilusão ou da falsa consciência.

6º – "Como los intereses políticos son siempre intereses de grupos, así también las ideologías son convicciones comunes". Sem nenhuma dúvida.

7º – "La ideología tiene una función doble: por un lado sirve para la justificación y la *legitimación* del comportamiento político de un grupo; por el otro, contribuye a la *integración interna del grupo*, fundamenta su cohesión y su solidariedad" (1980:241-243). Essas constituem, talvez, as funções mais importantes das ideologias. Seu caráter é, como está assinalado, eminentemente político.

45. Considerada a especialização dos estudos da ideologia a partir de Marx, e tendo em vista o complexo panorama de seu envolvimento teórico, que nos foi traçado por Kriele, pode-se-lhe fixar quatro conceitos distintos. 1º – Pelo primeiro, de perfil marxista, a ideologia é apenas uma das formas de falsa consciência, atuando como fator de adulteração da realidade, mascarando-a, transfigurando-a ou distorcendo-a. 2º – Pelo segundo conceito, a ideologia assume caráter funcional, podendo a função, inclusive, ser falsificadora. Com este sentido, destina-se a cumprir dois objetivos: legitimar ou deslegitimar as convicções baseadas em interesses e as condutas políticas dos grupos sociais. Inclui-se no primeiro objetivo o interesse intelectual, sem dúvida. Neste setor, visa-se especificamente posições epistemológicas, assim tornadas objetos de qualificações ou desqualificações. 3º – O terceiro conceito compreende a ideologia como conjunto de ideias relacionadas às disciplinas teóricas ou às atividades práticas. 4º – Finalmente, pelo quarto conceito a ideologia adquire o sentido de concepção do mundo ou mundividência.

46. Há, pois, um conceito de ideologia abrangente do conhecimento humano, seja esse de qual feitio for, teológico, filosófico, científico ou vulgar. A ideologia científica tornou-se objeto principal das preocupações teóricas de destacados nomes da epistemologia contemporânea, a exemplo de Michel Foucault, Louis Althusser, Gaston Bachelard e Georges Canguilhem. Este último, no ensaio *Ideologia e Racionalidade nas Ciências da Vida*, após indicar que o conceito de ideologia "se aplica aos sistemas de representações que se exprimem na linguagem da política, da moral, da religião e da metafísica", conclui no sentido de que a ideologia, por envolver essencialmente "um desvio, no duplo sentido de distância e deslocamento, (...) seria uma monstruosidade lógica" (s:d:33-34). Lembra Canguilhem haver Marx a denunciado em nome da ciência que pretendia construir. Acusação, como sabemos, reeditada por Kelsen.

47. A perversidade da ideologia científica se refina ao assumir a forma da racionalidade, assim desmoralizando o instrumento através do qual deveria ser combatida. O cientista francês Ph. Roqueplo, na sua sexta tese sobre o significado da ciência, descreve o modo pelo qual se verifica a transformação: "A racionalidade científica transforma-se em ideologia logo que se impõe como a única forma de racionalidade: trata-se então duma miragem mantida a serviço de opções políticas que essa miragem serve simultaneamente para justificar e dissimular. O dogma da racionalidade científica é uma mistificação" (1974:154). Nesse sentido, acrescenta Roqueplo, "a ciência como *discurso coerente* é utilizada para encobrir as contradições reais", com o que serve "de forma admirável os interesses da classe no poder" (1974:154-155).

48. Dentre os modos especiais de operar da ideologia científica está a parcialização, que consiste na redução de categorias ou dimensões específicas dos objetos. Dele nos dá conta Paul-Laurent Assoun ao referir-se à "guerra dos Diadoques que Marx evoca no início de *L'Idéologie Allemande*: 'Cada um (dos críticos) isola um aspecto do sistema hegeliano e o faz voltar ao mesmo tempo contra todo o sistema e os aspectos isolados pelos outros". "Esbarramos, aqui", afirma Assoun, "com o mecanismo *parcialização* pelo qual a ideologia trabalha a teoria" (1978:60). Assim ocorre porque a toda redução corresponde uma descaracterização, uma desnaturação da coisa. Peter Gay, biógrafo de Freud, fornece-nos excelente exemplo do fenômeno, ao recordar o escárnio de Kautsky ao *obsceno pansexualismo* do fundador da Psicanálise: "Quando lemos Freud, somos levados a pensar que o homem como um todo não passa de apêndice de seus órgãos sexuais" (1992:53).

49. Com o suporte doutrinário já agora à nossa disposição, podemos ver se a Teoria Pura do Direito ostenta caráter ideológico e, se positivo, por quais modos este se manifesta. Como antecipado, a resposta é afirmativa. A ciência jurídica pura de concepção kelseniana é uma ideologia, que se revela de múltiplas maneiras, entre as quais indicamos desde logo as seguintes: 1ª – ao atribuir a seu normativismo o máximo grau de racionalidade científica, somente equiparável ao ostentado pela geometria, Kelsen quis torná-lo, em razão de sua pretensa exatidão, invulnerável à crítica; 2ª – ao reduzir as dimensões normativa, fática e axiológica do Direito ao único aspecto da normatividade, promoveu ele o fenômeno da parcialização, pelo qual a parte passou a valer pelo todo, do que resultou flagrante desnaturação do Direito. Semelhantes manifestações de monismo encontram-se no seu positivismo e formalismo; 3ª – ao postular a pureza e a neutralidade científicas, comete ele o desvio do seu objeto, o Direito, no duplo sentido de distância e deslocamento, afastando-o do terreno empírico da realidade fática, em que se dá a ciência, para a esfera supraempírica da realidade espiritual, onde habitam as ideias imaculadas.

50. Em essência, as garantias deferidas por Kelsen à ciência jurídica estariam funcionando do modo invertido, isto é, propiciando na prática o que em teoria declara querer evitar. Como escreveu Luiz Fernando Coelho: "Assim, a crítica que se faz a Kelsen desde o ponto de vista da ideologia, é que a Teoria Pura do Direito pretende ser neutra, porque a imagem da neutralidade é necessária a fim de que a teoria científica possa atuar ideologicamente, inserindo-se num contexto amplo de legitimação da dominação social por meio do direito, da educação e dos meios de comunicação" (1985:67). Seria a ideologia kelseniana de matiz conservador, consoante já foi sugerido.

51. Ao focalizar o problema da interdição de Kelsen aos valores, o argumento de Grzegorczyk põe a descoberto o logro que constitui sua doutrina sobre a fundamentação da validade do Direito. Recordemos que, para Kelsen, validade e existência são a mesma coisa: "Se dizemos que uma norma *existe* queremos dizer que uma norma é válida" (1997:263). Pois bem, para Grzegorczyk, "cette pensée véhicule um fond idéologique de légitimation évidente, car en interdisant aux juristes d'introduire les jugements de valeurs dans leur travail, elle ne permet pas de réfléchir sur la qualité des normes qui ne sont ni bonnes ni mauvaises, mais tout simplement obligatoires – et donc se légitiment par leur existence même" (1982:28). Quer isso dizer que o pensamento de Kelsen veicula um fundamento ideológico de legitimação evidente, porquanto, interditando aos juristas introduzirem julgamentos de valor em seu trabalho, impede-os de refletirem sobre a qualidade das normas, que não são nem boas nem más, porém simplesmente obrigatórias – e consequentemente se legitimam por sua própria existência.

52. Ainda a respeito das manifestações ideológicas da teoria pura, existe um tipo especial de posicionamento que gostaríamos, por fim, de trazer à reflexão. Tem ele referibilidade à questão das relações entre a metafísica e a ideologia. Para que a proposição tivesse sentido, teríamos de admitir, com Djacir Menezes, que, "no fundo, a doutrina de Kelsen é uma metafísica deontológica que se arroga a positividade máxima" (1985:35). Afigura-se-nos, esse, um juízo induvidoso. Senão, vejamos.

53. Não há dificuldade em aceitá-lo, pois a metafísica é da essência do idealismo, a exemplo daquele seguido por Kelsen, do tipo clássico platônico-kantiano, que envolve, como dado de partida, a cisão do mundo em dois, o mundo puro da idealidade, onde coloca o Direito, e o mundo impuro da facticidade, do qual jura distância (1997b:07 e 09). Demais disso, ao eleger a busca das essências do Direito e do Estado como objeto da ciência normativa (1939:02 e 21), Kelsen transporta-se, sem opção, para o interior da metafísica. Explica Max Scheler: "A contemplação da essência, (é) a postura fundamental diante do ser, peculiar ao conhecimento metafísico" (1986:121). Já ao colocar-se a questão acerca do "que é e como é o Direito" como interesse "único e exclusivo" do conhecimento jurídico (1974:17), a teoria pura se define como metafísica. Por fim, Kelsen teve de recorrer, para elaboração da doutrina da sua *norma básica*, a um mínimo de metafísica e de Direito natural, "sem os quais não seria possível nem uma cognição da natureza, nem do Direito" (1990:426). Na metafísica, um mínimo, um princípio que seja, já é toda a metafísica.

54. Comprovada a existência de vínculos da teoria pura com o pensamento metafísico, passemos ao tema das relações entre metafísica e ideologia. Dado que a metafísica opera a partir da cisão da realidade em realidade física (dos fenômenos) e realidade metafísica (das essências), cuidando particularmente desta última; dado que a melhor qualidade do mundo físico depende de sua maior conformidade com o mundo metafísico, modelo daquele; e dado, finalmente, que tal avaliação sempre procede dos círculos de poder – político, econômico, religioso, intelectual etc. – tem-se, assim, a possibilidade, muitas vezes denunciada, de sua manipulação com interesses subalternos. Defrontamo-nos, portanto, com a possibilidade de utilização ideológica da metafísica. E mais: como a ideologia opera nos polos dialéticos, a própria ausência da metafísica pode prestar-se a motivações ideológicas.

55. Em se tratando de Kelsen, as duas posições podem perfeitamente ser sustentadas, tal a constância das ambiguidades em seu pensamento. Assim, na mesma obra, a *Teoria Geral do Direito e do Estado*, afirma, no prefácio, que "a teoria pura recusa-se a ser uma metafísica do Direito' (1990:03), e no apêndice, admite francamente o tal "mínimo de metafísica", sem o qual "não seria possível nem uma cognição da natureza, nem do Direito" (1990:426).

56. Como quer que seja, poderá haver ideologia em ambas as hipóteses. Referindo-se à primeira, em capítulo dedicado à argumentação na teoria pura, julgou oportuno lembrar Chaïm Perelmann: "As metafísicas racionalistas que buscaram um fundamento puramente humano para nossas normas e para nossos valores não são, de fato, senão ideologias, que se esforçam em vão para substituir-se ao fundamento religioso não racional" (1996:476-477). Referindo-se à outra hipótese, escreveu Legaz y Lacambra: "La actitud antimetafísica kelseniana le lleva a degradar las ideas en ideologías. Por eso, tiene razón Larenz al afirmar que la doctrina de Kelsen es un puro nominalismo" (1947:457). Um nominalismo, significa dizer, uma concepção pela qual as ideias gerais e abstratas, os chamados universais, são apenas nomes privados de toda realidade, simples *flatus vocis*.

57. Kelsen não nega que os conceitos de Direito e de Estado, com os quais opera, sejam ideológicos. O que não aceita, de modo algum, é que a teoria pura, ela própria, seja também ideológica. No entanto, ao admitir a ideologia na teoria pura, Kelsen a apresenta na forma de um conceito insólito, inteiramente fora dos quadrantes da doutrina comum sobre a matéria. Para seu uso, ideologia deve ser entendida como "oposição dos fatos da ordem do ser, isto é, (...) tudo que não seja realidade determinada por lei causal ou uma descrição desta realidade". E conclui: "É que o Direito, como norma – isto é, como sentido de atos da ordem do ser causalmente determinados, mas diferentes destes atos – é uma ideologia" (1974:159). A distinção se estabelece a partir da diferença entre a conexão causal das leis das ciências da natureza, feita através do verbo é, e a conexão de imputação das proposições da ciência jurídica, representada pelo verbo *deve-ser*. Em outros termos: "como um complexo sistemático diferente da natureza" o direito assume, então, "a legalidade própria de uma ideologia" (1974:159).

58. Voltemos ao texto de Kelsen, agora na altura em que ele estabelece a distinção entre a ideologia aceita pela teoria pura e a que esta repudia, a ver se a questão se torna mais inteligível. A hipótese em que, para a teoria pura, se pode qualificar o Direito positivo como ideologia é esta em que ele é considerado "como ordem normativa, em contraposição com a realidade do acontecer fático..." O caso contrário, em que o Direito positivo rejeita a qualificação de ideologia, é este em que ele é posto "em relação a uma ordem *superior* que tem a pretensão de ser o Direito *ideal*, o Direito *justo*, e exige que o Direito positivo lhe corresponda – em relação, por exemplo, com o Direito natural, ou com uma Justiça, por qualquer forma concebida..." (1974:160). O critério distintivo é, em última instância, o Direito natural e a justiça em sua dimensão metafísica comum e original de entidades axiológicas. Por isso é que Kelsen, logo em seguida à distinção citada, escreve em tom de conclusão: "Neste sentido é uma teoria do Direito radicalmente realista, isto é, uma teoria do positivismo jurídico. Recusa-se a valorar o Direito positivo" (1974:161). Kelsen, nesse passo, ainda repudia os valores.

59. O que parece mais estranho, nessa teoria kelseniana da ideologia, é o fato de ser o Direito positivo considerado, para efeito de ser legitimamente qualificado como ideológico, não pelo que ele é em si, Direito posto, mas pela posição que eventualmente possa vir a ocupar diante de um possível Direito natural, Direito pressuposto. Ora, não se pode entender como um simples relacionamento entre duas entidades, coisa acidental por definição, possa determinar a natureza de um objeto, qualificando-o.

60. Na chamada fase americana da Teoria Pura do Direito, Kelsen irá enfrentar mais dificuldades para manter seu conceito de ideologia como pertinente a normas de dever ser, em "oposição à realidade do ser" (1994:159). Ocorreu que, nessa etapa, a validade do Direito passa a depender da eficácia como *realidade do ser*. Então, escreveu ele: "A validade de uma ordem jurídica depende, desse modo, da sua concordância com a realidade, da sua *eficácia*" (1990:125). Se é assim, a antiga distinção desaparece por falta de fundamento. E, com ela, a teoria kelseniana da ideologia legítima. Bem tinha razão Kelsen ao relutar em admitir a comunicabilidade entre as esferas do ser e do dever ser.

61. Com relação à ideologia, Kelsen dirá agora que, "se concebemos o Direito como um complexo de normas e, portanto, como uma ideologia, essa ideologia difere de outras, especialmente de ideologias metafísicas, na medida em que corresponde a certos fatos da realidade". Desse modo, "se o sistema de normas jurídicas é uma ideologia, é uma ideologia paralela a uma realidade definida. Essa realidade consiste na eficácia do sistema como um todo e nos fatos que constituem a criação ou a anulação de normas particulares" (1997:220). Se a realidade paralela consiste na eficácia do sistema, já não há oposição que mantenha o conceito primitivo de ideologia. O conceito foi alterado, permanecendo, contudo, o objetivo final, qual seja, o afastamento da metafísica.

62. Sua conclusão, formulada no contexto doutrinário da tese monista da identidade entre Direito e Estado, assume, inesperadamente, dimensão política. São suas palavras: "Nesse sentido o Direito pode ser considerado como a ideologia específica de dado poder histórico. Esse poder geralmente é identificado com o Estado" (1997:221). Ressurgem aí, na contramão da teoria normativista, elementos de duas ordens, vindos da História e da Política, expulsos do âmbito do Direito em decorrência do princípio da pureza metódica. Por intermédio deles, reinstala-se o sincretismo dos métodos, tido por responsável pela desnaturação da ciência jurídica clássica.

63. Dirá Kelsen, também, que o Estado, no sentido mais amplo da palavra, é uma ideologia social (1989b:250). Dirá mais: a própria teoria do Estado é a mais desenvolvida de todas as ideologias. Escreveu a propósito: "En tales condiciones, no puede causarnos asombro que la teoría del Estado, es decir, la teoría de esta construcción más acabada de todas las construcciones sociales, de la más desarrollada de todas las ideologías, presente muy notables coincidencias con la doctrina de Dios: la teología" (1989b:251). Sublinhamos: não só o Estado, mas também a teoria do Estado é tida na conta de ideologia.

64. O problema, que neste instante se coloca, pode ser enunciado em termos da seguinte indagação: como pode uma teoria, que se pretende pura, conviver com ideologias, coisas que por definição se colocam como impuras? Kelsen previu desde o princípio a questão, tanto que procurou dar-lhe resposta antecipada. Com efeito, consta já da primeira edição da *Teoria Pura do Direito* a seguinte justificativa: "O fato de declarar que o Direito constitui uma ideologia, em relação à realidade natural, e exigir, ao mesmo tempo, uma teoria jurídica *pura*, quer dizer, anti-ideológica, não é contraditório como à primeira vista parece" (1939:38-39). Isso porque, em última análise, "a teoria jurídica pura assegura a sua tendência anti-ideológica ao isolar o estudo do Direito de toda e qualquer relação com a ideologia jusnaturalista acerca da justiça" (1939:39). Parece confirmar-se uma vez mais o sentido do anti-ideologismo da teoria pura, e que é primordialmente este: afastar, da área da teoria pura, o Direito natural e a ideia de justiça, com a qual aquele tem sido identificado.

65. Há uma interpretação literal, a sobressair imediatamente das duas últimas citações de Kelsen, no sentido de que sua predicação de ideologia é pertinente apenas ao Direito e ao Estado, e não à teoria do Direito e do Estado. Em razão disso, não se configuraria contradição. Coisas do mesmo nível da distinção entre teoria pura, predicada, e Direito puro, não cogitado: pura seria a teoria, não o Direito. Tanto num caso como no outro, a distinção é irrelevante. Não tem sentido falar-se em teoria pura de Direito impuro, nem em teoria anti-ideológica de Direito ideológico. Há pouco, sublinhamos, para lembrar aqui, uma afirmação de Kelsen segundo a qual a teoria do Estado era a mais desenvolvida de todas as ideologias (1989b:251). Referimo-nos ao mesmo tempo a Direito e Estado em razão do postulado monista que identifica as duas entidades.

66. Observe-se, finalmente, que, ao nível da prática política, Kelsen assume a condição de vítima dos ardis da ideologia: aquilo que iria garantir a não utilização política da sua teoria, o purismo metódico, em função do qual o Direito fora esvaziado de seu conteúdo, passou a constituir, justa e precisamente, a circunstância que a tornaria francamente utilizável com independência de quaisquer critérios de ordem ética. Pode afirmar-se, invocando o Gustavo Radbruch da Circular de 1945 aos estudantes de Heidelberg, que, aquilo que fora excluído em nome da pureza – o Direito natural – foi justamente o que faltou para evitar a apropriação ideológica da teoria pura por regimes totalitários.

67. Na referida Circular, lembrou Radbruch que a concepção positivista de Direito, segundo a qual "a lei vale por ser lei, e é lei sempre que, como na generalidade dos casos, tiver a força para se fazer impor, (...) foi a que deixou sem defesa o povo e os juristas contra as leis mais arbitrárias, mais cruéis e mais criminosas" (1974:415).

A esse desprotegido conceito de Direito, antepôs o Direito natural, formado por aqueles "princípios de Direito que são mais fortes do que todo e qualquer preceito jurídico positivo, de tal modo que toda a lei que os contrarie não poderá deixar de ser privada de validade" (1974:417). Era, precisamente, o caso da teoria normativa, na qual a força física passou a ocupar o lugar do conteúdo do Direito, mantido, por Kelsen, em permanente disponibilidade.

68. Apontando no mesmo rumo da tese de Radbruch, havia, em Kelsen, outro grande reforço doutrinário, a saber, a concepção monista de Direito e Estado. Para Simone Goyard-Fabre, teria sido Herbert Hart, outro positivista como Radbruch, quem especialmente formulara o argumento segundo o qual essa identificação entre Direito e Estado correria o risco de abrir caminho para o totalitarismo. Afirma a autora, em seguida, não se poder negar justeza ao argumento, "já que a *pureza* da teoria kelseniana implica a autonomização integral do direito, portanto sua independência dos ideais da moral e do Direito natural" (1999:271). A crítica, feita no contexto do segundo renascimento do Direito natural havido no século XX, visava, em linha direta, à posição decisivamente antijusnaturalista da teoria pura. Não conseguiu, porém, levar Kelsen a uma revisão total do seu rígido formalismo. Houve, apenas, contemporizações a propósito de temas isolados.

69. A posição de Kelsen relativamente ao jusnaturalismo é singular: o Direito natural constitui a ausência mais presente em sua construção jurídica. Sem ele, não poderia mover-se na esfera do pensamento. A ideia de Direito natural é o contraste necessário com base no qual se afirmam e se justificam os principais fundamentos da teoria pura. Tal como o Deus que permeia a doutrina existencialista do ateu Jean-Paul Sartre, a teoria pura do positivista Kelsen está também recheada de Direito natural. Sobra razão a Erik Wolf, por isso, ao qualificá-la de "doctrina jusnaturalista invertida" (1960:76). Além do mais, o Direito natural aparece também na teoria pura na forma de presença real. Por esse motivo, teve Kelsen de escrever sobre ele copiosamente.

70. Vejamos, a seguir, as hipóteses em que o Direito natural desponta na teoria pura como pressuposto ou suporte do Direito positivo, desempenhando, então, as seguintes funções: 1ª – elemento necessário à compreensão da natureza de ambos os Direitos: "Sólo el contraste entre Derecho natural y Derecho positivo permite entender la esencia tanto de uno como del outro" (1946:19); 2ª – critério de realidade do Direito positivo: "É na sua relação com o Direito ideal, chamado justiça ou Direito *natural*, que surge a realidade do Direito positivo" (1990:02); 3ª – critério de avaliação da justiça ou injustiça do Direito positivo: "O Direito natural, trazido ao confronto com o Direito positivo, poderia na verdade servir de medida ou critério de apreciação para o efeito de decidir se este direito é justo ou injusto, mas não poderia por em questão a sua validade" (1963:166); 4ª – único critério de legitimação do Direito positivo: "O que se procura é um critério segundo o qual o Direito positivo possa ser julgado como justo ou injusto – mas, sobretudo, segundo o qual ele possa ser legitimado como justo. Um tal critério apenas pode ser fornecido por uma teoria do Direito natural (...) "(1974:307-308); 5ª – orientação da doutrina da *norma básica*, naquilo em que for o Direito natural semelhante a ela: "la teoría de la norma básica es – hasta cierto punto – similar a la doctrina del derecho natural según la cual un orden jurídico positivo es válido se corresponde al derecho natural" (1969:66). Noutra perspectiva, essa aproximação da *norma básica* com o Direito natural é ainda feita através da invocação da doutrina jusnaturalista do contrato social (1965:327).

71. O antijusnaturalismo de Kelsen, como se vê, não vai ao ponto de negar a própria existência do Direito natural, como o fazem os realistas ingênuos, a exemplo de Karl Bergbohm, com pretexto no argumento da desnecessidade de duas ordens jurídicas coexistentes, uma de Direito positivo e outra de Direito natural. Ao contrário, Kelsen defere ao Direito natural, que também chama ideal, a condição privilegiada de objeto da Política. Nesse sentido, escreveu: "O objeto específico de uma ciência jurídica é o Direito positivo ou real, em contraposição a um Direito ideal, objetivo da política" (1990:02). Essa politicidade do Direito natural constituiu, aliás, uma das razões de seu afastamento da teoria pura. Como vimos, a "pronunciada tendência anti-ideológica" desta comprova-se, desde logo, "pelo fato de, na sua descrição do Direito positivo, manter este isento de qualquer confusão com um Direito *ideal*, ou *justo*"(1974:161). A política pode ser impura, o Direito positivo, não.

72. Houve uma situação, no entanto, em que Kelsen admitiu francamente a presença imediata do Direito natural em sua teoria, nela passando a desempenhar a função primordial de reconhecimento e compreensão da ordem jurídica como um todo significativo. O problema dizia respeito à postulação da *norma fundamental*, o que não seria possível à ciência jurídica sem o afastamento do positivismo puro. Kelsen teve de ceder à heterodoxia. Como já foi visto, passou a aceitar, com fundamento na filosofia transcendental de Kant, fosse a teoria pura envolvida por um mínimo de metafísica e de Direito natural, sem os quais, declarou, "não seria possível nem uma cognição da natureza nem do Direito" (1990:225-226). Ficou, desde então, fixado o entendimento de que "a teoria da norma fundamental pode ser considerada uma doutrina de Direito natural em conformidade com a lógica transcendental de Kant" (1990:226). Tal entendimento seria depois abandonado, substituído que fora pela teoria da ficção (1986:298), consoante tomamos conhecimento através da publicação póstuma, em 1978, da *Teoria Geral das Normas Jurídicas*.

73. O motivo básico, de índole teórica, interposto por Kelsen para negar validade ao Direito natural, corresponde ao postulado da incomunicabilidade entre ser e dever ser, recolhido do pensamento kantiano. Kelsen o tomou como "objeção de princípio a todo jusnaturalismo", formulando-o nos seguinte termos: "Ao ser não pode estar imanente qualquer dever-ser, aos fatos não podem ser imanentes quaisquer normas, nenhum valor pode ser imanente à realidade empírica" (1963:95). Corolário disso é que "uma norma apenas pode ser deduzida de outra norma, um dever-ser apenas pode ser derivado de um dever-ser" (1963;13). Para manter tal en-

tendimento, teve Kelsen de dar por desconhecidas ou imprestáveis tanto a doutrina do Ato e Potência, de Aristóteles, como a dialética de todos os tempos, de Heráclito a Hegel. Ao fim e ao cabo, Kelsen mesmo, como vimos, quebrou o princípio, sem disso fazer qualquer alarde.

74. Contudo, não residiu somente nesse ponto a incompreensão de Kelsen relativamente ao Direito natural. Sua outra fonte é o falso entendimento de que a natureza, a que se refere a expressão Direito natural, é a natureza física, domínio das chamadas ciências naturais. Porém, na natureza, ou mundo físico, não há Direito, simplesmente porque aí não há liberdade. Expressiva passagem a respeito do assunto é esta recolhida dos *Problemas Escogidos de la Teoría Pura del Derecho*, do seguinte teor: "Justamente, el error característico de la doctrina del Derecho natural es el de ignorar esta diferencia entre la Naturaleza en tanto que objeto de la ciencia natural, y el Derecho en tanto que objeto de la ciencia del Derecho, y en consecuencia entre las leyes naturales formuladas por la ciencia de la Naturaleza y las reglas de Derecho formuladas por la ciencia del Derecho. La doctrina del Derecho natural considera a las leyes de la Naturaleza como reglas de Derecho, reglas de un Derecho natural. Esta manera de pensar implica la idea de una Naturaleza legisladora. Pero además presupone la idea de que la Naturaleza es una creación de Dios y, en consecuencia, una manifestación de su voluntad" (1952:52-53).

75. No texto acima reproduzido, Kelsen cometeu alguns dos equívocos por ele geralmente atribuídos a seus críticos. Pode dizer-se mesmo, parafraseando o que escreveu a respeitos destes, que Kelsen combate, não o Direito natural, mas a falsa imagem que dele construiu de acordo com as conveniências doutrinárias do positivismo. Senão, vejamos:

>1º – tomou uma das diversas espécies de doutrinas sobre o Direito natural, aquela talvez de menor expressividade, como representativa de todo o Direito natural. As

demais restantes foram dadas por inexistentes. Entretanto, bem conhecida e amplamente adotada é aquela segundo a qual o termo natureza, pertinente à expressão Direito natural, refere-se, antes, à *natureza humana*. Tanto Kelsen a conhecia, que dela se ocupou detidamente em seu ensaio sobre *Justicia y Derecho Natural* (1966:109-125), inclusive ao colocar-se a questão da possibilidade de um Direito natural variável (1966:143);

2º – atribuiu ao Direito natural, a título de consequência do primeiro equívoco que lhe imputou sem provar, o entendimento de que, sendo as leis naturais regras de Direito, a natureza seria legisladora. Nem ao menos se deu ao trabalho de esclarecer que a ideia de uma natureza legisladora surgiu, durante os séculos XVII e XVIII, não no campo do Direito, mas, exatamente, no domínio das ciências físico-matemáticas, tidas por exatas, tendo sido patrocinada por Galileu, Newton, Leibniz e Spinoza, dentre outros eminentes filósofos da época. Encontra-se ela, também, no Kant do ensaio A *Paz Perpétua* (1988:140), cujo pensamento foi profundamente influenciado pela física de Newton;

3º – por fim, na sequência do dedutivismo lógico que domina seu raciocínio, conferiu à natureza feição panteísta, por reconhecer nela a representação da vontade de Deus. Desse modo, a versão particular de Direito natural, que Kelsen apresenta como constitutiva de seu conceito universal, passa a revestir forma teológica, situando-se, assim, em época anterior ao século XVII, quando Hugo Grócio estabelece decisivamente um significado laico para o jusnaturalismo moderno.

76. A bem da verdade, deve ser dito que a postura de Kelsen relativamente ao Direito natural é marcada pela parcialidade. Norberto Bobbio, positivista e kelseniano, ao referir-se a posições

de Kelsen passíveis de crítica "fruttuosa e costruttiva", sugere duas dentre essas, a saber: "a) rispetto al rapporto tra teoria pura del diritto e diritto naturale (...); b) rispetto al raportto fra teoria pura del diritto e sociologia (...) (1992:39). Como se vê, coloca Bobbio em primeiro plano a necessidade de revisão do posicionamento de Kelsen a respeito das relações entre sua teoria e a doutrina do Direito natural, questão que considera "il *punctum dolens* della doctrina kelseniana", entendido esse como "la teoria della soggettività o irrazionalità dei valori" (1992:39). No fundo, o problema se resume à falta de determinação metafísica, fonte de todos os valores.

77. Na *Teoria Geral do Direito e do Estado*, Kelsen retoma, do arsenal antijusnaturalista de Bergbohm, aquele que é considerado pelos positivistas um dos principais argumentos contra a doutrina do Direito natural. Está ele enunciado na forma da seguinte tese: "A coexistência de um Direito natural e de um Direito positivo como dois sistemas diferentes de normas está logicamente excluída; porque uma contradição entre os dois é possível". Logo a seguir, aponta "uma contradição necessária entre o Direito positivo e o Direito natural, porque um é uma ordem coercitiva, enquanto o outro é, idealmente, não apenas uma ordem não coercitiva, mas também uma ordem que tem de proibir efetivamente qualquer coerção entre os homens." Disso tudo, tira uma conclusão, e que é esta: "Um Direito positivo, então, ao lado do Direito natural, é, não apenas impossível do ponto de vista da lógica formal, mas também supérfluo de um ponto de vista material-teleológico, se forem válidas as únicas pressuposições que permitem que se mantenha a validade de uma *ordem natural*" (1990:401).

78. Quanto a esta tese da duplicidade de Direitos, também todos os seus argumentos são, de alguma maneira, insubsistentes. Se tal coexistência está logicamente excluída, dada a possibilidade de contradição entre as duas ordens, conforme garante Kelsen, como se justifica que ele mesmo a tenha tomado por condição necessária para a compreensão da natureza de ambos os Direitos (1946:19), além de tê-la usado como critério de realidade do Direito positivo

(1990:02)? Ora, tais posicionamentos, confrontados, implicam flagrante contradição. Impõe-se, pois, a pergunta: das teses em conflito, qual das duas deveria subsistir?

79. Outra questão inextrincável, seria esta da contradição necessária entre o Direito positivo coativo e o Direito natural, que, segundo Kelsen, além de não coativo, "tem de proibir" efetivamente qualquer coação. Identificam-se claramente, nessa passagem, uma premissa errada e uma conclusão falsa. A premissa errada é que o Direito positivo seja coativo, vale dizer, essencialmente coativo. Coativo por natureza é o Direito positivo concebido pela teoria pura. Kelsen não pode tomá-lo como conceito universal de Direito positivo. A conclusão falsa está em que não cabe ao positivista Kelsen determinar *o que tem de fazer* o Direito natural. Na teoria da argumentação, tal postura é por todos os títulos inadmissível. Está vedado ao contendor formular uma hipótese e atribuí-la a outra parte, para, em seguida, contestá-la. Na verdade, não tem o Direito natural poder para legislar sobre qualquer assunto, inclusive coação, mas, apenas, para desautorizar o uso da coação ilegítima. Proibir é, pois, tarefa própria do Direito positivo, que se define como um dever ser para ser justo, e não como um simples dever ser para nada, como ocorre na teoria pura.

80. Pela última proposição de Kelsen, o Direito natural, além de impossível sob o prisma da lógica formal, seria também supérfluo de um ponto de vista material-teleológico. Mais uma vez, nada do que está aí afirmado procede. O primeiro impedimento decorreria de imposição da lógica da não-contradição. Já se viu, ao examinarmos o problema da coatividade, que não ocorreu a contradição apontada por Kelsen. Nem poderia ocorrer, pois, enquanto um é *natural*, o outro é *positivo*. A questão, aqui, é de coisas contrárias, e não, contraditórias. Em sendo assim, como parece induvidoso, a lógica aplicável é a da complementaridade. Foi o que sempre aconteceu: no princípio, o Direito positivo complementava o Direito natural mediante normas escritas, que eram ainda em muito pequena quantidade; quando aquele assumiu a primeira posição, passou o

Direito natural a complementá-lo através de seus princípios gerais, previstos na maioria das legislações modernas como critério de colmatação das lacunas da lei. É o nosso caso, consoante previsto no artigo 4º da Lei de Introdução ao Código Civil. Como o legislador não discriminou, a expressão *princípios gerais de Direito*, que aí aparece, dado seu caráter genérico, envolve tanto o Direito positivo, como o Direito natural.

81. Por essa única razão, que já teria caráter decisivo, não se pode afirmar seja o Direito natural supérfluo. Mas, não só por isso. Há outros motivos, que nos parecem superiores, senão prioritários. Apontemos dois deles: 1º – o Direito natural, ao atuar como ideia ou arquétipo do Direito positivo, assim funcionando como modelo para aferição de sua qualidade, exerce a importantíssima função de imprimir fundamento ao Direito positivo; 2º – o Direito natural ocupa a posição de último recurso, válvula de segurança, contra os abusos do poder autoritário. Assume, então, as formas de desobediência civil, Direito de resistência e Direito de revolução. Quando ocorre qualquer dessas hipóteses, é porque o Direito positivo, com certeza, ter-se-á mostrado inapto a proteger e a garantir os excluídos dos círculos políticos que empolgam o poder de modo autoritário. Na ausência do Direito natural, apenas teria restado a vontade incontrolável do ditador, consoante triste lição da História universal. Como, aliás, demonstrou Radbruch no que se refere ao regime nazista alemão.

82. Ao versar a questão do fundamento do Direito, Kelsen liga invariavelmente essa palavra ao termo *validade*: fundamento de validade. Em torno da matéria, então, articula mais uma crítica ao Direito natural. Nessa perspectiva, afirma que "os teóricos do Direito natural sustentam (...) que o Direito positivo deriva toda a sua validade do Direito natural", tese que considera "irrelevante para a validade do Direito positivo". Justifica: "O Direito natural, tal como postulado pela teoria, era essencialmente uma ideologia que servia para apoiar, justificar e tornar absoluto o Direito positivo ou, o que redunda no mesmo, a autoridade do Estado". Assim acontecia em razão do caráter "estritamente conservador" do Direito natural (1990:405). Ainda aqui o pensamento de Kelsen apresenta-se enredado em equívocos de toda ordem. É o que veremos a seguir.

83. Quanto ao ponto inicial, observe-se que Kelsen confunde as instâncias de validade do Direito com suas instâncias de valor. As primeiras, da ordem da imanência, referem-se à juridicidade, positividade, vigência e eficácia. A norma jurídica que satisfaz a essas quatro instâncias de cunho técnico é, seguramente, uma norma válida. As segundas, da ordem da transcendência, dizem respeito à justiça e à legitimidade. A norma que perfaça essas duas instâncias de cunho axiológico é, sem dúvida, uma norma valiosa. Por princípio, o Direito positivo da teoria pura satisfaz-se somente com ser válido, recusando, em razão de sua "pronunciada tendência anti-ideológica, (...) a valorar o Direito positivo" (1974:161), quer dizer, a percorrer as instâncias de valor. Não tem procedência, portanto, falar em fundamento de validade.

84. Diga-se a mesma coisa relativamente à parte seguinte da questão sob exame, onde Kelsen afirma que, em virtude de seu caráter conservador, o Direito natural seria essencialmente uma ideologia para apoiar, justificar e tornar absoluto o Direito positivo ou, o que dá no mesmo, a autoridade do Estado. Talvez porque a teoria pura se coloque propositadamente fora da História, Kelsen não se tenha julgado na obrigação de oferecer provas dessa sua afoita assertiva. Se acaso estivesse pensando na fundamentação da monarquia absoluta, que encontrou no contratualismo de Hobbes sua máxima expressão teórica, deveria também ter visto, ao lado dele, o contratualismo democrático de Locke e de Rousseau, o qual, afinal, saiu vitorioso.

85. Que constituem, as duas formas de contratualismo, inspirações do Direito natural racionalista, é fora de dúvida. Mas, induvidoso é também o fato de ter sido essa mesma doutrina do Direito natural que, atuando de modo revolucionário, preparou as três grandes revoluções – a inglesa, a norte-americana e a francesa –, que moldaram o mundo moderno, conformando suas respectivas constituições segundo princípios democráticos e humanísticos. Do mesmo modo como não cabe defender a pureza angelical do Direito natural, obra humana, assim também não se pode concordar com posturas parciais e manifestamente ideológicas a seu respeito, como são aquelas sustentadas por Kelsen. A Alemanha nazista ministrou-lhe a grande lição, da qual ele inexplicavelmente desdenhou.

86. Embora não seja esta a oportunidade de aprofundar o estudo da questão do Direito natural no pensamento de Kelsen, entendemos, contudo, devamos abordar ainda uma das suas mais habituais críticas contra a teoria jusnaturalista. No ensaio intitulado *A Doutrina do Direito Natural no Tribunal da Ciência*, de 1949, escreveu ele, em tom conclusivo, que a "doutrina do Direito natural (...) opera com um método logicamente errado, por meio do qual os juízos de valor mais contraditórios podem ser, e efetivamente foram, justificados". Assim sendo, conclui: "Do ponto de vista da ciência, isto é, do ponto de vista de uma busca da verdade, tal método é inteiramente destituído de valor" (1997:175). Enfrentemos, por partes, as teses aí formuladas.

87. Quanto ao primeiro ponto, relativo ao possível equívoco decorrente do método lógico operado pelo Direito natural, o qual levaria à justificação dos mais contraditórios juízos de valor, ocorre-nos dizer o seguinte: 1º – a consequência apontada, se bem se observa, não decorre, de princípio, de simples argumentação de ordem lógica. Na verdade, não é de lógica que se trata, mas da exacerbação de uma de suas espécies, a lógica formal, matriz do logicismo. Ora, o logicismo só encontra terreno fértil nas teorias puramente formais, em que a falta de conteúdo deixa-lhe todo o espaço livre, assim tornando-o apto a manifestar seu caráter absoluto e autoritário. Nessa esfera, como afirmou Nietzsche, "os filósofos são tiranizados pela lógica" (1973:§ 6), a qual, "como guia único, conduz à mentira" (1984:§ 72). Bom exemplo disso foi o próprio Kelsen, dominado e imobilizado por sua teoria pura, formal e logicista; 2º – o Direito natural, ao contrário, sempre evidenciou a importância de seu conteúdo, justamente porque nunca pretendeu afastar os valores de seu âmbito. E estes, por natureza, são bipolares, isto é, situam-se naturalmente numa relação de implicação dialética entre valor e desvalor, o valor positivo existindo enquanto oposição ao valor negativo. A esfera dos valores é também a esfera do pluralismo de todas as coisas, inclusive das formulações doutrinárias. Daí as salutares divergências, condição necessária ao progresso do mundo do homem.

88. Na segunda parte de sua crítica, Kelsen afirma que, sob o prisma da ciência, "isto é, do ponto de vista de uma busca da verdade", o método utilizado pela doutrina do Direito natural "é inteiramente destituído de valor" (1997:175). Não deixa de ser altamente irônico o fato de Kelsen, autor da mais radical doutrina da pureza metódica de cunho científico, pretender desqualificar o método do Direito natural, acusando-o, logo, de ser *inteiramente destituído de valor*. Como se nota, tal atitude não tem o menor cabimento. Não bastaria, apenas, que ele fosse válido?

89. No tocante, especificamente, à afirmação de ter a ciência por objetivo a busca da verdade, também Kelsen não está com a razão. Sua postura, nesse particular, é de confronto direto com a teoria científica do seu século. Conforme foi por esta estabelecido, a ciência não busca a verdade, porque, se assim fosse, muitas questões já teriam sido definitivamente resolvidas e, portanto, estariam fora do alvo das suas pesquisas. Demais, do conjunto dessas verdades já assentadas, ter-se-ia, por dedução, um critério comum e geral da verdade. Todos sabemos que nem uma coisa nem outra aconteceu. A ciência, conhecimento aberto e provisório, há de contentar-se com o critério da veracidade, aquilo que o homem pensa ser a aproximação da verdade. Isso não só lhe basta materialmente, como também é necessário para manter ativo o espírito de busca e aperfeiçoamento, que o distingue desde sempre.

90. O fenômeno da existência de várias teorias concorrentes sobre o mesmo tema, ao invés de ser condenável, é, ao contrário, elogiável e desejável, pois reflete não só a multiplicidade de interesses em torno do assunto, mas, também, a liberdade de pensamento em poder externá-lo. O que não é científico é o pensamento ortodoxo e dogmático, o qual, por isso mesmo, mostra-se incapaz de produzir resultados satisfatórios. Nada de interessante para o conhecimento surge da unanimidade, mas, tudo brota da diferença. Como lembra Camilo Tale, em trabalho dedicado especialmente à refutação das críticas de Kelsen ao Direito natural, "la sola multiplicidad de opiniões sobre una cosa no prueba la inexistencia de tal cosa, ni prueba tampoco que todas esas opiniones sean falsas. Lo mismo ocurre en cualquier ciencia natural: por ejemplo, en el terreno de la fisiología han existido e existen distintas explicaciones sobre el funcionamiento de una glángula, pero de tal cosa no se puede concluir válidamente que todas esas explicaciones son falsas, y menos aún sería razonable concluir que la glándula no existe" (1996:96). O processo científico inclui, necessariamente, os momentos da diversidade de conjecturas e refutações.

91. No fechar das contas, as objeções de Kelsen ao Direito natural estão todas marcadas pelo complexo de inferioridade do positivismo jurídico, aliás, da inteira responsabilidade deste. Foi o positivismo, por iniciativa própria, ao eliminar decisivamente a metafísica de sua perspectiva teórica, que optou por permanecer circunscrito a uma só metade da realidade, justamente a mais pobre e a menos fértil delas. Em razão disso, deu por dispensável a outra metade, e, com ela, o mundo dos valores, através do qual, somente, pode o homem realizar-se como ser de transcendência. Inserido no contexto doutrinário do positivismo, Kelsen não pôde, portanto, apresentar solução satisfatória para os problemas tratados em sua Teoria Pura do Direito.

92. Ocorre que, com antecedência, houvera renunciado aos instrumentos teóricos que podiam abrir-lhe caminho naquela direção, indicando-lhe, inclusive, a temática indispensável à inteira apreciação do seu complexo objeto de estudos. Um deles, mais do que todos, lhe foi fatal: a ausência de colocação da finalidade do Direito. Não

se tem por que estudar uma coisa, se não se sabe para que. Parece muito evidente que seja assim. Consoante escreveu William Luypen, "las disposiciones legales se hacen; no se descubren en alguna parte como un viajero descubre una montaña. Por qué hacen los hombres esas disposiciones? Evidentemente, para que haya justicia, y no para que haya normas jurídicas" (1968:27). É pena que Kelsen, em sua teoria da coação jurídica tão próximo de Ihering, o tenha abandonado inteiramente no que o jusfilósofo alemão produziu de melhor, a saber, sua doutrina da finalidade do Direito.

93. O nível em que Kelsen combateu o Direito natural não poderia, evidentemente, ter-lhe proporcionado nenhum sucesso. Para alcançá-lo, mesmo que fosse em grau mínimo, era preciso tê-lo combatido no terreno da sua morada, que é a metafísica, e oferecer-lhe, além do mais, substituto à altura. Kelsen se enganou ao pretender inviabilizar o Direito natural tomando-o por mero Direito, e assim o comparando ao Direito positivo. Não quis ver que o problema do Direito natural não é jurídico, e sim metajurídico. Não deve ele, portanto, ser colocado a par do Direito positivo, mas acima deste. Tal erro na colocação do problema tem sido fatal para os opositores das doutrinas jusnaturalistas. A questão do Direito natural concerne, antes de tudo, à condição do homem que é forçado a compartir sua liberdade para poder afirmar-se livre. É uma questão trágica, que só pode ser contextualizada na esfera metafísica dos grandes problemas fundamentais da existência humana. Tentar substituí-lo por uma entidade sem consistência doutrinária, a exemplo da *norma fundamental hipotética*, representou apenas uma aventura muito mal sucedida. Enquanto o problema metafísico não for superado, definitivamente não o será também o Direito natural.

94. De todo modo, valeu a tentativa kelseniana. Ela teve tanta repercussão, que conseguiu mobilizar os filósofos do Direito de todo o mundo, em extensão geográfica talvez nunca antes alcançada. Pelo incansável trabalho de divulgação de sua obra e pelo espírito de luta em defendê-la, a presença de Kelsen, a encher todo o século XX, tornou-se comovente e exemplar.

Capítulo VII

CONCLUSÕES

1. A Teoria Pura do Direito apresenta-se como a teoria geral do Direito de maior repercussão em todo o século XX. Deve-se isso, antes de tudo, à diversidade e amplitude de seu conteúdo material, que de muito ultrapassou as medidas comuns assumidas historicamente pela disciplina. Demais, exerceu a teoria uma posição de liderança comandada pelo próprio autor, ajudado, na incansável missão de divulgá-la, pelo grande número de discípulos e simpatizantes espalhados por quase todo o mundo. Essa atividade, realizada através da cátedra e de conferências e seminários acadêmicos, estendeu-se por um arco de tempo que se fez prolongar por mais de cinquenta anos, permeados por constantes disputas doutrinárias, em intensidade talvez nunca antes presenciada. Nada obstante, o balanço final que dela tem sido feito não é nada satisfatório. Quase todas as teses de seu ideário, senão todas, foram reiteradamente acusadas de inconsistência teórica, pelo que sofreram enérgicas contestações, oriundas das mais diversas tendências doutrinárias e orientações ideológicas. Provieram elas, inclusive, da área dos juspositivistas, da qual Kelsen pretendeu destacar-se como o mais autêntico representante.

2. Das tentativas de responder às persistentes objeções levantadas por seus críticos, nada lhes deixando sem completo esclarecimento, resultou grande número de reformas efetuadas por Kelsen em pontos essenciais e estratégicos da teoria, alterando-lhe de modo substancial o projeto primitivo. O fenômeno manifestou-se em tal intensidade, que chegou a produzir duas mudanças decisivas em seu perfil doutrinário, possibilitando fossem identificadas, com a original, três versões distintas e autônomas da Teoria Pura do Direito. Ou, o que dá no mesmo, a existência de três diferentes Kelsen. Tal não ocorreu, porém, sem que o seu pensamento fosse entremeado de antinomias, o que pareceu impossibilitar, em grande margem, toda afirmativa acerca do caráter definitivo de quaisquer das posições teóricas dentre a ampla temática sobre a qual estendeu seu interesse especulativo. Contrariamente ao que defendeu com denodo seu autor, tudo na Teoria Pura do Direito, tanto em termos científicos como filosóficos, encontra-se em estado pré-conclusivo, portanto, passível de reformas e de mudanças de orientação.

3. O grande volume de ambiguidades e antinomias que povoam seus posicionamentos doutrinários contraria frontalmente a propalada virtude da coerência, com a qual se tem, volta e meia, pretendido contemplar sua postura lógico-metodológica. Ocorreu que a lógica da teoria pura, por unilateralmente formal e absoluta, não conseguiu dar conta da complexidade do Direito nem como essência, nem, tampouco, como fenômeno. Satisfez-se com imobilizá-lo, tornando Kelsen, demais, refém de seu método, que tudo dirigia no rumo da via única da realidade ideal ou mental. O mundo fenomênico, a vida das relações entre homens socialmente desiguais, com divergências em suas possibilidades e aspirações, nada disso lhe interessou. O motivo, muito simples: incompatibilidade com a pureza metódica. Entre a realidade fática e a teoria, sacrificou-se, pois, sem a mínima contemplação, toda a realidade. Voltaire disse do Sacro Império Romano-Germânico, certa vez, que este não era nem sacro, nem império, nem romano e nem germânico. Parafraseando-o, mas sem ironia política, poder-se-ia afirmar o mesmo da Teoria Pura do Direito, ou seja, que ela não é nem teoria, nem pura, nem muito menos jurídica, tais os resultados do processo de extrema abstração a que foi submetida.

4. Dá para especificar, ponto por ponto, a inconsistência doutrinária dos fundamentos da Teoria Pura do Direito. Apontemos, em seus aspectos substanciais, os desvios mais notáveis de cada um deles:

1 – seu *positivismo* está inteiramente comprometido pelo idealismo, que define a norma jurídica, núcleo de sua teoria e do próprio Direito positivo, em termos de realidade mental;

2 – o *realismo*, que alardeia, não encontra meio de compatibilizar-se com a realidade da vida social, o mundo do ser, preliminarmente afastado em razão da exclusividade deferida ao mundo ideativo do dever ser;

3 – não havendo confronto entre a norma e o Direito, entre o ideal e o real, entre, afinal, a teoria e a prática, não poderia haver, também, experiência jurídica, ficando assim impossibilitado o *empirismo* que frequenta sua carta de princípios;

4 – ao admitir a franca entrada do fato em seu mundo jurídico, Kelsen renuncia, automaticamente, ao princípio da *pureza metódica*, por esse meio descaracterizando, de modo definitivo, seu projeto original;

5 – de outra parte, ao aceitar tenha a norma conteúdo, renega o *formalismo*, um dos dois suportes fundamentais de sustentação de sua teoria;

6 – caracterizando sua *ciência* jurídica como unilateralmente *descritiva*, Kelsen recua no tempo, inviabilizando seu projeto teórico, tanto que a ciência atual apresenta-se e distingue-se como atividade criadora, de índole preditiva ou prescritiva. Sobrelevam seus atributos valorativo e teleológico;

7 – por haver, principalmente, descartado a lógica material ou dialética, Kelsen cai na armadilha de transformar seu ideário *anti-ideológico* em ideologia;

8 – demais, seu *antijusnaturalismo* é vencido pela entrada de um mínimo de metafísica e de Direito natural em sua teoria, através, principalmente, de uma das reformulações da doutrina da *norma fundamental hipotética*. Em consequência, admitiu francamente Kelsen, a ciência jurídica teve de ultrapassar a fronteira do positivismo puro;

9 – por fim, ao abandonar a doutrina da pressuposição da *norma fundamental hipotética* pelo pensamento jurídico em favor da tese de que tal norma deve ser o correlativo de uma vontade, Kelsen adere definitivamente à filosofia ficcionalista do *Como-se*, segundo a qual referida norma, concebida como ato de vontade fictício, realmente não existe. Ficou, deste modo, destruído o ponto de apoio sobre o qual repousava toda sua construção teórica.

5. Tudo isso devidamente ponderado, tem-se que a Teoria Pura do Direito não conseguiu transformar em realidade seu objetivo maior, qual seja, a recuperação da doutrina positivista, em profunda crise na virada do século XIX, com vistas a sua utilização pela ciência jurídica dos tempos contemporâneos. De igual insucesso partilhou o Círculo de Viena, que se propusera igual meta de reabilitação do positivismo. Bem ao contrário do que pretendiam esses movimentos, durante essa época a repulsa à doutrina positivista só fez aumentar em todo o mundo, do que dá testemunho o revigoramento, que lhes correu paralelo, da metafísica e da axiologia. Na esfera do pensamento jurídico, o primeiro e o segundo renascimentos do Direito natural, que se seguiram às duas grandes guerras do século passado, parecem ter selado definitivamente a sorte do positivismo em todas as suas formas, o que, todos sabemos, em nada interfere na primazia do Direito positivo como princípio de conduta social das sociedades modernas. Quanto a este aspecto, portanto, pode concluir-se que a derrota, antes de ter sido de Kelsen e de Moritz Schlick, foi, fundamentalmente, do positivismo, já então completamente esgotado em suas potencialidades teóricas. Na verdade, mais não se poderia esperar de uma pseudofilosofia que cinde a realidade ao meio, contentando-se em ficar com a pior parte dela.

6. A falta capital de Kelsen terá sido a não adoção, como atitude preliminar, de uma Antropologia Filosófica com base na qual tivesse podido projetar com maior grau de autenticidade sua teoria jurídica. Vivendo numa época de esgotamento intelectual e de pessimismo, em que tudo se esperava do progresso da ciência de índole positivista, só pôde encontrar ressonância, para seus sentimentos negativos referentes à condição humana, na ultrapassada teoria do homem-mau-por-natureza, proposta por Thomas Hobbes ainda no século XVII. Toda a imensa quantidade de estudos dirigidos à decifração do enigma do homem, produzida pelas disciplinas filosóficas e científicas desde Hobbes até sua iniciação intelectual, em 1911, Kelsen parece tê-la deixado à margem, em nada dela se aproveitando. Nessas condições, aparece mais como vítima do cientificismo do seu tempo, cujas expectativas não conseguiu ultrapassar. Não terá Kelsen se advertido, provavelmente, de que, se é o homem que faz a teoria, em contrapartida é a teoria que faz o homem.

7. Não nos parece correto, afinal, considerar Kelsen simplesmente um fracassado, como se tem repetido com certa frequência nos meios universitários. A dedicação de toda uma vida a uma causa intelectual nobre, qual seja, a criação de uma rigorosa e autêntica ciência do Direito, há de ser, acima de tudo, reconhecida como ato de grandeza. Demais, as experiências sem sucesso valem, até mesmo do ponto de vista científico, tanto quanto as vitoriosas. Na hipótese, especialmente para provar, uma vez mais, que o positivismo não tem jeito. Lembremo-nos, afinal, da imagem nietzschiana do filósofo como atirador de flechas. Kelsen as lançou, muitas e variadas, em diferentes rumos. Resta a tarefa de apanhá-las e relançá-las nas direções que considerarmos corretas. O que não se pode é, sob nenhum pretexto, fazer por desconhecê-las. Apesar de tudo, a Teoria Pura do Direito ficará, sem dúvida, como a obra emblemática da cultura jurídica do século XX.

BIBLIOGRAFIA

AFONSO, Elza Maria Miranda. *O Positivismo na Epistemologia Jurídica de Hans Kelsen.* Belo Horizonte: Universidade Federal de Minas Gerais, 1984.

AGOSTINHO, Santo. *O Livre Arbítrio.* Trad. de António Soares Pinheiro. Braga: Faculdade de Filosofia, 1986.

ALEXY, Robert. *Teoria da Argumentação Jurídica.* Trad. de Zilda Rutchinson Schild da Silva. São Paulo: Landy Editora, 2001.

AMSELEK, Paul. *Méthode Phénoménologique et Théorie du Droit.* Paris: Librairie Générale de Droit et de Jurisprudence, 1964.

ARENDT, Hannah. *O que é Política?* (Fragmentos das Obras Póstumas Compilados por Úrsula Ludz). Trad. de Reinaldo Guarany. Rio de Janeiro: Bertrand Brasil, 1998.

ARISTÓTELES. *Metafísica.* Em "Obras", pp. 990-1091. Trad. do grego, estudo preliminar e notas de P. Samaranch. Madrid: Aguilar, 1964.

ASSOUN, Paul-Laurent. *Freud: A Filosofia e os Filósofos.* Trad. de Hilton Japiassu. Rio de Janeiro: Liv. Francisco Alves Editora S. A., 1978.

ATIAS, Christian. *Épistemologie Juridique.* Paris: Presses Universitaires de France, 1985.

AUSTIN, John. *Sobre la Utilidad del Estudio de la Jurisprudencia.* Tradutor não identificado (Estudo preliminar de Felipe Gonzalez Vicen). México: Editora Nacional, 1974.

BACHELARD, Gaston. *Epistemologia. Trechos Escolhidos.* Trad. de Nathanael C. Caixeiro. Rio de Janeiro: Zahar Editores, 1977.

_____. *A Formação do Espírito Científico. Contribuição para uma Psicanálise do Conhecimento.* Trad. de Estela dos Santos Abreu. Rio de Janeiro: Contraponto, 1996.

BATIFFOL, Henri. *Problèmes de Base de Philosophie du Droit.* Paris: Librairie Générale de Droit et de Jurisprudence, 1979.

BLOCH, Ernst. *Droit Naturel et Dignité Humaine.* Trad. de Denis Authier e Jean Lacoste. Paris: Payot, 1976.

BOBBIO, Norberto. *Dalla Strutura alla Funzione. Nuovi Studi di Teoria del Diritto*. Milano: Edizioni di Comunità, 1977.

_____. *Giusnaturalismo e Positivismo Giuridico*. Milano: Edizioni di Comunità, 1977b.

_____. *Il Positivismo Giuridico. Lezioni di Filosofia del Diritto* (Raccolte dal Dott. Nello Morra). Torino: G. Giappichelli-Editore, 1979.

_____. *Kelsen y Max Weber*. Trad. de Jorge E. Gutiérrez Ch. Na obra coletiva "El Outro Kelsen", compilada por Óscar Correas, pp. 57-77. México: UNAM, 1989.

_____. *Diritto e Pottere. Saggi su Kelsen*. Napoli: Edizioni Scientifiche Italiane, 1992.

_____. *Ensaio sobre Ciência Política Italiana*. Trad. de Maria Celeste F. Faria Marcondes. Brasília: Editora Universidade de Brasília; São Paulo: Imprensa Oficial do Estado, 2002.

BOCHENSKI, Jósef M. *Diretrizes do Pensamento Filosófico*. Trad. de Alfred Simon. São Paulo: Ed. Herder, 1961.

BODENHEIMER, Edgar. *Ciência do Direito. Filosofia e Metodologia Jurídicas*. Trad. de Enéas Marzano. Rio de Janeiro: Forense, 1966.

BRECHT, Arnold. *Teoria Política. Fundamentos do Pensamento Político do Século XX*. Vol. I. Trad. de Álvaro Cabral. Rio de Janeiro: Zahar Editores, 1965.

_____. *Teoria Política. Fundamentos do Pensamento Político do Século XX*. Vol. II. Trad. de Álvaro Cabral. Rio de Janeiro: Zahar Editores, 1965b.

BRIMO, Albert. *Les Grands Courants de la Philosophie du Droit et de L'État*. Paris: Éditions A. Pedone, 1967.

BRONOWSKI, Jacob. *O Senso Comum da Ciência*. Trad. de Neil Ribeiro da Silva. Belo Horizonte: Ed. Itatiaia; São Paulo: Ed. da Universidade de São Paulo, 1977.

BRUSIIN, Otto. *El Pensamiento Jurídico*. Trad. de Jose Puig Brutau. Buenos Aires: Ediciones Jurídicas Europa-América, 1959.

BURTT, Edwin Arthur. *As Bases Metafísicas da Ciência Moderna*. Trad. de José Viegas Filho e Orlando Araújo Henriques. Brasília: Ed. da Universidade de Brasília, 1983.

CALSAMIGLIA, Albert. *Kelsen y la Crisis de la Ciencia Jurídica*. Barcelona: Editorial Ariel, 1974.

CANGUILHEM, Georges. *O Objeto da História das Ciências*. Na obra coletiva "Epistemologia: Posições e Críticas", pp. 107-132. Trad. de M. Mª. Carrilho. Lisboa: Fundação Calouste Gulbenkian, 1991.

_____. *Ideologia e Racionalidade nas Ciências da Vida*. Trad. de Emília Piedade. Lisboa: Edições 70, s/d. (Preâmbulo de julho/1977).

CAPELLA, Juan-Ramón. *Materiales para la Crítica de la Filosofia del Estado*. Barcelona: Editorial Fontanella, S. A., 1976.

CARCOVA, Carlos M. *La Idea de "Ideologia" en la Teoría Pura del Derecho*. Buenos Aires: Cooperadora de Derecho y Ciencias Sociales, 1973.

CARNAP, Rudolf. *Pseudoproblemas na Filosofia*. Em "Os Pensadores", vol. XLIV, pp.149-175. São Paulo: Abril S. A. Cultural e Industrial, 1975.

CARNELUTTI, Francesco. *Balanço do Positivismo Jurídico*. Em "Heresias do Nosso Tempo", pp. 265-291. Trad. do Pe. António Marques. Porto: Livraria Tavares Martins, 1960.

CASSIRER, Ernst. *Las Ciencias de la Cultura*. Trad. de Wenceslao Roces. México: Fondo de Cultura Económica, 1972.

CASTORIADIS, Cornelius. *O Mundo Fragmentado. As Encruzilhadas do Labirinto/3*. Trad. de Rosa Maria Boaventura. Rio de Janeiro: Paz e Terra, 1992.

_____. *A Ascensão da Insignificância. As Encruzilhadas do Labirinto/4*. Trad. Regina Vasconcelos. São Paulo: Paz e Terra, 2002.

CATLIN, George E. G. *Tratado de Política*. Trad. de Waltensir Dutra. Rio de Janeiro: Zahar Editores, 1964.

CÍCERO, Marco Túlio. *Les Lois*. Trad. de Ch. Appuhn. Obra conjunta com "De la Republique". Paris: Garnier-Flammarion, 1965.

COELHO, Fábio Ulhoa. *Para Entender Kelsen*. São Paulo: Max Limonad, 1996.

COELHO, Inocêncio. *Aspectos da Teoria Pura do Direito*. Brasília: Serviço Gráfico do Senado Federal, 1968.

COELHO, Luiz Fernando. *Positivismo e Neutralidade Ideológica* em Kelsen. Em "Estudos de Filosofia do Direito. Uma Visão Integral da Obra de Hans Kelsen", pp. 46-68. Coordenação de Luis Regis Prado e Munir Karan. São Paulo: Ed. Revista dos Tribunais, 1985.

COMTE, Auguste. *Cours de Philosophie Positive*. Vol. II. Paris: Librairie J.-B. Baillière et Fils, 1877.

CORREAS, Óscar (Complilador). *El Otro Kelsen*. México: UNAM,1989.

_____. *Crítica da Ideologia Jurídica*. Ensaio Sócio-Semiológico. Trad. de Roberto Bueno. Porto Alegre: Sérgio Antonio Fabris Editor, 1995.

COSSIO, Carlos. *Teoría de la Verdad Jurídica*. Buenos Aires: Editorial Losada, S.A., 1954.

_____. *La Valoración Jurídica y la Ciencia del Derecho*. Buenos Aires: Ediciones Arayúm, 1954b.

_____. *La Teoría Egológica y el Concepto Jurídico de Libertad*. Buenos Aires: Abeledo-Perrot, 1964.

COSSIO, Carlos, & KELSEN, Hans. *Problemas Escogidos de la Teoria Pura del Derecho. / Teoria Egológica y Teoria Pura*. Trad. da obra de Kelsen por Carlos Cossio. Buenos Aires: Guillhermo KRAFT Limitada, 1952.

D'ENTRÈVES, A. Passerin. *Derecho Natural*. Trad. de M. Hurtado Bautista. Madrid: Aguilar, 1972.

DEL VECCHIO, Giorgio. *Teoria do Estado*. Trad. de António Pinto de Carvalho. São Paulo: Saraiva, 1957.

_____. *Filosofía del Derecho*. Trad. de Luis Legaz y Lacambra. Barcelona: Bosch, Casa Editorial, 1960.

DESCARTES, René. *Discurso do Método*. Em "Obra Escolhida", pp. 39-103. Trad. de J. Ginsburg e Bento Prado Júnior. São Paulo: Difusão Européia do Livro, 1962.

_____. *Regras para a Direção do Espírito*. Trad. de João Gama. Lisboa: Edições 70, 1985.

DILTHEY, Wilhelm. *Introducción a las Ciencias del Espíritu. Vol. I. Ensayo de Fundamentar el Estudio de la Sociedad y de la Historia*. Trad. de Ilse Teresa M. de Brugger. Buenos Aires: Espasa-Calpe Argentina, S.A., 1948.

_____. *Introducción a las Ciencias del Espiritu. Vol. II. La Metafísica como Fundamento de las Ciencias del Espíritu. Su Dominio e su Decadencia*. Trad. de Ilse Teresa M. de Brugger. Buenos Aires: Espasa-Calpe Argentina, S.A., 1948b.

DUGUIT, Léon. *Traité de Droit Constitutionnel*. Paris: Ancienne Librairie Fontemoing & Cie, Éditeurs. E. de Boccard, Successeur, 1927.

DUJOVNE, León. *La Filosofía del Derecho de Hegel a Kelsen*. Buenos Aires: Bibliografica Omeba. Editores-Livreiros, 1963.

EBENSTEIN, William. *La Teoria Pura del Derecho*. Trad. de J. Malagón y A. Pereña. México-Buenos Aires: Fonde de Cultura Económica, 1947.

EHRLICH, Eugen. *Fundamentos da Sociologia do Direito*. Brasília: Ed. Universidade de Brasília, 1986.

EHRLICH, Eugen & KELSEN, Hans. *Scienza Giuridica e Sociologia del Diritto*. Trad. de Agostino Carrino. Napoli: Edizioni Scientifiche Italiane, 1992.

ENGISCH, Karl. *La Idea de Concreción en el Derecho y en la Ciencia Jurídica Actuales*. Trad. de Juan Jose Gil Cremades. Pamplona: Ediciones Universidad de Navarra S.A., 1968.

FALSEA, Angelo. *Voci di Teoria Generale del Diritto*. Milano: Giuffrè Editore, 1970.

FASSÓ, Guido. *Storia della Filosofia del Diritto*. Vol. I: Antichità e Medioevo. Bolonha: il Mulino, 1974.

———. *Storia della Filosofia del Diritto*. Vol. II: L'Età Moderna. Bolonha: il Mulino, 1972.

———. *Storia della Filosofia del Diritto*. Vol. III: Ottocento e Novecento. Bolonha: il Mulino, 1974b.

FERRAZ JR., Tércio Sampaio. *Introdução ao Estudo do Direito*. Técnica, Decisão, Dominação. São Paulo: Editora Atlas, 1988.

———. *Por Que Ler Kelsen Hoje*. Prólogo à obra "Para Entender Kelsen", de Fábio Ulhoa Coelho, pp. 13-34. São Paulo: Max Limonad, 1996.

FEYERABEND, Paul. *Contra o Método. Esboço de uma Teoria Anárquica da Teoria do Conhecimento*. Trad. de Octanny S. da Mota e Leônidas Heagenberg. Rio de Janeiro: Liv. Francisco Alves, 1977.

FRIEDMANN, Wolfgang. *Théorie Génerale du Droit*. Tradutor não identificado. Paris: Librairie Générale de Droit et de Jurisprudence, 1965.

FRIEDRICH, Carl Joachim. *Perspectiva Histórica da Filosofia do Direito*. Trad. de Álvaro Cabral. Rio de Janeiro: Zahar Editores, 1965.

GADAMER, Hans-Georg. *A Razão na Época da Ciência*. Trad. de Ângela Dias. Rio de Janeiro: Tempo Brasileiro, 1983.

GAY, Peter. *Um Judeu sem Deus. Freud, Ateísmo e a Construção da Psicanálise*. Trad. De Jayme Salomão. Rio de Janeiro: Imago Editora, 1992.

GEIGER, Theodor. *Ideologia y Verdad*. Trad. de Margarita Jung. Buenos Aires: Amorrurtu Editores, 1972.

GERBER, C. F. v. *Diritto Pubblico*. Trad. de Pier Luigi Lucchini. Milano: Giuffrè-Editore, 1971.

GIDDENS, Antony. *O Positivismo e seus Críticos*. Em "História da Análise Sociológica", pp. 317-378. Trad. de Waltensir Dutra. Rio de Janeiro: Zahar Editores, 1980.

GIL, Antonio Hernandez. *Marxismo y Positivismo Lógico. Sus Dimensiones Jurídicas*. Madrid: Sucs. de Rivadeneyra, S. A., 1970.

GOMES, Alexandre Travessoni. *O Fundamento de Validade do Direito*. Kant e Kelsen. Belo Horizonte: Livraria Mandamentos Editora, 2000.

GOMES, Orlando. *Marx e Kelsen*. Bahia: Livraria Progresso Editora, 1959.

GOYARD-FABRE, Simone. *Kelsen e Kant. Saggi sulla Dottrina Pura del Diritto*. Napoli: Edizioni Scientifiche Italiane, 1993.

———. *Os Princípios Filosóficos do Direito Político Moderno*. Trad. de Irene A. Paternot. São Paulo: Martins Fontes, 1999.

_____. *Os Fundamentos da Ordem Jurídica*. Trad. de Cláudia Berliner. São Paulo: Martins Fontes, 2002.

GRAMSCI, Antônio. *Concepção Dialética da História*. Trad. de Carlos Nelson Coutinho. Rio de Janeiro: Ed. Civilização Brasileira, 1966.

GRZEGORCZYK, Christophe. *La Théorie Générale des Valeurs et le Droit. Essai sur lês Prémisses Axiologiques de la Pensée Juridique*. Paris: Librairie Générale de Droit et de Jurisprudence, 1982.

HABERER, J. *Politização na Ciência*. Em "A Crítica da Ciência. Sociologia e Ideologia da Ciência", pp. 107-135. Tradutor não identificado. Organização e Introdução de José Dias de Deus. Rio de Janeiro: Zahar Editores, 1974.

HABERMAS, Jurgen. *Conhecimento e Interesse*. Trad. de José N. Heck. Rio de Janeiro: Zahar Editores, 1982.

_____. *Direito e Democracia entre Facticidade e Validade*. Vol. I. Trad. de Flávio Beno Siebeneichler. Rio de Janeiro: Edições Tempo Brasileiro, 1997.

_____. *Direito e Democracia entre Facticidade e Validade*. Vol. II. Trad. de Flávio Beno Siebeneichler. Rio de Janeiro: Edições Tempo Brasileiro, 1997b.

HALL, Jerome. *Razón y Realidad en el Derecho*. Trad. de Pedro R. David. Buenos Aires: Roque Depalma Editor, 1959.

HART, H. L. A. *O Conceito de Direito*. Trad. de A. Ribeiro Mendes. Lisboa: Fundação Calouste Gulbenkian, 1986.

_____. *Derecho y Moral. Contribuciones a su Análisis*. Trad. de Genaro R. Carrió. Buenos Aires: Ediciones Depalma, 1962.

HEGEL, G. W. F. *Princípios da Filosofia do Direito*. Trad. de Orlando Vitorino. São Paulo: Martins Fontes, 1977.

_____. *Propedêutica Filosófica*. Trad. de Artur Morão. Lisboa: Edições 70, 1989.

_____. *Enciclopédia das Ciências Filosóficas em Compêndio*. Vol. I – A Ciência da Lógica. Trad. de Paulo Menezes com a colaboração de Pe. José Machado. São Paulo: Edições Loyola, 1995.

HEIDEGGER, Martin. *Kant y el Problema de la Metafísica*. Trad. de Gred Ibscher Toth. México: Fondo de Cultura Económica, 1973.

HELLER, Hermann. *Teoria do Estado*. Trad. de Lycurgo Gomes da Motta. São Paulo: Ed. Mestre Jou, 1968.

HENKEL, Heinrich. *Introducción a la Fisolofia del Derecho. Fundamentos del Derecho*. Trad. de Enrique Gimbernat Ordeig. Madrid: Taurus Ediciones, S.A., 1968.

HESSEN, Johannes. *Teoria do Conhecimento*. Trad. de João Vergílio Gallerani Cuter. São Paulo: Martins Fontes, 1999.

HOBBES, Thomas. *Leviatã. Ou a Matéria, Forma e Poder de um Estado Eclesiástico e Civil*. Trad. de Rosina D'Angina. São Paulo: Ícone Editora, 2000.

HOLMES JR., Oliver Wendell. *The Common Law*. Trad. de Fernando N. Barrancos y Vedia. Buenos Aires: TEA – Tipografica Editora Argentina, 1964.

HUSSERL, Edmund. *A Crise da Humanidade Europeia e a Filosofia*. Trad. de Urbano Zilles. Porto Alegre: EDIPUCRS, 1996.

_____. *Ideas Relativas a una Fenomenología pura y una Filosofía Fenomenológica*. Trad. de José Gaos. México: Fondo de Cultura Económica, 1997.

IHERING, Rudof von. *A Finalidade do Direito*. Vol. I. Trad. de José Antônio Faria Correa. Rio de Janeiro: Ed. Rio, 1979.

INSTITUTO HANS KELSEN. *Teoría Pura del Derecho y Teoría Marxista del Derecho*. Trad. de Ernesto Volkening. Bogotá: Editorial Temis Librería, 1984.

JANIK, Allan, & TOULMIN, Stephen. *A Viena de Wittgenstein*. Trad. de Álvaro Cabral. Rio de Janeiro: Campus, 1991.

JELLINEK, Georg. *Teoría General del Estado*. Trad. de Fernando de los Ríos Urruti. México: Compañía Editorial Continental S.A., 1958.

KALINOWSKI, Georges. *Querelle de la Science Normative. Une Contribution à la Théorie de la Science*. Paris: Librairie Générale de Droit et de Jurisprudence, 1969.

KANT, Immanuel. *Princípios Metafísicos del Derecho*. Tradutor não identificado. Nota preliminar de Francisco Ayala. Buenos Aires: Editorial Americale, 1943.

_____. *Prolegômenos a toda a Metafísica Futura*. Trad. de Artur Morão. Lisboa: Edições 70, 1982.

_____. *Crítica da Razão Pura*. Trad. de Manuel Pinto dos Santos e Alexandre Fradique Morujão. Lisboa: Calouste Gulbenkian, 1985.

_____. *Crítica da Razão Prática*. Trad. de Artur Morão. Lisboa: Edições 70, 1986.

_____. *A Paz Perpétua e outros Opúsculos*. Trad. de Artur Morão. Lisboa: Edições 70, 1988.

KANTOROWICZ, Hermann. *La Lucha por la Ciencia del Derecho*. Trad. de Werner Goldschmidt. Em "La Ciencia del Derecho", pp. 323-373. Buenos Aires: Editorial Losada S.A., 1949.

KELSEN, Hans. *El Método y los Conceptos Fundamentales de la Teoria Pura del Derecho*. Trad. de Luis Legaz y Lacambra. Madrid: Revista de Derecho Privado, 1933.

_____. *Théorie Générale du Droit International Public. Problèmes Choisis*. Na obra coletiva "Recueil des Cours", publicada pela Academie de Droit

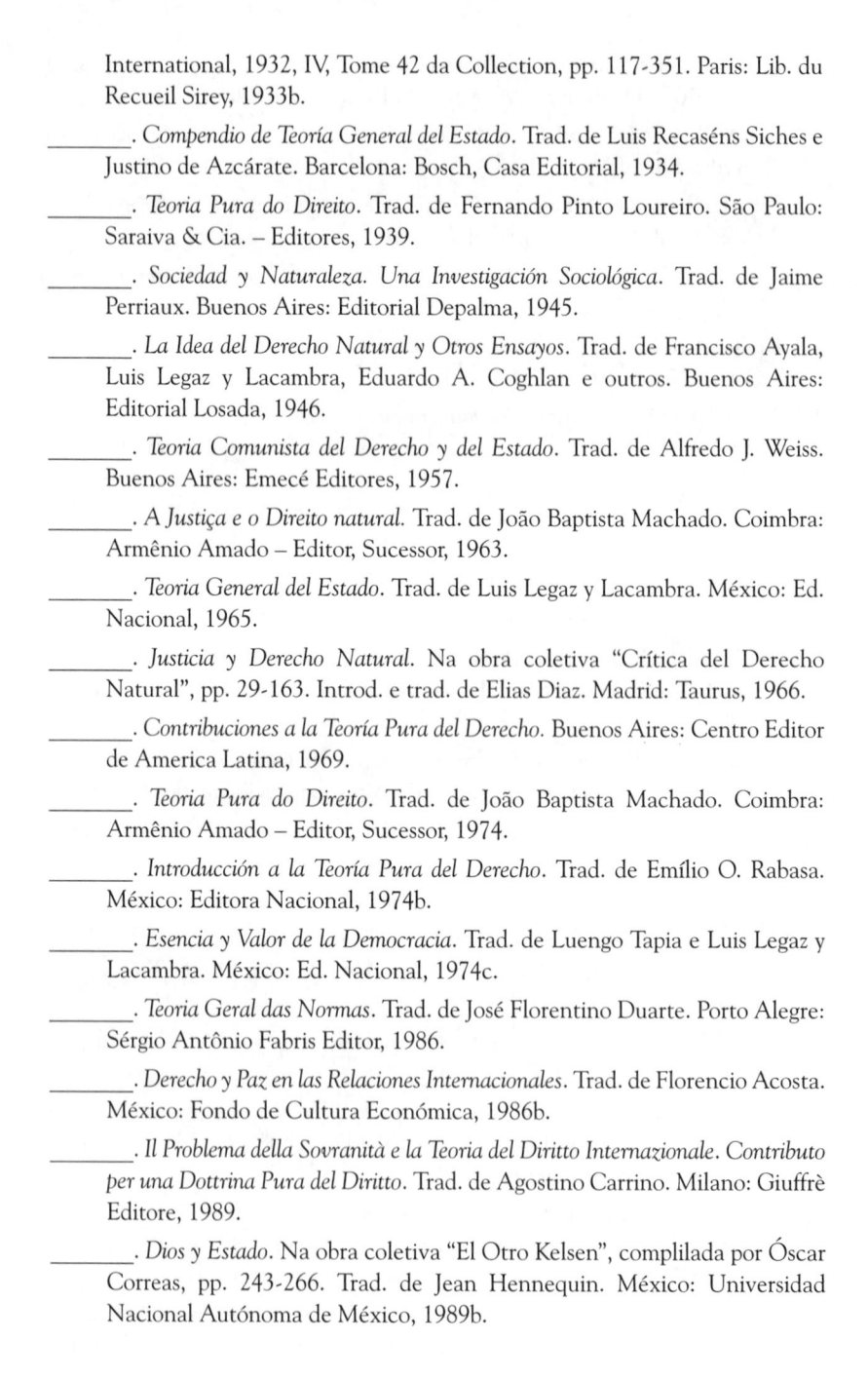

International, 1932, IV, Tome 42 da Collection, pp. 117-351. Paris: Lib. du Recueil Sirey, 1933b.

_____. *Compendio de Teoría General del Estado.* Trad. de Luis Recaséns Siches e Justino de Azcárate. Barcelona: Bosch, Casa Editorial, 1934.

_____. *Teoria Pura do Direito.* Trad. de Fernando Pinto Loureiro. São Paulo: Saraiva & Cia. – Editores, 1939.

_____. *Sociedad y Naturaleza. Una Investigación Sociológica.* Trad. de Jaime Perriaux. Buenos Aires: Editorial Depalma, 1945.

_____. *La Idea del Derecho Natural y Otros Ensayos.* Trad. de Francisco Ayala, Luis Legaz y Lacambra, Eduardo A. Coghlan e outros. Buenos Aires: Editorial Losada, 1946.

_____. *Teoria Comunista del Derecho y del Estado.* Trad. de Alfredo J. Weiss. Buenos Aires: Emecé Editores, 1957.

_____. *A Justiça e o Direito natural.* Trad. de João Baptista Machado. Coimbra: Armênio Amado – Editor, Sucessor, 1963.

_____. *Teoria General del Estado.* Trad. de Luis Legaz y Lacambra. México: Ed. Nacional, 1965.

_____. *Justicia y Derecho Natural.* Na obra coletiva "Crítica del Derecho Natural", pp. 29-163. Introd. e trad. de Elias Diaz. Madrid: Taurus, 1966.

_____. *Contribuciones a la Teoría Pura del Derecho.* Buenos Aires: Centro Editor de America Latina, 1969.

_____. *Teoria Pura do Direito.* Trad. de João Baptista Machado. Coimbra: Armênio Amado – Editor, Sucessor, 1974.

_____. *Introducción a la Teoría Pura del Derecho.* Trad. de Emílio O. Rabasa. México: Editora Nacional, 1974b.

_____. *Esencia y Valor de la Democracia.* Trad. de Luengo Tapia e Luis Legaz y Lacambra. México: Ed. Nacional, 1974c.

_____. *Teoria Geral das Normas.* Trad. de José Florentino Duarte. Porto Alegre: Sérgio Antônio Fabris Editor, 1986.

_____. *Derecho y Paz en las Relaciones Internacionales.* Trad. de Florencio Acosta. México: Fondo de Cultura Económica, 1986b.

_____. *Il Problema della Sovranità e la Teoria del Diritto Internazionale. Contributo per una Dottrina Pura del Diritto.* Trad. de Agostino Carrino. Milano: Giuffrè Editore, 1989.

_____. *Dios y Estado.* Na obra coletiva "El Otro Kelsen", complilada por Óscar Correas, pp. 243-266. Trad. de Jean Hennequin. México: Universidad Nacional Autónoma de México, 1989b.

_____. *Teoria Geral do Direito e do Estado*. Trad. de Luís Carlos Borges. São Paulo: Martins Fontes; Brasília: Ed. Universidade de Brasília, 1990.

_____. *Uma Teoria Fenomenológica del Diritto*. A cura de Giuliana Stella. Napoli: Edizioni Scientifiche Italiane, 1990b.

_____. *Uma Carta Inédita de Kelsen*. (a Renato Treves, em 03 de agosto de 1933). Tradução de Leonel Severo Rocha. Em "Contradogmáticas: Revista Internacional de Filosofia e Sociologia do Direito", nº 9, pp. 70-72. São Paulo: Editora Acadêmica, 1991.

_____. *O Problema da Justiça*. Trad. de João Baptista Machado. São Paulo: Martins Fontes, 1993.

_____. *A Democracia*. Trad. de Ivone Castilho Benedetti, Jefferson Luis Camargo, Marcelo Brandão Cipola e Vera Barkow. São Paulo: Martins Fontes, 1993b.

_____. *A Ilusão da Justiça.* Trad. de Sérgio Tellaroli. São Paulo: Martins Fontes, 1995.

_____. *O Que é Justiça? A Justiça, o Direito e a Política no Espelho da Ciência.* Trad. de Luís Carlos Borges e Vera Barkow São Paulo: Martins Fontes, 1997.

_____. *Problemi Fondamentali della Dotrina del Diritto Pubblico* (Esposti a partire dalla Dottrina della Proposizione Giuridica). Trad. de Agostino Carrino e Giuliana Stella. Napoli: Edizioni Scientifiche Italiane, 1997b.

_____. *Prólogo de Kelsen à Edição Thévenaz da "Teoria Pura do Direito"*, incluído na edição condensada da "Teoria Pura do Direito". Trad. de J. Cretella Jr. e Agnes Cretella. São Paulo: Ed. Revista dos Tribunais, 2001.

_____. *Scritii Autobiografi*. Trad. de Mario G. Losano. Reggio Emilia – Itália: Edizioni Diabasis, 2008.

KELSEN, Hans & COSSIO, Carlos. *Problemas Escogidos de la Teoria Pura del Derecho. / Teoria Egologica y Teoria Pura*. Trad. dos textos de Kelsen por Carlos Cossio. Buenos Aires: Guillhermo KRAFT Limitada, 1952.

KELSEN, Hans & KLUG, Ulrich. *Normas Jurídicas e Análise Lógica*. Correspondência trocada entre Kelsen e Klug. Trad. de Paulo Bonavides. Rio de Janeiro: Forense, 1984.

KIRCHMANN, Julius Hermann von. *El Carácter A-científico de la Llamada Ciencia del Derecho*. Trad. de Werner Goldschmidt. Em "La Ciencia del Derecho", pp. 247-286. Buenos Aires: Editorial Losada S.A., 1949.

KOFLER, Leo, ABENDROTH, Wolfgang & HOLZ, Hans Heinz. *Conversando com Lukács*. Trad. Giseh Vianna Konder. Rio de Janeiro: Paz e Terra, 1969.

KORKOUNOV, N. M. *Cours de Théorie Générale du Droit*. Paris: V. Giard & E. Briere. Libraires-Editeurs, 1903.

KRAFT, Victor. *El Círculo de Viena*. Trad. de Francisco Gracia. Madrid: Taurus Ediciones S.A., 1986.

KRIELE, Martin. *Introducción a la Teoría del Estado. Fundamentos Históricos de la Legitimidad del Estado Constitucional Democrático*. Trad. de Eugenio Bulygin. Buenos Aires: Ediciones Depalma, 1980.

KUNZ, Josef L. *Sobre a Problemática da Filosofia do Direito nos Meados do Século XX*. Trad. de Genésio de Almeida Moura. Em: "Revista da Faculdade de Direito de São Paulo". Vol. 46, pp. 05-43. São Paulo: Empresa Gráfica da 'Revista dos Tribunais Ltda.', 1951.

_____. *La Teoria Pura del Derecho. Cuatro Conferencias en la Escula Nacional de Jurisprudencia*. Tradutor não identificado. Prólogo de Luis Recaséns Siches. México: Editora Nacional, 1974.

LALANDE, André. *Vocabulário Técnico e Crítico da Filosofia*. Trad. Fátima Sá Correia *et ae*. São Paulo: Martins Fontes, 1993.

LARENZ, Karl. *Metodologia da Ciência do Direito*. Trad. de José de Sousa e Brito e José António Veloso. Lisboa: Fundação Calouste Gulbenkian, 1978.

LEGAZ Y LACAMBRA, Luis. Kelsen. *Estudio de la Teoría Pura del Derecho y del Estado de la Escuela de Viena*. Barcelona: Librería Bosch, 1933.

_____. *Horizontes del Pensamiento Jurídico. Estudios de Filosofía del Derecho*. Barcelona: Bosch, Casa Editorial, 1947.

LEIBHOLZ, Gerhardt. "Les Tendences Actuelles de la Doctrine du Droit Public en Allemagne". Em *Archives de Philosophie du Droit et de Sociologie Juridique*, números 1-2, pp. 207-224. Paris: Recueil Sirey, 1931.

LEONI, Bruno. "Oscurità ed Incongruenze nella Dottrina Kelseniana del Diritto". *Rivista Internazionale di Filosofia del Diritto* Anno XXXVII, Serie III, 1960, pp. 165-179. Milano: Dott. A. Giuffrè Editore, 1960.

LOSANO, Mario G. *Los Grandes Sistemas Jurídicos*. Trad. de Alfonso Ruiz Miguel. Madrid: Editorial Debate, 1982.

_____. *Introdução à edição italiana de "O Problema da Justiça"*, de Hans Kelsen, republicada na edição brasileira da mesma obra, pp. VII-XXXIII. Trad. de João Baptista Machado. São Paulo: Martins Fontes, 1993.

LUHMANN, Niklas. *Sociologia do Direito*. Vol. I. Trad. de Gustavo Bayer. Rio de Janeiro: Edições Tempo Brasileiro Ltda., 1983.

LUKÁCS, György. *Conversando com Lukács*. Entrevistas concedidas a Leo Kofler, Wolfang Abendroth e Hans Heinz Holz. Trad. de Giseh Vianna Konder. Rio de Janeiro: Ed. Paz e Terra, 1969.

_____. *El Asalto a la Razón. La Trayectoria del Irracionalismo desde Schelling hasta Hitler*. Trad. de Wenceslao Roces. Barcelona: Ediciones Grijalbo, S.A., 1972.

LUYPEN, William A. *Fenomenología del Derecho Natural.* Trad. de Pedro Martín y de la Cámara. Buenos Aires: Ediciones Carlos Lohlé, 1968.

MACHADO NETO, A. L. *Teoria da Ciência Jurídica.* São Paulo: Saraiva, 1975.

MARCHELLO, Giuseppe. *Diritto e Valore.* Milano: Dott. A. Giuffrè – Editore, 1953.

MARRAMAO, Giacomo. *Entre Bolchevismo e Social-Democracia: Otto Bauer e a Cultura Política do Austromarxismo.* Em Eric J. Hobsbawm (organizador), "História do Marxismo", Vol. V, pp. 277-343. Trad. de Carlos Nelson Coutinho, Luiz Sérgio N. Henriques e Amélia Rosa Coutinho. Rio de Janeiro: Paz e Terra, 1985.

MARTYNIAK, Czeslaw. *Le Problème de l'Unité des Fondeménts de la Théorie de Droit de Kelsen.* Em "Archives de Philosophie du Droit et de Sociologie Juridique", Números 1-2, pp. 166-190. Paris: Recueil Sirey, 1937.

MARX, Karl. Textos Escolhidos. Em T. B. Bottomore e M. Rubel, "Sociologia e Filosofia Social de Karl Marx. Textos Escolhidos". Trad. de Geir Campos. Rio de Janeiro: Zahar Editores, 1964.

_____. *Teses sobre Feuerbach.* Trad. de Álvaro Pina. Em Marx/Engels, "Obras Escolhidas", Vol. I, pp. 01-03. Lisboa: Edições "Avante"; Moscou: Edições Progresso, 1982.

_____. *Crítica ao Programa de Gotha.* Trad. de José Barata-Moura. Em Marx/Engels, "Obras Escolhidas", Vol. III, pp. 05-38. Lisboa: Edições "Avante"; Moscou: Edições Progresso, 1985.

_____. *A Ideologia Alemã.* Trad. de Luis Cláudio de Castro e Costa. São Paulo: Martins Fontes, 1989.

MATA-MACHADO, Edgar de Godói da. *Direito e Coerção.* Rio de Janeiro: Ed. Revista Forense, 1957.

MATTA, Emmanuel. *O Realismo da Teoria Pura do Direito.* Tópicos Capitais do Pensamento Kelseniano. Belo Horizonte: Nova Alvorada Edições Ltda., 1994.

MÁYNEZ, Eduardo García. *Positivismo Jurídico, Realismo Sociológico y Jusnaturalismo.* México: UNAM. Facultad de Filosofía y Letras, 1968.

_____. *Algunos Aspectos de la Doctrina Kelseniana.* Exposición y Crítica. México: Editorial Porrua S.A., 1978.

MENEZES, Djacir. *Tratado de Filosofia do Direito.* São Paulo: Editora Atlas, 1980.

_____. Kelsen e Pontes de Miranda. Em "*Estudos de Filosofia do Direito. Uma Visão Integral da Obra de Hans Kelsen*", pp. 31-45. Coordenação de Luis Regis Prado e Munir Karan. São Paulo: Ed. Revista dos Tribunais, 1985.

MIAILLE, Michel. *Une Introduction Critique au Droit*. Paris: François Maspero, 1976.

MIEDZIANAGORA, J. *Philosophies Positivistes du Droit et Droit Positif.* Paris: Librairie Générale du Droit et de Jurisprudence, 1970.

MERKL, Adolf. *Teoría General del Derecho Administrativo*. Tradutor não identificado. México: Editora Nacional, 1975.

MOLES, Abraham A.. *As Ciências do Impreciso*. Trad. de Glória de C. Lins. Rio de Janeiro: Ed. Civilização Brasileira, 1995.

MORIN, Edgar. *Ciência com Consciência*. Trad. de Maria D. Alexandre e Maria Alice Sampaio Dória. Rio de Janeiro: Ed. Bertrand Brasil, 1996.

MUSIL, Robert. *O Homem sem Qualidades*. Trad. de Lya Luft e Carlos Abbenseth. Rio de Janeiro: Nova Fronteira, 1989.

NADER, Paulo. *Filosofia do Direito*. Rio de Janeiro: Forense, 2000.

NAVARRETE, J. F. Lorca. *El Derecho Natural*, Hoy. A Propósito de las Ficciones Jurídicas. Madrid: Ediciones Pirámides, S. A., 1976.

NEURATH, Otto. *Sociologia en Fisicalismo*. Em"El Positivismo Lógico", obra compilada por A. J. Ayer, pp. 287-322. Trad. de L. Aldama, U. Frisch, C. N. Molina, F. M. Torner e R. Ruiz Harrel. Madrid: Fondo de Cultura Econômica, 1993.

NIETSCHE, FriedrichW. Humano, *Demasiado Humanon*. Um Livro para os Espíritos Livres. Trad. de Carlos Grifo Babo. Lisboa: Editorial Presença, 1973.

_____. *A Gaia Ciência*. Trad. de Márcio Pugliesi, Edson Bini e Norberto de Paula Lima. São Paulo: Hemus, 1976.

_____. *O Livro do Filósofo*. Trad. de Ana Lobo. Porto: Rés-Editora Lda., 1984.

OLIVECRONA, Karl. *El Derecho como Hecho*. Trad. de Gerónimo Cortés Funes. Buenos Aires: Roque Depalma Editor, 1959.

PANIAGUA, José Maria Rodrigues. *Historia del Pensamiento Jurídico*. Madrid: Universidad Complutense/Facultad de Derecho, 1976.

PASUKANIS, Evgeni B. *Teoría General del Derecho y Marxismo*. Trad. de Virgilio Zapatero. Barcelona: Editorial Labor, 1976.

PAULO. *De Diversis Regulis Juris Antiqui*. Trad. de R. Limongi França, em "Brocardos Jurídicos. As Regras de Justiniano". São Paulo: Ed. Revista dos Tribunais, 1969.

PEÑA, Enrique Luño. *Historia de la Filosofía del Derecho*. Barcelona: Editorial La Hormiga de Oro S. A., 1955.

PERELMAN, Chaïm. *Ética e Direito*. Trad. de Maria Ermantina Galvão G. Pereira. São Paulo: Martins Fontes, 1996.

_____. Retóricas. Trad. de Maria Ermantina Galvão G. Pereira. São Paulo: Martins Fontes, 1997.

_____. Lógica Jurídica. Nova Retórica. Trad. de Virgínia K. Pupi. São Paulo: Martins Fontes, 1998.

PERETIATKOWICZ, Antoine. La Méthode Normative en Droit Public (Notes Critiques sur la Théorie de M. Kelsen). Em "Archives de Philosophie du Droit et de Sociologie Juridique", Números 1-4, pp. 225-235. Paris: Recueil Sirey, 1940.

PFABIGAN, Alfred. La Polémica entre Hans Kelsen y Max Adler sobre la Teoría Marxista del Estado. Em Instituto Hans Kelsen, "Teoria Pura del Derecho y Teoría Marxista del Derecho", pp. 79-115. Trad. de Ernesto Volkening. Bogotá: Editorial Temis Librería, 1984.

PLANCK, Max. ¿Adonde va la Ciencia? Trad. de Felipe Jiménez de Asúa. Buenos Aires: Editorial Losada S.A., 1941.

PLATÃO. Mênon. Em "Diálogos". Vol. I., pp. 55-106. Trad. de Jorge Paleikat. Porto Alegre: Ed. Globo, 1960.

_____. A República. Trad. de Maria Helena da Rocha Pereira. Lisboa: Fundação Calouste Gulbenkian, 1987.

POPPER, Karl. A Sociedade Democrática e seus Inimigos. Trad. de Milton Amado. Belo Horizonte: Ed. Itatiaia Ltda., 1959.. Autobriografia Intelectual. Trad. de Leônidas Hegenberg e Octanny Silveira da Motta. São Paulo: Cultrix/ Editora da Universidade de São Paulo, 1977.

_____. Sociedade Aberta, Universo Aberto. Trad. de Maria Helena Rodrigues de Carvalho. Lisboa: Publicações Dom Quixote, 1991.

_____. Um Mundo de Propensões. Trad. de Teresa Barreiros e Rui G. Feijó. Lisboa: Editorial Fragmentos, Lda., s/d.

POPPER, Karl & LORENZ, Konrad. O Futuro Está Aberto. Trad. de Teresa Curvelo. Lisboa: Editorial Fragmentos, 1990.

POUND, Roscoe. Las Grandes Tendencias del Pensamiento Jurídico. Trad. de Jose Puig Brutau. Barcela: Ediciones Ariel, 1950.

PRADO, Luis Regis, &KARAN, Munir (Coordenadores). Estudos de Filosofia do Direito. Uma Visão Integral da Obra de Hans Kelsen. São Paulo: Ed. Revista dos Tribunais, 1985.

PRIGOGINE, Ilya. O Fim das Certezas. Tempo, Caos e as Leis da Natureza. Trad. de Roberto Leal Ferreira. São Paulo: Ed. da UNESP, 1996.

RADBRUCH, Gustavo. Filosofia do Direito. Trad. de L. Cabral de Moncada. Coimbra: Arménio Amado – Editor, Sucessor, 1974.

REALE, Giovanni & ANTISERI, Dario. *História da Filosofia. Do Romantismo até nossos Dias.* Vol. III. Tradutor não identificado. Revisão de L. Costa e H. Dalbosco. São Paulo: Paulus, 1991.

REALE, Miguel. *O Direito como Experiência* (Introdução à Epistemologia Jurídica). São Paulo: Ed. Saraiva, 1968.

_____. *A Visão Integral do Direito em Kelsen.* Em"Estudos de Filosofia do Direito. Uma Visão Integral da Obra de Hans Kelsen", pp. 15-30 e 42-43. Coordenação de Luis Regis Prado e Munir Karan. São Paulo: Ed. Revista dos Tribunais, 1985.

_____. *Filosofia do Direito.* São Paulo: Ed. Saraiva, 1990.

_____. *Nova Fase do Direito Moderno.* São Paulo: Ed. Saraiva, 1990b.

_____. *Cinco Temas do Culturalismo.* São Paulo: Ed. Saraiva, 2000.

REINACH, Adolf. *Los Fundamentos Apriorísticos del Derecho Civil.* Trad. de José Luis Álvarez. Barcelona: Librería Bosch, 1934.

ROQUEPLO, Ph. *Oito Teses sobre o Significado da Ciência.* Em"A Crítica da Ciência. Sociologia e Ideologia da Ciência", pp. 140-157. Tradutor não identificado. Organização e Introdução de José Dias de Deus. Rio de Janeiro: Zahar Editores, 1974.

ROSS, Alf. *El Concepto de Validez y Otros Ensayos.* Trad. de Genaro R. Carrió e Osvaldo Paschero. Buenos Aires: Centro Editor de America Latina, 1969.

_____. *Lógica de las Normas.* Trad. de Jose S.-P. Hierro. Madrid: Editorial Tecnos, 1971.

_____. *Direito e Justiça.* Trad. de Edson Bini. Bauru, São Paulo: Edipro, 2000.

ROSSET, Clément. *O Real e seu Duplo. Ensaio sobre a Ilusão.* Trad. de José Thomaz Brum. Porto Alegre/ São Paulo: L&PM Editores S/A, 1988.

RUSSELL, Bertrand. *Meu Desenvolvimento Filosófico.* Trad. de Luiz Alberto Cerqueira e Alberto Oliva. Rio de Janeiro: Zahar Editores, 1980.

SALDANHA, Nelson. *Teoria do Direito e Crítica Histórica.* Rio de Janeiro: Livraria Freitas Bastos S.A., 1987.

_____. *Filosofia do Direito.* Rio de Janeiro: Renovar, 1998.

SAMPAIO, Nélson de Sousa. "Doutrina" – Fonte Material e Formal do Direito. Em *"Estudos de Filosofia do Direito. Uma Visão Integral da Obra de Hans Kelsen"*, pp. 69-94. Coordenação de Luis Regis Prado e Munir Karan. São Paulo: Ed. Revista dos Tribunais, 1985.

SARTRE, Jean-Paul. *Questão de Método.* Trad. de Bento Prado Júnior. São Paulo: Difusão Européia do Livro, 1956.

_____. *O Existencialismo é um Humanismo.* Trad. de Vergílio Ferreira. Porto: Editorial Presença, 1962.

SAVIGNY, Karl Friedrich von. *Los Fundamentos de la Ciencia Jurídica*. Trad. de Werner Goldschmidt. Na obra coletiva "La Ciencia del Derecho", pp. 29-246. Buenos Aires: Editorial Losada S.A., 1949.

_____. *De la Vocación de uestra Época para la Legislación y la Ciencia del Dereho*. Na obra "La Codificación", em parceria com Thibaut, pp. 44-169. Trad. de José Diaz Garcia. Madrid: Aguilar, 1970.

SCARPELLI, Uberto. *Cos'è il Positivismo Giuridico*. Milano: Edizioni di Comunità, 1965.

SCHELER, Max. *Visão Filosófica do Mundo*. Trad. de Regina Winberg. São Paulo: Editora Perspectiva S.A., 1986.

SCHILD, Wolfgang. *Las Teorías Puras del Derecho. Reflexiones sobre Hans Kelsen y Robert Walter*. Trad. de Ernesto Volkening. Bogotá: Editorial Temis Librería, 1983.

SCHLICK, Moritz. *O Fundamento do Conhecimento*. Em "Os Pensadores", vol. XLIV, pp. 71-87. Trad. de Luis João Baraúna. São Paulo: Abril S. A. Cultural e Industrial, 1975.

_____. *Positivismo e Realismo*. Em "Os Pensadores", vol. XLIV, pp. 45-70. Trad. De Luis João Baraúna. São Paulo: Abril S. A. Cultural e Industrial, 1975b.

_____. *El Viraje de la Filosofía*. Em "El Positivismo Lógico", obra compilada por A. J. Ayer, pp. 59-65. Trad. de L. Aldama, U. Frisch, C. N. Molina, F. M. Torner e R. Ruiz Harrel. Madrid: Fondo de Cultura Econômica, 1993.

SCHMITT, Carl. *Teoría de la Constitución*. Trad. de Francisco Ayala. Madrid: Editorial Revista de Derecho Privado, s/d.

_____. *O Conceito do Político*. Trad. de Álvaro L. M. Valls. Petrópolis: Ed. Vozes, 1992.

SCHREIER, Fritz. *Conceptos y Formas Fundamentales del Derecho. Esbozo de una Teoria Formal del Derecho y del Estado sobre base Fenomenológica*. Trad. de Eduardo García Maynez. México: Editora Nacional, 1975.

SCHRÖDINGER, Erwin. *O Que é Vida? O Aspecto Físico da Célula Vida. Seguido de Mente e Matéria e Fragmentos Autobiográficos*. Trad. de Jesus de Paula Assis e Vera Yukie Kuwajima de Paula Assis. São Paulo: Ed. da UNESP/ Cambridge University Press, 1997.

SICHES, Luis Recaséns. *Estudio Preliminar* em "Compendio de Teoría General del Estado", de Hans Kelsen, pp. 05-101. Trad. de Luis Recaséns Siches e Justino de Azcárate. Barcelona: Bosch, Casa Editorial, 1934.

_____. *Panorama del Pensamiento Jurídico en el Siglo XX*. Vol. I. México: Editorial Porrua, 1963.

_____. *Panorama del Pensamiento Jurídico en el Siglo XX*. Vol. II. México: Editorial Porrua, 1963b.

SIMON, William H. *A Prática da Justiça. Uma Teoria da Ética dos Advogados*. Trad. de Luís Carlos Borges. São Paulo: Martins Fontes, 2001.

SPENGLER, Oswald. *A Decadência do Ocidente. Esboço de uma Morfologia da História Universal*. Edição condensada por Helmut Werner. Trad. de Herbert Caro. Rio de Janeiro: Zahar Editores, 1964.

SPINOZA. *Ética*. Trad. de Lívio Xavier. São Paulo: Atena Editora, 1960.

STAMMLER, Rudolf. *Tratado de Filosofía del Derecho*. Trad. de Wenceslao Roces. México: Editora Nacional, 1974.

STUCKA, P. I. *La Función Revolucionaria del Derecho y del Estado*. Trad. de Juan-Ramón Capella. Barcelona: Ediciones Península, 1969.

TALE, Camilo. *Exposición y Refutación de los Argumetnos de Hans Kelsen contra la Doctrina del Derecho Natural*. Em"Sapientia", Vol. LI, pp. 81-102. Buenos Aires: Faculdade de Filosofía y Letras de la Pontificia Universidad Católica Argentina Santa María de los Buenos Aires, 1996.

TARELLO, Giovanni. *Diritto, Enunciati, Usi. Studi di Teoria e Metateoria del Diritto*. Bolonha: il Mulino, 1974.

TEJADA, Francisco Elías. *Tratado de Filosofía del Derecho*. Tomo II. Sevilla: Universidad de Sevilla, 1977.

TORANZO, Miguel Villoro. *Lecciones de Filosofía del Derecho*. México: Editoria Porrúa, 1973.

TREVES, Renato. *El Fundamento Filosófico de la Teoría Pura del Derecho de Hans Kelsen*. Trad. de Manuel Simón Egaña. Separata de la Revista de la Facultad de Derecho. Cuadernos de Filosofia del Derecho, Nº 02. Universidad Central de Venezuela. Caracas: Editorial Sucre, 1968.

TRIEPEL, Heinrich. *Derecho Público y Política*. Trad. de José Luis Carro. Cadernos Civitas. Madrid: Editorial Revista de Occidente, 1974.

TUMÁNOV, Vladímir. *O Pensamento Jurídico Burguês Contemporâneo*. Trad. de Palmeiro Gonçalves. Lisboa: Editorial Caminho, SARL, 1984.

TRUYOL Y SERRA, Antonio. *História de la Filosofía del Derecho y del Estado*. Vol. II. Del Renascimiento a Kant. Madrid: Revista de Occidente, 1976.

VERDROSS, Alfred. *La Filosofía del Derecho del Mundo Occidental. Visión Panorâmica de sus Fundamentos y Principales Problemas*. Trad. de Mario de la Cueva. México: Universidade Nacional Autónoma de México, 1962.

VIEHWEG, Theodor. "Que Veut-on Dire par Positivisme Juridique?" Em *"Archives de Philosophie du Droit"*, Vol. X, "Philosophes d'Aujourd'hui em Présence du Droit", pp. 181-190. Paris: Recueil Sirey, 1965.

VILANOVA, Lourival. *As Estruturas Lógicas e o Sistema do Direito Positivo.* São Paulo: Ed. Revista dos Tribunais, 1977.

VILLEY, Michel. *Leçons d'histoire de la Philosophie du Droit.* Paris: Dalloz, 1962. Philosophie du Droit. Définitions et Fins du Droit. Paris, Dalloz, 1975.

VIOLA, Oscar Luis. *Contra Kelsen (Revisión Crítica de la Teoría pura – purísima – del Derecho, de Hans Kelsen).* Buenos Aires: Editorial Astrea, 1975.

VOEGELIN, Eric. *A Nova Ciência da Política.* Trad. de José Viegas Filho. Brasília: Ed. Da Universidade de Brasília, 1979.

WALINE, Marcel. *Défense du Positivisme Juridique.* Em "Archives de Philosophie du Droit et de Sociologie Juridique", Números 1-2, pp. 83-96. Paris: Recueil Sirey, 1939.

WALTER, Robert. *La Estructura del Orden Jurídico.* Dissertación jurídico-teórica basada en la teoría pura del derecho. Trad. de Ernesto Volkening. Bogotá: Editorial Temis Librería, 1984.

_____. *La Doctrina del Derecho de Hans Kelsen.* Trad. de Luis Villar Borda. Bogotá: Cargraphics S. A., 1999.

_____. *A Teoria Pura do Direito.* Em "Teoria Pura do Direito", de Hans Kelsen. pp. 19-27. Trad. de J. Cretella Jr. e Agnes Cretella. São Paulo: Ed. Revista dos Tribunais, 2001.

WEBER, Max. *Essais sur la Théorie de la Science.* Trad. de Julien Freund. Paris: Librairie Plon, 1965.

WELZEL, Hans. *Derecho Natural y Justicia Material. Preliminares para una Filosofía del Derecho.* Trad. de Felipe González Vicén. Madrid: Aguilar, 1957.

WITTGENSTEIN, Ludwig. *Tratado Lógico-Filosófico e Investigações Filosóficas.* Trad. de M. S. Lourenço. Lisboa: Fundação Calouste Gulbenkian, 1987.

WOLF, Eric. *El Problema del Derecho Natural.* Trad. de Manuel Entenza. Barcelona: Ediciones Ariel, 1960.

ZIPPELIUS, Reinhold. *Teoria Geral do Estado.* Trad. de António Cabral de Moncada. Lisboa: Fundação Calouste Gulbenkian, 1984.

ÍNDICE ONOMÁSTICO

1. Os números em algarismos romanos indicam os capítulos e em algarismos arábicos, os parágrafos; 2. As citações referem-se geralmente aos nomes dos autores, mas, também, aos adjetivos correspondentes (ex: kantiano).

A

Abendroth, Wolfgang – V:38
Adler, Max – I: 73, II: 61.
Agostinho, Santo – II: 21, V: 15a.
Ahrens, Heinrich – V: 53.
Alexy, Robert – I: 76.
Alighieri, Dante – I:09, II: 06.
Althusser, Louis – VI: 46.
Amselek, Paul – I: 73, II: 75, II: 80-82, II: 84.
Antiseri, Dario – II: 60, II: 61, III: 6.
Anzilotti, Dionizio – V: 88.
Arendt, Hannah – V: 36, V: 41.
Aristófanes – III: 22.
Aristóteles – V: 13, V: 41, VI: 21, VI: 73.
Assoun, Paul-Laurent – VI: 48.
Atias, Christian – VI: 19.
Austin, John – I: 33, II: 11, II: 29, II: 30, II: 32, II: 34-35, III: 17, III: 21, IV: 48.
Avenarius, Richard – II: 53.

B

Bachelard, Gaston – II: 2, III: 21, III: 32, V: 68, VI: 46.
Bacon, Francis – II: 21, VI: 21.
Bauer, Otto – II: 59, II: 61, II: 62.
Belot, G. – V: 79.
Bentham, Jeremy – V: 13.
Bergbohm, Karl – VI: 71, VI: 77.
Bergmann, Gustav – II: 40.
Bierling, Rudolf – V: 51.
Binder, Julius – IV: 33.
Binding, Karl – V: 51.
Bloch, Ernst – V: 29, V: 35, V: 86.
Bluntschli, J. C. – II: 28.
Bobbio, Norberto – I: 44, III: 17, IV: 45, V: 51, VI: 14, VI: 29, VI: 76.
Bochenski, Josef M. – IV: 38.
Bodenheimer, Edgar: – III: 19.
Boltzmann, Ludwig – II: 13.
Brecht, Arnold – II: 30, III: 29, V: 05-06.
Brimo, Albert – III: 14.
Bronowski, Jacob – VI: 21.
Brusiin, Otto – I: 63.
Burtt, Edwin A. – IV: 24.
Bustamante y Montoro, A. S. de – IV: 08.

C

Calsamiglia, Albert – II: 87, V: 25, VI: 08.
Canguilhem, Georges – VI: 46.
Capella, Juan-Ramón – IV: 66, V: 28-29.
Carnap, Rudolf: II-40.
Cassirer, Ernst – II: 92, V: 42.
Castoriades, Cornelius – IV: 22, V: 15a
Cattaneo, Mario A. – III: 17.
Cícero, Marco Túlio – II: 21,V: 43.
Coelho, Fábio Ulhoa – I: 78, V: 44.
Coelho, Luiz Fernando – VI: 50.
Cohen, Felix S. – V: 13.
Cohen, Hermann – I: 65, II: 26, II: 56, II: 89, II: 91-92, II: 94, IV: 47, V: 62, V: 64.

Comte, Augusto – II: 21, V: 30, VI: 26.
Cossio, Carlos – I: 15, I: 42, I: 73, II: 12, II: 14, II: 22, II: 104-109, III: 01, IV: 59, IV: 61, VI: 25.

D

D'Entrèves, A. Passerin – V: 07, V: 66, V: 85.
Descartes, René; IV: 40, V: 15a
Del Vecchio, Giorgio – II: 22.
Díaz, Elías – II: 06.
Dilthey, Wilhelm – I: 30.
Duguit, Léon – I: 27.
Dujovne, León – II: 37, IV: 65.
Dupeyroux, Henri – III: 22-24.

E

Ebenstein, William – II: 105, IV: 47, V: 64.
Ehrlich, Eugen – I: 73.
Eisenmann, Charles – I: 15.

F

Falsea, Angelo – I: 26, III: 30, V: 31.
Fedro – III: 55.
Fernek, Hold v – II: 76.
Ferraz Jr., Tércio Sampaio – II: 40.
Feuerbach, P. J. A. von – V: 42.
Fleiner, Fritz – II: 28.
Foucault, Michel – II: 02, VI: 46.
Frank, Philipp – II: 40.
Frege, Gottlob – II: 37.
Freigl, Herbert – II: 40
Freud, Sigmund – II: 02, II: 06, III: 21, V: 42, VI: 06, VI: 48.
Friedmann, Wolfgang. – II: 30, IV: 51, V: 25, V: 86.
Friedrich, Carl J. – IV: 14-15.

G

Galilei, Galileu – VI: 21, VI: 75.
Gay, Peter – VI: 48.
Gerber, C. Friedrich von – II: 22, II: 26, II: 28, IV: 06.

Giddens, Antony – V: 30.
Gierke, Otto – II: 28.
Gödel, Kürt – II: 40.
Gomes, Orlando – VI: 39-40.
Goyard-Fabre, Simone – IV: 45, IV: 49, V: 19, VI: 13, VI: 68.
Grócio, Hugo – VI: 75.
Grünberg, Carl – II: 61.
Grzegorczyk, Christopher – VI: 19, VI: 51.
Gurvitch, Georges – III: 10.

H

Haberer, J. – VI: 16.
Habermas, Jürgen – II: 45.
Hägerström, Axel – V: 86.
Hahn, Hans – II: 40.
Hall, Jerome – II: 34, III: 30, IV: 14-15.
Hart, Herbert L. A. – III: 17, V: 19, VI: 68.
Hartmann, Nicolai – II: 71.
Hatschek, Julius – II: 28.
Hegel, G.H.F. – II: 46-48, III: 21, III: 37, IV: 13, IV: 22, V: 14-15, V: 15a, VI: 73.
Heidegger, Martin – V: 42.
Heller, Hermann – I: 53, II: 10, II: 24, III: 30, IV: 38, V: 46.
Helmholtz, Hermann von: II-13.
Hempel, Carl G. – II: 40.
Henrich, Walter – I: 15, II: 41.
Heráclito – V: 14, VI: 73.
Hertz, Heinrich – II: 13.
Hilferding, Rudolf – II: 59, II: 61.
Hitler, Adolf – III: 23.
Hobbes, Thomas – V: 44, VI: 84, VII: 6.
Holz, Hans Heinz – V: 38
Hugo, Gustavo – IV: 06, IV: 26.
Hume, David – V: 07.
Husserl, Edmund – II: 12, II: 71-78, II: 82, III: 01, III: 07.

I

Ihering, Rudolf von – I: 36, III: 10, V: 55.

J

Janik, Allan – II: 60.
Jansson, Jan-Magnus – I: 73.
Jellinek, Georg – I: 45, II: 23, II: 28, IV: 06, V: 50.
Jèze, Gaston – III: 23.

K

Kalinowski, Georges: II-84.
Kant, Immanuel – I: 32, I: 71, II: 05, II: 12, II: 20, II: 26, II: 56, II: 48, II: 57, II: 60, II: 71, II: 76, II: 85-97, III: 9, III: 11, III: 13, III: 34, III: 53-55, IV: 10, IV: 22, IV: 25, IV: 47, V: 03-04, V: 07-09, V: 13, V: 15a, V: 16-18, V: 30, V: 38, V: 42, V: 54, V: 62, V: 64, V: 70, V: 81, VI: 15, VI: 21, VI: 36, VI: 40, VI: 53, VI: 72-73, VI: 75.
Kaufmann, Felix – I: 15, II: 40-42.
Kautsky, Karl – VI: 48.
Kirchhoff, Gustav – II: 13.
Knapp, Ludwig – IV: 06.
Kofler, Leo – V: 38
Kraft, Julius – I: 15.
Kraft, Victor – II: 40, II: 42.
Kriele, Martin – III: 17, III: 20, VI: 44-45.
Kunz, Josef L. – I: 09, I: 15, I: 71, II: 41, II: 85, II: 96-97, II: 99, II: 101, II: 105-106, II: 110-113, II: 116, V: 73.

L

Laband, Paul – II: 23-28, IV: 06.
Lalande, André – V: 79.
Larenz, Karl – II: 46, V: 46, VI: 56.
Lask, Emil – II: 93.
Laski, Harold – IV: 5l.
Leão XIII – IV: 26.
Legaz y Lacambra, Luis – I: 03, I: 15, II: 07, II: 10, II: 57, II: 78, II: 85, III: 30, IV: 63, VI: 56.
Leibholz, Gerhardt – II: 24, IV: 06.
Leibniz, Gottfried W. – I: 43, VI: 75.
Leoni, Bruno – V: 21-22.
Locke, John – VI: 84.
Losano, Mario – III: 17, III: 20, IV: 41, V: 25, VI: 28.
Lukács, György: – V: 38.
Luypen, William – VI: 92.

M

Mach, Ernst – II: 06, II: 13, II: 26, II: 40, II: 49, II: 53-58, II: 60, II: 62-64, II: 76, V: 62-63, VI: 40.
Malberg, R. Carré de – III: 23.
Mannheim, Karl – VI: 43.
Marramao, Giacomo – II: 62
Martyniak, Czeslaw – I: 20, II: 53, II: 55, II: 85, II: 87-88, II: 90, II: 96.
Marx, Karl – II: 02, IV: 26, V: 14, V: 42, VI: 06, VI: 37-41, VI: 45-46, VI: 48.
Mata-Machado, E. de Godói da – V: 55.
Mauthner, Fritz – V: 13.
Mayer, Otto – II: 28.
Máynez, E. García – III: 18, V: 08, V: 25.
Melo, Maria Bernadete Maia: Ap. – XVI.
Menezes, Djacir – II: 40, II: 107, II: 109, III: 05, IV: 21, IV: 52, IV: 54, V: 23, VI: 51.
Mênon – III: 34.
Merkel, Adolf – V: 51.
Merkl, Adolf – I: 15, II: 41, II: 98-100, II: 107, IV: 09.
Merleau-Ponty, Maurice – V: 42.
Miaille, Michel – IV: 14, IV: 16, V: 87.
Mises, Richard von – II: 40.
Moles, Abraham A. – VI: 16.
Moore, Gerge E. – V: 12.
Münchhausen, Barão de – V: 79.
Musil, Robert – II: 06, VI: 22.

N

Nader, Paulo – III: 17.
Natorp, Paul – II: 92.
Nawiasky, Hans – II: 107.
Neurath, Otto – II: 40, II: 41.
Newton, Isaac – VI: 75.
Nicolau de Cusa – II: 21.
Nietzsche, Friedrich – I: 22, II: 02, III: 21, V: 15a, V: 42, VI: 87.

O

Olivecrona, Karl – I: 34.
Otaka, Tomoo – I: 15.

P

Paniagua, J. M. Rodriguez – IV: 14, IV: 16.
Parmênides – II: 21.
Pašukanis, Eugênio; VI: 20.
Peano, Giuseppe – II: 37.
Pearson, K.: I-28.
Perelman, Chaïm – I: 75, VI: 56.
Peretiatkowicz, Antoine – II: 67.
Pfabigan, Alfred – II: 61.
Picard, Edmond – IV: 06.
Pitamic, Leônidas – I: 15, II: 76, II: 96.
Platão – I: 20, I: 74, II: 45, III: 13, IV: 10, IV: 25, V: 13, V: 15a, V: 64, VI: 53.
Pontes de Miranda, F. C. – III: 5, IV: 39.
Popper, Karl – II: 42, II: 45, II: 103, III: 34, VI: 22.
Pound, Roscoe – II: 11.
Prigogine, Ilya – VI: 16.
Prior, Arthur N. – V: 12.

Q

Queiroz, Edson: Ap. – XVI.

R

Radbruch, Gustavo – I: 03, II: 93, III: 9-10, III: 17, V: 19, VI: 66-68.
Ramsey, Frank P. – II: 40.
Reale, Giovanni – II: 60, II: 61, III: 6.
Reale, Miguel – I: 04, II: 40, II: 105, III: 5-06, III: 47, IV: 39, IV: 41, IV: 44, IV: 52-54.
Rêgo, George Browne: Ap. – XVI.
Rehm, Hermann – II: 28.
Reidemeister, Kurt – II: 40.
Reinach, Adolf – IV: 06.
Renner, Karl – II: 59, II: 61.
Rickert, Heinrich – II: 93.
Roguin, Ernest – IV: 06.
Roqueplo, Ph. – VI: 47.

Ross, Alf – I: 26, I: 35, I: 73, II: 69, II: 114, III: 06, III: 45-46, III: 49-50, V: 10, V: 89-90, VI: 25.
Rousseau, Jean-Jacques – V: 06, VI: 84.
Russell, Bertrand – II: 37, II: 40, VI: 23.
Ryle, Gilbert – II: 40.

S

Saldanha, Nelson – I: 79, II: 46, IV: 14, IV: 16, IV: 57.
Sampaio, Nélson de Sousa – V: 61.
Sander, Fritz – I: 73, II: 24, II: 41, II: 88-89, II: 104, III: 01, IV: 59, VI: 24, VI: 25.
Sartre, Jean-Paul – II: 01, III: 56, V: 42, VI: 69.
Savigny, F. Carl von – IV: 26, V: 06, V: 74.
Scarpelli, Ugo – III: 17, III: 20.
Scheler, Max – II: 02, V: 42, VI: 53.
Schild, Wolfgang – V: 08.
Schlick, Moritz – II: 40, II: 49-52, III: 13, V: 13, VII: 5.
Schmidt, Richard – II: 28.
Schmitt, Carl – I: 73, II: 10, V: 43.
Schopenhauer, Arthur – IV: 35.
Schreier, Fritz – I: 15, II: 41, IV: 33, IV: 46, V: 81.
Simmel, Georg – V: 03-04.
Simon, William H. – VI: 30.
Sócrates – III: 34.
Spengler, Oswald – II: 03.
Spinoza, Baruch – I: 43, IV: 26, VI: 75.
Stalin, Iosif V. – III: 23.
Stammler, Rudolf – II: 22, II: 92, II: 17.
Stirner, Max – V: 88.
Stone, Julius – I: 40, I: 73, II: 67, IV: 04, IV: 08, IV: 17, IV: 48, V: 68, V: 71-72, V: 76, VI: 25.
Stucka, P. L. – VI: 41.

T

Tale, Camilo – VI: 90.
Tarello, Giovanni – IV: 56.
Tertuliano – II: 56.
Thon, August – V: 51.

Tomás de Aquino, Santo – V: 13, V: 15a.
Toulmin, Stephen – II: 60.
Trendelenburg, Adolf – V: 53.
Treves, Renato – I: 62, II: 24, II: 26, II: 56, II: 63, II: 66, II: 68, II: 74, II: 85, II: 89, II: 95, V: 14, V: 63.
Triepel, Heinrich – IV: 57, V: 36-37, V: 51.
Tumánov, Vladímir – I: 03, II: 58, II: 82, II: 103.

V

Vaihinger, Hans – II: 56, II: 63-66, II: 68, II: 70, II: 76, III: 13, III: 41, III: 55, IV: 17, V: 62-63.
Verdross, Alfred – I: 15, II: 41, II: 76, II: 96, II: 99, II: 101-102, II: 107, II: 110, II: 117, IV: 59, IV: 70, V: 43, V: 73.
Vicén, Felipe González – III: 21.
Vilanova, Lourival – V: 60.
Villey, Michel – III: 10-11, V: 30, V: 38.

Virally, Michel – III: 14, V: 19.
Vishinky, A. Y. – VI: 41.
Voegelin, Eric – III: 07.
Voltaire – VII: 3.

W

Waline, Marcel – III: 15-16, III: 22-25.
Waismann, Friedrich – II: 40.
Walter, Robert – I: 29, II: 105, V: 08.
Weber, Max – I: 21.
Welzel, Hans – III: 18, IV: 33.
Weyr, Franz – I: 15.
Windelband, Wilhelm – II: 93, V: 03-04.
Wittgenstein, Ludwig – II: 06, II: 37, II: 40, II: 45.
Wolf, Eric – VI: 69.

Z

Zilsel, Edgar – II – 40.

ÍNDICE ALFABÉTICO-REMISSIVO

1. Os números em algarismos romanos indicam os capítulos e em algarismos arábicos, os parágrafos; a sigla Apr. refere-se à Apresentação; 2. TPD significa Teoria Pura do Direito; NFH, norma fundamental hipotética; DI, Direito Internacional e DN, Direito natural; 3. A letra K. refere-se ao nome Kelsen.

Antinomia

– conceito – II: 8.
– entre ciência descritiva e funções dinâmicas – VI: 10-14.
– entre ciência descritiva e interpretação-criadora – I: 70, I: 76.
– entre coação essencial e acidental – I: 31, I: 35, II: 17, II: 83, V: 47.
– entre criticismo e pragmatismo – II: 96.
– entre Dir. e experiência – III: 53-54.
– entre o Dir. que é e o Dir. que deve ser – I: 41, VI: 10.
– entre Dir. positivo ideológico e TPD – I: 56.
– entre norma e coação – I: 38.
– entre NFH jurídica e não jurídica – V: 69-70.
– entre NFH opcional e necessária – V: 76-77.
– entre NFH positiva e não positiva; IV: 04-05, V: 71.
– entre realismo e idealismo – III: 55, V: 10.
– destruição através da dialética – VI: 36.

Antropologia filosófica/ Homem

– autotranscendência – VI: 17, VI: 91.
– bondade ou maldade natural: temática superada – V: 44.
– definição aristotélica – V: 41.
– condição de autorrealização: liberdade – V: 43.
– crença na maldade congênita – V: 44-45.
– faltou a K. uma teoria geral do homem – V: 53.
– fundamento antropológico das teorias políticas – V: 43.
– homem algum é uma máquina – VI: 36.
– incompletude e imperfeição naturais – VI: 17.
– nenhuma preocupação de K. – V: 42.
– problema da nossa época – V: 42.
– ruptura com a História – III: 56.
– século XX: transformação da filosofia em antropologia – V: 42.
– sentido da dignidade humana – V: 43.
– ser de relações – II: 01.
– ser metafísico – II: 45.

A Priori

– ciência apriorística ou eidética – III: 07.
– conhecimento *a priori* – II: 86, IV: 21.
– superioridade do *a priori* na ciência – II: 92.

Austromarxismo

– aproximação de K. – VI: 40.
– caracterização – II: 59
– fontes – II: 60-61, VI: 40.
– temática principal – II: 59.

– vinculações doutrinárias de K. – II: 53, II: 58-62.

Causalidade
– princípio – I: 31-32.

Ciência/Científico
– acientificidade: ortodoxia e dogma – VI: 91.
– a serviço da classe no poder – VI: 47.
– acabou a idade da inocência – VI: 16.
– apriorística ou eidética – III: 07, III: 34.
– caráter hipotético – VI: 23, VI: 26.
– como processo – VI: 24.
– culto – VI: 06.
– diferença, e não unanimidade – VI: 91.
– dogma da racionalidade: mistificação – VI: 47.
– empírica: fatos do ser – III: 46, III: 48.
– empírica: condições – III: 48, III: 51.
– empírica do Dir.: defeito – III: 55.
– empreendimento aberto – III: 04, IV: 14, VI: 23.
– empreendimento coletivo – VI: 24.
– espírito: descarte do monopólio da verdade – VI: 25.
– época da ciência descritiva – VI: 21.
– época da ciência explicativa – VI: 21.
– época da ciência construtiva – VI: 21.
– exatas – I: 42, VI: 16.
– exigências: fertilidade e eficácia – VI: 21.
– exigências: contexto social e vivência democrática – III: 32.
– expurgo das sentenças metafísico-especulativas – II: 37.
– fechada: características – I: 79, VI: 23.
– ideia de ciência unificada – II: 37.
– importância da ideia – III: 33-34.
– interpretação idealista – II: 92.
– lição de humildade – II: 69.
– mal da ciência no início do séc. XX – II: 12.
– método lógico de análise – II: 37.

– não tem competência sobre dever-ser – III: 11, V: 30.
– neutralidade – II: 12, II: 62.
– objeção *Robson Crusoé* – VI: 24.
– objetivo: veracidade, e não verdade – VI: 89.
– o que se pode esperar – VI: 23.
– superioridade de elementos *a priori* – II: 92, III: 34.
– única autoridade: os fatos – VI: 29.

Ciências causais/ Ciências normativas
– contraste – V: 02-03.

Ciências do espírito
– ciência do Dir. como – IV: 02.
– notas definidoras – I: 30.

Ciência jurídica pura
– apreensão jurídica do objeto – IV: 61.
– atraso – IV: 49.
– bases filosóficas – I: 62, II: 19-20.
– caráter anti-ideológico – VI: 31.
– caráter exclusivamente teórico – I: 77.
– caráter meramente descritivo – I: 28-29, I: 70, I: 76, II: 53, II: 84, III: 56, IV: 49, VI: 11, VI: 16, VI: 18, VI: 21-22, VI: 26-28.
– caráter prescritivo – VI: 11-15.
– ciência jurídica livre – IV: 02.
– como ciência do espírito – I: 30.
– cuida apenas de formas – IV: 47.
– de essências – II: 73, II: 92, III: 07, IV: 03-04.
– de fenômenos – III: 07.
– filosófica idealista – I: 73.
– luta política contra a ideologização – II: 16.
– meio de expressão: proposições lógicas – II: 50.
– não cuida de fatos – III: 44, IV: 65.
– não pode ser empírica – III: 44.
– neutralidade axiológica – I: 21-22, V: 33, VI: 16.

– objetivos – II: 18, IV: 43, IV: 47.
– objeto – I: 24, I: 42, III: 50, IV: 61-62, VI: 09.
– objeto da ciência jurídica realista: um dever ser – III: 49.
– possibilitação pela NFH – V: 65.
– primazia – VI: 31.
– sem ciência – VI: 19-20.
– TPD nunca pretendeu ser única ciência jurídica possível – IV: 42.
– ultrapassagem do positivismo puro – III: 27.
– visa interesses teóricos, não práticos – III: 25.

Ciência jurídica tradicional
– caráter ideológico – VI: 33.
– caráter metafísico – I: 54.
– decadência – II: 17.
– situação no início do séc. XX – II: 13-14.

Cientificismo
– doença infantil dos dogmáticos – IV: 39.
– ingenuidades do positivismo cientificista – VI: 16.

Círculo de Viena
– afinidades da TPD – II: 46, II: 97.
– empirismo – III: 13.
– influência sobre K. – II: 36-52.
– insegurança sobre a participação de K. – II: 40-42.
– integrantes – II: 40.
– pontos de aproximação com a TPD – II: 39, II: 43.
– privilegiamento do fático – III: 13.
– proibição de falar sobre o que não seja ciência – II: 45, VI: 06.

Coação
– absolutismo coativista – V: 52, V: 55.
– coação, coerção e coatividade – V: 54.

– critério empírico do Dir. – I: 38, III: 49, V: 26.
– elemento acidental do Direito – II: 83, V: 47.
– elemento político do Estado – V: 39-40.
– essência do Dir. e do Estado – I: 31, I: 35, II: 17, V: 47, V: 52.
– Estado como ordem coativa – V: 39.
– fim: abolição do Dir. – V: 52.
– há coação até no espontâneo cumprimento do Dir. – V: 52, V:53.
– hipóteses de renúncia – I: 36.
– identificação de coação com sanção – V: 26.
– moral (psíquica) e jurídica (externa) – V: 26.
– movimento anticoativista – V: 51.
– preside todos os atos humanos – V: 53.

Conduta humana
– como conteúdo formal e material – IV: 63.
– como fato – IV: 61.
– como objeto da ciência jurídica – IV: 61-62.
– matematização – IV: 51.

Constituição
– como fundamento – III: 24.
– em sentido lógico do DI – II: 101.
– fundamento da Constituição – III: 24.

Conteúdo
– axiológico – III: 16.
– contraste entre conteúdo e forma – II: 09, IV: 57, V: 01, VI: 04.
– da norma: força física – V: 51, VI: 65.
– disponibilidade do Dir. para qualquer conteúdo; I: 47, I: 58, IV: 19, IV: 60, VI: 05.
– eliminação – IV: 46, IV: 56-57, VI: 05.
– normas como conteúdos espirituais – IV: 63.
– sentido do Dir. sem conteúdo – IV: 09.
– tema sem solução – IV: 60.

– validade não é questão de conteúdo – IV: 60.

Costume

– Dir. fundado no costume – III: 10.

Crença

– *Credo quia absurdum* – II:56.

Democracia

– significado: relatividade – II: 09.

Desobediência civil

– oportunidade – IV: 33, VI: 81.

Dever ser

– admissão do dever ser de conformação axiológica – II: 79.
– esfera da idealidade – V: 02, V: 10.
– esvaziamento do conteúdo axiológico – III: 11, VI: 05.
– puramente lógico – V: 09, VI: 05.
– só pode ser derivado de dever ser – II: 52, II: 112 , III: 08, IV: 63.
– para que? – III: 40.
– Dir. é dever ser ético e axiológico – IV: 32.
– expressão da autonomia do Dir. – V: 04.
– mundo da normatividade – I: 26, VI: 05.
– objeto da ciência jurídica realista – III: 49, VI: 05.

Dever ser/Ser

– comunicabilidade – III: 10, V: 06, V: 15-16, V: 21-29, V: 57.
– contraste: premissa fundamental da TPD – V: 01-25, VI: 04.
– correspondência: valor e realidade – V: 13, V: 32.
– correspondência: idealidade e realidade – V: 31.
– Dir. é enquanto deve ser – IV: 30, IV: 32.
– distinção: dado imediato da nossa consciência – V: 11.
– doutrina da comunicabilidade: longa vigência – V: 06.
– doutrina do abismo – V: 05, V: 13, V: 20, V: 56.
– doutrina insatisfatória: – III: 14.
– esfera do ser: subalternidade – V: 11.
– identificação – V: 27.
– incomunicabilidade – II: 47, III: 08-09, III: 50, V: 05, V: 07-08, V: 11, V: 16-20.
– incomunicabilidade: conseqüências doutrinárias – V: 16.
– incomunicabilidade: fontes da doutrina – V: 07-08.
– incomunicabilidade: posição da doutrina positivista – V: 19.
– infertilidade jurídica do ser – III: 08-09, IV: 63.
– K. nega que exista o dualismo em Kant; V: 16-18.
– partes de uma mesma realidade – II: 47.
– projeções do contraste – V: 05.
– subjetividade: conversão do ser em dever ser – V: 29.
– todo objeto cultural é ao mesmo tempo ser e dever ser – III: 47.
– transição do dever ser para o ser – V: 21-22.
– transição do ser para o dever ser – V: 23-27.
– ser, morada do Dir. – III: 10.
– subjetividade: conversão do ser em dever ser – V: 29.
– suportes da TPD – II: 09, II: 47, II: 93, V: 01-25.

Direito

– e contradireito – I: 69.
– natureza: compreensão da natureza do homem – V: 43.
– está permeado de ideologia – VI: 43.

Direito de resistência

– oportunidade – IV: 33, VI: 81.

Direito de revolução
– oportunidade – VI: 81.

Direito Internacional
– aplicação da TPD – II: 101.
– Dir. primitivo – III: 20.
– fato cria a norma – V: 25.
– internacionalização da TPD: risco ideológico – II: 103.
– internacionalização da PPD: vantagens – II: 103.
– norma fundamental – V: 25.

Direito natural
– admissibilidade – I: 56, I: 62, II: 95-97, IV: 24, VI: 53.
– aversão e afastamento – II: 20, IV: 55, VI: 32.
– caráter conservador – VI: 82, VI: 84.
– caráter metafísico – VI: 33.
– caráter revolucionário – VI: 85.
– cientificamente, é sem valor – VI: 86, VI: 88.
– como arquétipo do Dir. positivo – VI: 81.
– contraste necessário de afirmação da TPD – VI: 69.
– de índole teológica – VI: 75.
– descarte – I: 18, I: 49, I: 54, II: 82, II: 94.
– depuração – I: 49.
– Dir. do povo – V: 74.
– diversidade de formas impede adoção – III: 23-24.
– e coação – V: 49-50, VI: 77, VI: 79.
– funções – VI: 81.
– funções na TPD – VI: 70.
– fundamento – IV: 11.
– inadmissível como fundamento de validade – I: 56, VI: 32, VI: 82.
– incompreensão de K. – VI: 74.
– liberdade: único DN ou inato – III: 55.
– lógico – II: 88-89.
– mau combate – VI: 91.

– movimento de regresso – V: 49.
– natureza do problema: metajurídico – VI: 93.
– nem angelical nem demoníaco – VI: 85.
– não tem poder para legislar – VI: 79.
– objeto da política; VI: 71.
– obstáculo: doutrina do abismo – V: 20, VI: 73.
– politicidade – VI: 71.
– relação com a TPD: *punctum dolens* – VI: 76.
– refutado por conservador – VI: 29, VI: 33.
– segundo renascimento – VI: 68.
– tentativa de supressão – II: 23.
– último recurso contra os autoritarismos – IV: 55, VI: 66-67, VI: 81.
– utilização ideológica – I: 55, V: 20, VI: 33, VI: 58, VI: 64, VI: 82, VI: 84.
– variável – VI: 75.

Direito natural e Direito positivo
– coexistência impossível – VI: 77-78.
– contraste entre material e formal – IV: 58.
– em coexistência, um dos dois é supérfluo – VI: 77-78, VI: 80-81.
– inexiste contradição – VI: 79-80.
– lógica da complementaridade – VI: 80.
– princípios gerais de Dir.: expressão genérica – VI: 80.
– questão das essências – III: 41.
– seres de relação – III: 41-42.

Direito positivo
– aplicação do método transcendental – II: 89.
– autocriação – II: 100, V: 58, VI: 09, VI: 18.
– auto-suficiência – I: 55, V: 58, VI: 18.
– caráter ideológico – I: 56, VI: 57-62.
– como adjetivo – IV: 29-30, IV: 37.
– como ameaça – V: 52-53.
– como compartição de liberdades – IV: 37, VI: 92.

– como um dever ser para nada – VI: 79.
– como experiência – II: 89.
– como ordem coativa – I: 27, I: 35, I: 37, III: 49, V: 26, V: 34, V: 47-56, VI: 79.
– como quarta qualificação da conduta humana – IV: 37.
– como realidade mental – II: 83, III: 37, IV: 19, IV: 63-65, V: 02, V: 31.
– como sistema dinâmico – II: 77, II: 99-100.
– como técnica de valoração da conduta humana – II: 83.
– concreção – III: 36.
– criação: competência – V: 65.
– da TPD – III: 30, VI: 04.
– é enquanto deve ser – IV: 30, IV: 32.
– essência – III: 03.
– fora da História – IV: 25.
– não é um ser, mas uma maneira de ser – IV: 28.
– pode ser objeto de diversas ciências – VI: 08.
– positividade reside na convicção da obrigatoriedade – V: 50.
– prescindibilidade – V: 76.
– puro: absurdo – IV: 31.
– sentido em que não é ideologia – VI: 58.
– ser acidente sem suporte existencial – IV: 27-31.
– sistema de restrições – IV: 37.
– vida contemplativa – III: 43.

Direito puro

– afirmação negativa – I: 40, IV: 08-09.
– o Dir. da TPD também é puro – I: 40, IV: 07-18.

Direito real ou possível e Dir. ideal ou justo

– distinção – I: 28, III: 38, III: 40, III: 42, VI: 04, VI: 09.
– cabe a teoria dizer como deve ser o Dir. – VI: 21.

Discípulos de Kelsen

– menosprezo do mestre – II: 107.

Eficácia

– condição de validade – I: 60, III: 52, IV: 66-68, V: 24, V: 60, VI: 26, VI: 60.
– conexidade com positividade – II: 88.
– não interessa à ciência do Dir. – IV: 60, IV: 64.
– princípio de eficácia: NFH – V: 72.

Empírico/Empirismo

– ciência do Dir. não pode ser empírica – III: 44.
– do Círculo de Viena – III: 13.
– ilusão básica – IV: 22.
– negligência dos dados empíricos – II: 88.
– sem ato de experiência – III: 57.
– superioridade da experiência sobre o entendimento – III: 53.
– teoria da razão pura como teoria da experiência – II: 89.
– teoria descritiva não pode ser empírica – III: 52.
– TPD como teoria empírica – II: 89, III: 01-02, III: 51-52.

Epistemologia jurídica

– conhecimento: compatibilidade com emoção e vontade – VI: 36.
– conhecimento empírico: características – III: 45.
– conhecimento inato – III: 34.
– conhecimento produz seu objeto – V: 81, VI: 15, VI: 21.
– hipótese científica: validade – V: 85.
– menos precisão da ideia, mais palavras para expressá-la – V: 68.
– papel científico da crença – V: 88.
– paradigmas: noção – II: 04.
– parte integrante da TPD – I: 61, I: 71-72.
– possibilitação do conhecimento do Dir. positivo: NFH – V: 65.
– princ. da economia do pensamento – II:54, V: 62

– princ. da economia do valor – II:55, II:56.
– princ. da produção epistemológica de um valor ótimo – II:54
– realidade vista pela metade – V: 81-81.
– reduções – III: 35.
– seres de pensamento – I: 22, III: 21, III: 30, III: 43, IV: 19, IV: 64-65.
– significação primordial – I: 71.
– teoria das ideias – III: 34.

Erros doutrinários

– classificação – II: 04.

Escola Analítica Inglesa

– complemento da TPD – II: 3.
– críticas – II: 11.
– divergências – II: 33-34.
– identidade com a TPD – II: 32.
– semelhanças com a TPD – II: 11, II: 29-30-35.

Escola de Baden

– perfil doutrinário – II: 93.
– principais integrantes – II: 93.
– prioridade à filosofia dos valores – II: 93.
– teoria dualista das ciências – II: 93.

Escola de Marburgo

– interpretação idealista da ciência – II: 92.
– perfil doutrinário – II: 92.
– principais integrantes – II: 92.
– revolução copernicana – I: 20.
– teoria unitária das ciências – II: 93.

Escola de Viena

– grupo inicial – I: 15.

Essência

– conceito – I: 37, V: 48.
– características – I: 37.

– cognoscibilidade fenomênica – II: 71.
– e acidente – V: 48.
– realidade – III: 25.

Estado

– caráter ideológico – VI: 57, VI: 62-63.
– coação como elemento político – V: 39.
– como ordem coercitiva – V: 39.
– conceito ideal – II: 86.
– essência – III: 03, V: 47.
– monopólio do uso da força – V: 39.
– não há Dir. sem Estado – III: 23.
– produto da crença, como Deus – V: 88.
– redução ao Direito – I: 47-53, II: 86, V: 39.
– teoria pura – I: 49.
– todo Estado é Estado de Direito – I: 50.

Ética

– carência na teoria da interpretação – I: 69.
– como ciência empírica dos fatos – II: 51, III: 12.
– descompromisso da TPD – VI: 68.
– Dir. é dever ser ético e axiológico – IV: 32.
– Dir. não tem qualquer valor ético ou político – V: 34.
– incomunicabilidade entre ser e dever ser – V: 07.
– metajurisprudência ético-política – II: 24.
– relativismo ético de Cohen – II: 94.
– única filosofia autêntica de Kant – II: 95.

Europa da época de elaboração da TPD
– crise espiritual: II: 07.

Evolucionismo

– rejeição – III: 09.

Existência

– para existir, o Dir. tem de misturar-se – IV: 31.

– independente e dependente – IV: 29.

Fato/Facticidade
– como conteúdo das normas – IV: 61.
– como fundamento do Dir – II: 113.
– descarte – III: 13, III: 50, IV: 53, VI: 05.
– desimportância para o Dir. – II: 52, III: 44, IV: 60.
– esfera fática do ser – III: 11.
– faticidade: cisão – V: 28.
– fato normativo – III: 10.
– fatos do ser: condição da ciência empírica – III: 46.
– formalização do fato – IV: 64.
– inexistência no Dir. – III: 08.
– introdução no centro do sistema – IV: 66, V: 61, V: 73.
– no DI, o fato cria a norma – V: 25.
– norma como sentido de um fato do ser – IV: 64.
– nenhum fato pode criar Dir. – IV: 63.
– origem comum do Direito – III: 10.
– única autoridade – VI: 29.

Fenômeno
– cognoscibilidade – II: 71.
– como coisa-em-si – II: 71.
– mundo: sujidade natural – VI: 16.

Fenomenologia
– coincidências com a TPD – II: 74.
– fonte da TPD – II: 71-75, II: 80.
– Kelsen como precursor da fenomenologia – II: 80-81.
– sentido do movimento – II: 71.
– oposição fundamental de Kelsen; II: 71.

Ficção
– caráter metafísico – II: 66.
– na ciência: condenação – I: 10.
– teoria vaihingeriana da ficção – II: 56, II: 64, II: 68-70, III: 13, III: 55, IV: 19.
– modo de operar; II: 64.
– verdade: maior utilidade – II: 64.

Filosofia
– bases filosóficas da TPD – I: 62.
– compatibilidade da TPD com qualquer filosofia – II: 116-117.
– da imanência – VI: 32.
– da transcendência – VI: 33.
– provas dialética e retórica – I: 75.

Filosofia dialética
– ausência – V: 14, VI: 73.
– destruição das antinomias – VI: 36.
– doutrina do ato e potência – VI: 73.
– faltou ajuste de contas com Hegel – V: 14-15.

Filosofia do Direito
– de Hegel: restrições kelsenianas – II: 48.
– fundamento: dignidade da pessoa humana – V: 43.

Filosofia ficcionalista
– Ver Ficção

Filósofo/Pensador
– representante do seu tempo – II: 03.

Finalidade jurídica
– dificuldade de isolar o Dir. da finalidade – III: 40.
– eliminação – IV: 46, V: 33-36.
– equívoco: falta de doutrina da finalidade do Dir. – VI: 92.
– não interessa ao jurista – I: 45.

Formalismo
– abrandamento – IV: 69-70.
– censuras – IV: 52, IV: 54.
– como característica da TPD – I: 44, II: 08-09, II: 24, IV: 50-70, V: 31.
– como limitação necessária – I: 44.
– comprometimento pela admissão de valores – II: 75.
– conexidade entre forma e conteúdo – II: 88.

– consequências políticas – II: 10, III: 37.
– convivência com a metafísica e a axiologia – IV: 70.
– crítica: preconceito jusnaturalista – I: 47, IV: 58.
– defeitos – II: 12, III: 32, IV: 51.
– formalismo logicista – II: 25.
– funções – IV: 46.
– ideologização – IV: 59.
– ponto programático e princípio ideológico – IV: 45.
– pureza metódica como resultado – IV: 45.
– qualidade – IV: 51.
– razões – I: 46, IV: 50.
– redução da realidade a simples noção formal – II: 88, IV: 50.
– TPD não é formalista – IV: 53.
– TPD é formalista sob vários aspectos – IV: 56.

Fundamento/Fundamentação
– conceito – V: 79.
– ao nível da imanência – VI: 32.
– autofundamentação – II: 71, V: 83.
– conceito metafísico – V: 79.
– contrafundamentação através do DN – III: 28, VI: 82.
– contrafundamentação através de disciplinas teóricas – II: 82.
– de norma é sempre norma, não fato – II: 112.
– de validade – II: 50, V: 65, V: 69, V: 77-84, VI: 82.
– do Dir.: consciência comum do povo – V: 74.
– do Dir.: consciência jurídica – V: 74.
– epistemológico – II: 49.
– filosofias que ignoram o problema – V: 80.
– incapacidade do positivismo para fundamentação – V: 84.
– no contratualismo autoritário – VI: 84-85.
– no contratualismo democrático – VI: 84-85.

– substituição pela doutrina da validade – IV: 46, V: 80.

História/Historicidade
– do Dir.: necessidade – IV: 26, VI: 08.
– historicidade da natureza – IV: 26.
– ironia dialética – IV: 54.
– possível um Dir. positivo fora da História? – IV: 25.
– ser puro: fora da História – IV: 25.

Ideias
– Dir. da TDP habita o mundo das ideias – III: 43.
– genealogia – II: 21.
– inatas – III: 34.
– como modelo – III: 33-35.
– positivação: norma – III: 36-37.
– primazia – III: 21.

Ideal/Idealismo
– cisão do mundo: idealidade e facticidade – VI: 53.
– coexistência com o positivismo – II: 86.
– essencialista – I: 62.
– fonte do mundo ideativo da normatividade – III: 54.
– índole metafísica – VI: 53.
– mal congênito – III: 32.
– norma como ente ideativo – II: 83, III: 30.
– TPD: filosofia idealista – I: 77, IV: 20, IV: 60, V: 64, VI: 53.
– transcendental – I: 05, II: 20, II: 86.
– soberania do ideal – III: 13.

Ideologia
– afasta a verdade científica – I: 55, VI: 34-35.
– afastamento: consequências – I: 54, VI: 31-34.
– ausência de racionalidade – VI: 35.
– burguesa: crítica – VI: 40.
– caráter conservador da ideologia política – VI: 35.
– científica: preocupações teóricas – VI: 46.
– científica: perversidade – VI: 47.
– como falsa consciência – VI: 37, VI: 45.

– como concepção do mundo – VI: 45.
– como conjunto de ideias – VI: 45
– como utopia – VI: 37.
– compatibilidade entre ideologia e pureza metódica – VI: 64.
– conceito marxista – VI: 37-38.
– conceito: diversidade de notas – VI: 44.
– conceito: dupla dificuldade – VI: 43.
– conceito: plurivocidade – I: 56, VI: 43, VI: 45.
– corrompe e obscurece a realidade – VI: 34-35, VI: 37-38.
– das anti-ideologias – VI: 43.
– degradação das ideias em ideologias – VI: 56.
– disponibilidade do formalismo – III: 37.
– do dualismo Direito-Estado – I: 48.
– duplo significado em K. – VI: 42.
– duplicação do mundo – VI: 37.
– função dupla – VI: 44.
– função ideológica do Dir. natural – I: 55, VI: 32-33.
– legítima – VI: 60-61.
– metafísica – VI: 61.
– modo especial de atuação: a parcialização – VI: 48.
– neutralidade como condição – VI: 50.
– origem: mais na vontade do que no conhecimento – VI: 34-36.
– pertinência a normas de dever ser – VI: 60.
– saberes e poderes estão permeados – VI: 43.
– seu tempo: a pré-cientificidade – VI: 38.
– utilização da metafísica – VI: 54.
– vinculação a interesses – VI: 44.
– vocação para resultados antinômicos – VI: 36.

Iluminismo
– sentido intelectual – II: 05.

Imputação
– princípio – I: 31-32.

Interpretação jurídica
– amplo arbítrio do intérprete – I: 68.

– autêntica ou criadora de Direito – I: 69, V: 66.
– disponibilização para regimes autoritários – I: 69.
– funções: criar norma individual ou executar sanção – I: 69.
– não autêntica – V: 66.
– parte integrante da TPD – I: 61, I: 67-70.
– possibilitação pela NFH – V: 65.
– produção de norma individual fora da moldura – I: 69.
– sem utilidade – VI: 30.
– ultrapassagem da eticidade jurídica – I: 68-69.

Irracionalismo
– racionalismo matematicista – V: 35.

Juridicidade
– abrangência – I: 31.
– conceito – I: 04.
– função da NFH – V: 65, V: 67, V: 75.

Jurista
– papel acrítico, meramente técnico I:79.

Justo/Justiça
– acientificidade – VI: 07.
– força do Dir. provém da justiça e da legitimidade
– IV: 32-33.
– ideia emocional – V: 80, VI: 07.
– ideologia jusnaturalista – VI: 32.
– Dir. positivo relativamente justo – III: 28.
– tema alheio à ciência jurídica – I: 55, V: 80-82, VI: 07, VI: 10, VI: 18.

Kantismo
– afastamento final – II: 96-97.
– duas reservas de Kelsen – II: 87.
– filosofia transcendental: adotada e renegada
– II: 95.
– Kant na versão de Cohen – II: 91.
– K. aponta inconseqüência de Kant II:94.
– K. diz ter ultrapassado Kant – II: 90

– K. não teria entendido Kant – II: 88.
– K. teria sido infiel a Kant – II: 90.

Kelsen
– os três Kelsen – I: 03.

Lacunas da lei
– colmatação – VI: 80.
– princípios gerais de Direito: expressão genérica – VI: 80.

Legitimidade/Legitimação
– força do Dir. provém da legitimidade e da justiça – IV: 32-33.
– tema alheio à ciência jurídica – I: 55, VI: 10, VI: 18, VI: 32.
– ideológica – VI: 51.

Liberdade
– condição da auto-realização do homem – V: 43.
– Dir. como compartição – IV: 37
– fonte do Dir. – III: 55.
– único Dir. natural ou inato – III: 55.

Lógica
– aristotélica do ser – I: 31.
– da exclusão – III: 42.
– deôntica e ôntica – IV: 49.
– dos contrários: complementaridade – VI: 80.
– kantiana do dever ser – I: 31-32.
– logicismo: defeitos – VI: 88.
– metajurisprudência lógica – II: 24.
– proposição de metalinguagem – V: 60.
– superioridade instrumental – II: 43.
– transcendental – 11:56, 11:95-96

Lógica jurídica
– como geometria do fenômeno jurídico – I: 43, I: 62, II: 44, IV: 45.
– Dir. não é um ser puramente lógico – IV: 32.
– parte integrante da TPD – I: 61, I: 63.

Marxismo
– ciência como instrumento da política – VI: 41.
– cientificidade – II: 59.
– conversão em ideologia – VI: 40.
– impossível conciliação com a TPD – VI: 40.

– inspirações jusnaturalistas – VI: 41.
– teoria do Direito: crítica – II: 62, VI: 41.
– teoria do Estado: crítica – II: 62, VI: 41.
– teoria do Estado: polêmica com Adler – II: 61.
– vulgar – II: 62.

Metafísica
– admissibilidade – I: 56, II: 95-96, IV: 24, V: 36, VI: 53, VI: 55.
– afastar a metafísica: não dizer nada – IV: 24.
– como limite negativo – III: 43.
– da imanência – I: 62, IV: 212.
– deontológica – IV: 21.
– de cunho positivista pragmático – II: 116, IV: 21-22.
– dogmática – IV:22
– elementos metafísicos da TPD – IV: 20.
– fertilidade – II: 44.
– horror – II: 44, VI: 28, VI: 33.
– inutilidade – II: 43, II: 45.
– modo de operação – VI: 54.
– mundo metafísico: modelo do mundo físico – VI: 54.
– oposição – II: 20, II: 23, IV: 36, IV: 65, VI: 61.
– positivista ou empirista: dogmatismo – IV: 22.
– recusa – II: 112, III: 29, IV: 23, IV: 46, V: 83, VI: 18, VI: 55.
– razões da recusa – IV: 23.
– utilização ideológica – VI: 54-56, VI: 61.

Método/Metodologia jurídica
– acima do objeto – III: 21.
– aplicação do método transcendental – II: 89.
– contra o sincretismo metodológico – II: 16-17, II: 80, IV: 02, IV: 42, VI: 01.
– criação de rigoroso método científico – II: 19.
– exagero metodológico: obstáculo ao conhecimento V: 38.
– ficcional do *como se* – II:64, II:65, II:70, III:13, III:41, III:55.
– interdisciplinaridade – IV: 41, IV: 43-44.
– parte integrante da TPD – I: 61, I: 64-66.
– primazia do método – III: 21, IV: 39-40.

– razões da primazia do método – I: 66.
– retorno ao sincretismo metodológico – VI: 62.
– só o sincretismo metodológico alcançará o Dir. – IV: 39-40.

Monismo
– identidade entre Dir. e Estado – I: 47-53, II: 65, II: 86, V: 39, V: 47, V: 88, VI: 65.
– identidade entre Dir. e Estado: risco de totalitarismo – VI: 68.
– identidade entre Dir. subjetivo e Dir. objetivo – I: 51.
– só há um Dir: o Dir. positivo: I;18, I: 49, II: 82, II: 94, III: 02, V: 72.
– unidade do Dir. nacional e internacional – I: 50.

Moral e Direito
– limites – I: 31.
– norma sem valor moral – V: 09.

Mundo
– criação do pensamento – I: 22.

Natureza
– ausência de valor – I: 22.
– como legislador: equívoco – V: 20, VI: 74-75.
– como legislador: conceito das ciências físicas – VI: 75.
– do DN, não é necessariamente a natureza física – VI: 74-75.
– feição panteísta – VI: 75.
– na natureza física não há Dir. – VI: 74.

Neokantismo
– reação contra o positivismo – II: 86.
– Verdross: libertar a TPD do neokantismo – II: 96.

Neutralidade
– impossibilidade nos assuntos humanos – VI: 16.
– utilização ideológica – VI: 50-51.

Norma
– conceito – I: 26, III: 43.

– como conteúdos de sentido – III: 12.
– como reprodução de fato da realidade – III: 12.

Norma Básica
– Ver **Norma Fundamental Hipotética**

Norma Fundamental Hipotética
– abandono da doutrina – V: 90.
– base de todos os juízos de valor – II: 75, III: 08, III: 16, V: 32.
– caráter doutrinário – V: 61.
– caráter necessário – V: 77.
– caráter optativo – II: 111, V: 75, V: 76.
– coativa? – V: 57, V: 67.
– conteúdo: fatos – II: 110, V: 73.
– conteúdo: hipóteses – V: 88.
– de DI – II: 101.
– desistência da doutrina – V: 89.
– e o costume da doutrina de Savigny – V: 74.
– é metajurídica – V: 69.
– é norma jurídica –V: 67, V: 69-70, V: 74.
– é norma positiva – IV: 05, V: 67, V: 71-72, V: 73-74.
– falta de rigor científico – V: 64, V: 87.
– ficção – I: 04, I: 10, II: 56, II: 64, II: 68-70, II: 114, III: 13, III: 55, IV: 24, V: 84, V: 89-90, VI: 72.
– fontes – I: 62, II: 51, II: 54-57, II: 63-70, II: 76-77, II: 95-96, III: 55, IV: 10, IV: 10, V: 62-64.
– fragilidade doutrinária – V: 85, V: 87.
– funções – II: 54, II: 110, II: 113, III: 27, IV: 09, V: 28, V: 56. V: 65-66.
– fundamento de validade – II: 50, V: 65, V: 69, V: 77-78.
– fundamento epistemológico – II: 49.
– ideia platônica de perfeição e paradigmaticidade – IV: 09.
– índole teológica – V: 85-86.
– longa história de um equívoco –V: 56-90.
– lugar: entre o céu e a terra – III: 22.
– lugar: na consciência jurídica – V: 60.
– lugar: na base ou no cume do sistema jurídico? – V: 87.

- meio de revelação do positivismo da TPD – III: 27, V: 59.
- mínimo de metafísica – I: 56, I: 62, II: 95-96, III: 55, IV: 10, V: 70. VI: 72.
- mínimo de Dir. natural – I: 56, I: 62, II: 95-96, III: 55, IV: 10, V: 63, V: 70, V: 74, VI: 72.
- não é norma jurídica – V: 69.
- não é norma positiva – II: 70, II: 111, III: 24, IV: 04, V: 59-60, V: 69, V: 71-72.
- não-pressuposta: relações de poder – V: 75.
- não tem caráter doutrinário – V: 61.
- naturalidade de sua adoção – V: 59.
- natureza – V: 57, V: 67-69.
- perda da hipoteticidade – II: 70.
- perda da qualidade de ato de vontade – II: 70.
- pressuposta pelo pensamento: relações jurídicas
- II: 111-112, IV: 0, V: 60, V: 71, V: 73, V: 75.
- princípio de eficácia –V: 60, V: 72, V: 74.
- problema de que mais se ocupou Kelsen – II: 67, V: 68.
- proposição de metalinguagem – V: 60.
- questões sem solução definitiva – V: 71.
- recurso comum dos antijusnaturalistas – II: 111.
- semelhança com o Dir. natural – V: 70.
- subjetivismo como ponto vulnerável – II: 67.
- transformação do poder em Dir. – II: 110, II: 113, V: 75.
- validade da teoria – V: 85.

Norma jurídica
- caráter não idealista – V: 09-10.
- conceito ideal – II: 83, III: 43.
- conteúdo espiritual – IV: 63.
- conteúdo lógico – I: 29.
- como ente ideativo – II: 83, III: 37, IV: 19, IV: 63-64, V: 10, V: 31, V: 64, VI: 39.
- como imperativo – I: 31-33, IV: 48, IV: 64, V: 23.

- como imperativo despsicologizado – I: 34.
- como imperativo independente – I: 34.
- como juízo hipotético – I: 31-33, IV: 48, V: 23.
- como padrão dos valores jurídicos – III: 14.
- como modelo do Dir. – III: 36, IV: 10, IV: 34.
- como moldura da norma individual – I: 67-68.
- como prescrição de dever ser – III: 46.
- como puras formas ideais – I: 44, IV: 34
- como reprodução de fato da realidade – II: 52
- como sentido de fato do ser – IV: 64, V: 29.
- como sentido de um ato de vontade – II: 52, III: 46
- como substrato modalmente indiferente – II: 83.
- função axiológica – V: 32.
- não é modelo – II: 83.
- mundo ideativo-racional – III: 37, IV: 64, V: 31.
- natureza – I: 31.
- ser que deve ser – III: 40, III: 47.

Norma jurídica e regra ou proposição jurídica
- distinção – IV: 48.

Normatividade jurídica
- caráter axiológico – II: 78-79.
- fonte do mundo ideativo do Dir.: razão legisladora
- III: 54.
- mundo ideativo do Dir. – I: 26, III: 43, V: 64.

Normativismo jurídico
- absoluto – I: 27.
- idealista e formalista – I: 62.
- pan-normativismo – I: 27, III: 08.

Obediência
- voluntária: coação em sentido psicológico – V: 52.

Objetividade/Objetivismo
- críticas – III: 14.

– ingenuidade do racionalismo moderno –
II: 12.

Obrigação jurídica
– conceito – III: 10.
– juridicamente o Dir. não obriga a nada – IV: 33.
– só o valioso pode obrigar – IV: 33.

Ordem jurídica
– condição de plenitude e autossuficiência: NFH – V: 66.
– dinamicidade – II: 77, II: 99-100.
– forma piramidal – I: 31.
– hierarquia – I: 31, II: 100.
– plenitude lógica – II: 109.
– sistema de normas válidas – I: 57, III: 46.
– unidade – II: 88, V: 65.

Origem do Direito
– desinteresse para o jurista – I: 45.

Política/Político
– abastardamento – V: 39-40.
– coação como elemento político do Estado V: 39-40.
– definição aristotélica do homem – V: 41.
– dignidade da política – V: 41.
– dimensão dignificante da condição humana V: 41.
– eliminação do político da esfera do Dir. II: 33, V: 36.
– fundamento antropológico das teorias políticas
– V: 43.
– metajurisprudência ético-política – II: 24.
– objeto: Direito natural – VI: 71.
– objetivo: garantia da vida – V: 36.
– reduzida ao uso da força – V: 40-41.

Positivismo/Positivista
– auto-empobrecimento – VI: 91.
– coexistência com o idealismo – II: 86.
– declínio – II: 08, II: 14-15.
– incompatibilidade da pureza – III: 14.

– genuíno – III: 13
– limite entre o factual e o imaginário – V: 30.
– monopólio cognitico da ciência – II:45
– não é uma doutrina *como se* – III: 13.
– não é uma doutrina da descritividade – VI: 27.
– observação dos fatos da realidade –V: 30.
– recuperação – I: 07.

Positivismo jurídico/Positivista
– ambiguidade do conceito – V: 19.
– ainda não tem teoria – III: 17.
– autenticidade – III: 15, III: 17, III: 20.
– características – III: 18-19.
– complexo de inferioridade diante do DN – VI: 91.
– de essências – III: 03, III: 20.
– defesa – III: 23.
– definição – III: 15-16.
– disponibilidade para os regimes autoritários – VI: 67.
– idealista – I: 20, I: 26, III: 13, III: 30.
– isolamento do Dir. da realidade – III: 22, III: 24-25, IV: 65.
– K. pode ser considerado positivista? – III: 14-15, III: 20.
– K. pretende ser o único positivista autêntico – III: 25.
– K. não foi positivista integral – III: 05-07
– K., um quase-positivista – III: 06.
– logicístico – II: 24.
– pobreza doutrinária – V: 84.
– puro: afastamento – III: 27, VI: 72.
– rejeição – III: 09.
– relativista – III: 27-30.
– relativista de formação transpositivista – III: 29.
– revela-se pela teoria da NFH – III: 27.
– revigoramento – II: 15, V: 82, VI: 06.
– ultrapassagem do positivismo puro – III: 27-28.

Positivismo lógico
– Ver **Círculo de Viena**

Pragmatismo
– de Vaihinger – II: 64.

Psicanálise
– pansexualismo de Freud – VI: 48.

Psicologia/Psicologismo
– expulsão do âmbito da ciência jurídica – II: 57.
– na versão anglo-americana da TPD – II 57.
– norma como correlato de uma vontade – II: 69.

Pureza/Puro/Purismo
– decorrente do formalismo – II: 08.
– da ciência – IV: 07-08, VI: 15, VI: 65.
– da NFH – IV: 05, IV: 11.
– desnaturação da ciência do Dir. – V: 37.
– desnaturação do Dir. – V: 38.
– Dir. puro: costume – V: 74.
– do Dir. – IV: 07-08, IV: 11-17, IV: 27, VI: 65.
– empobrecimento da ciência do Dir. – V: 37.
– esvaziamento do conteúdo axiológico – III: 11, IV: 09, VI: 66.
– incompatibilidade com o positivismo – III: 14.
– inutilidade para a ética profissional – VI: 30.
– no mundo fenomênico: o nada – IV: 38.
– metódica – I: 39, II: 17, II: 25, II: 72-73, II: 92, VI: 01, VI: 66.
– metódica: exacerbação – II: 44, V: 37, VI: 01.
– oposição ao sociologismo – III: 11.
– princípio basilar da TPD – I: 39.
– purificação – II: 80, IV: 02, VI: 01.
– positivismo: afastamento – III: 27, VI: 72.
– purificação: mutilação – III: 14, IV: 39.
– puro: mera abstração – II: 02, III: 43.
– razões da pureza – IV: 03, IV: 47.
– ser puro: situações possíveis – IV: 25.
– significado – I: 39, IV: 01-02.
– teoria purificada – I: 39.

Racionalismo
– de feição abstrata – VI: 35.

Radbruch
– os dois Radbruch – I: 03.

Razão/Racionalidade
– astúcias da razão – IV: 13.
– criadora – III: 13.
– científica: mistificação – VI: 47.
– escândalo – III: 30.
– fonte de antinomias – VI: 36.
– identidade entre racional e real – III: 21, III: 37.
– legisladora – III: 54.

Real/Realidade
– cognoscibilidade – II: 66.
– contraste entre realidade e valor – V: 13, V: 32.
– contraste entre realidade e idealidade – V: 31, VI: 39.
– das aparências – III: 41-42.
– das essências – III: 25, III: 41-42.
– de conhecimento ou teórica – I: 20.
– existencial ou pragmática – I: 20.
– ficcional – III: 41.
– identidade entre real e racional – III: 21.
– pensada ou ideal – I: 22, III: 30, III: 43, IV: 19, IV: 63-65, VI: 39.
– primazia da ideação sobre a realidade – III: 21, VI: 31.
– realidade social: eliminação – III: 56, IV: 55, V: 02, VI: 20, VI: 39.
– relacional – III: 41.
– sem fatos – IV: 65.
– senso de realidade/senso de possibilidade – VI: 22.
– tentação de desvio da TPD para a vida real – V: 02, V: 10.
– vista pela metade – V: 81-82.

Realismo
– anglo-americano – I: 05.
– ingênuo – II: 53.
– sem realidade social – III: 43, III: 57.

Reduções
– caráter ideológico – VI: 48.

– entre criação e aplicação do Dir. – I: 70.
– entre Dir. e norma – I: 27, III: 40.
– entre Dir. e Estado – I: 47-53, II: 65, II: 86, V: 39, V: 47.
– entre Dir. e justiça – I: 51.
– entre Dir. subjetivo e objetivo – I: 51.
– entre validade e existência – III: 44.
– entre validade e vigência – I: 59.
– entre validade e valor – I: 21.
– expediente comum na TPD – II: 33.
– desnaturação do objeto – VI: 48.
– fenomenológica – II: 84.
– no processo de conhecimento – III: 35.

Relatividade/Relativismo
– manifestações na TPD – II: 08-09.
– do conceito de soberania – II: 101.
– dos principais conceitos do Dir. e da Política
– II: 09.

Sentido/Sensualismo
– de Vaihinger – II: 63.
– mundo fenomenal dos sentidos – II: 115.
– não funcionam sem as ideias – III: 34.
– pansensualismo – II: 53.

Socialismo
– fundamentação axiológica – II: 59, II: 61.

Sociologia jurídica
– admissão da impureza sociológica – II: 35.
– admissão tardia de cientificidade – V: 07-08.
– negação de cientificidade – VI: 07.
– necessidade – VI: 08.
– objeto: estudo da justiça – VI: 07.

Sociologia do conhecimento
– saber que se psicanalisa – II: 02.
– condicionamentos do pensamento – II: 02.

Teoria
– conceito – VI: 22.
– cabe-lhe dizer como deve ser o Dir. – VI: 22.

– função mais eminente: projetar o Dir. futuro – VI: 22.
– impossibilidade de teoria exata – VI: 16.
– impossibilidade de teoria neutra – VI: 16.
– impossibilidade de teoria pura – VI: 16.
– legitimação – II: 21.
– mera descrição de fatos não é teoria – VI: 18-19.
– expressão das contradições sociais reais – VI: 38.
– pluralidade: vantagens – VI: 90.
– só interessa saber o que é para promover mudanças – VI: 22.
– TPD não é teoria – VI: 19-20.

Teoria/Prática
– descarte da prática – I: 77, II: 92, IV: 52.
– dissociação: conseqüências – III: 56.
– não há prática sem teoria – VI: 16.

Teoria da argumentação
– definição – I: 76.
– equívoco: critérios diferentes para a mesma questão – V: 69.
– parte da TPD – I: 61, I: 73-76.

Teoria Egológica do Direito
– axioma ontológico – II: 108-109.
– desprezo dos kelsenianos por Cossio – II: 105-107.
– Direito como conduta – II: 109.
– objeto da ciência do Direito: conduta humana – IV: 61-62.
– perfil doutrinário – II: 104.

Teoria Pura do Direito
– adjetivo pura só aparece em 1920 – II: 102.
– antijusnaturalista – II: 89.
– axiologicamente neutra – II: 25, III: 02.
– bases filosóficas – I: 62, II: 1-117, IV: 10, IV: 42.
– capacidade de servir ao capitalismo – II: 58.
– caráter conservador – VI: 28, VI: 50.
– caráter ideológico – VI: 40, VI: 42, VI: 49, VI: 65.
– caráter progressista – VI: 29.

– carta de princípios – VI: 03, VI: 31.
– cientificidade – I: 78, II: 60, VI: 01, VI: 06.
– clima intelectual – II: 07.
– como Epistemologia jurídica – I: 71-72.
– como Interpretação jurídica – I: 67-70.
– como Lógica jurídica – I: 63.
– como Metodologia – I: 64-66, VI-02.
– como Teoria da Argumentação – I: 73-76.
– compatibilidade com qualquer filosofia – II: 116-117.
– críticas: ironias de Kelsen; II: 57.
– disponibilização para regimes autoritários – I: 69, I: 79, III: 37, IV: 54-55, VI: 66-67.
– do Dir. positivo – I: 17, III: 01.
– doutrina jusnaturalista invertida – VI: 69.
– elementos essenciais – I: 08.
– empírica – II: 89, III: 01-02, III: 51-52.
– esboço inicial – I: 08, I: 12, II: 74.
– escolasticismo desidratado – IV:54.
– filosofia idealista? – IV: 20, IV: 60.
– geometria abstrata de escolasticismo desidratado – IV: 54.
– geometria do fenômeno jurídico – I: 43, I: 62, II: 44, IV: 45, IV: 57.
– gira em torno da ausência do Dir. natural – VI: 69.
– idealista e positivista – II: 86, III: 11.
– incorporação do Dir. inglês e americano – I: 08, I: 14.
– internacionalização da TPD: risco ideológico – II: 103.
– internacionalização da TPD: vantagens – II: 103.
– itinerário – I: 02.
– metafísica de cunho positivista pragmático – II: 116.
– metafísica deontológica – IV: 21, VI: 62.
– metafísica essencialista – VI: 53.
– mais alemã de todas as filosofias do Direito – II: 90.
– modos de revelação da ideologia – VI: 49.
– nome originário – IV: 47.

– nominalismo – VI: 56.
– objeto: ciência do Dir – II: 50.
– objetivo: criação de rigoroso método científico – I: 78, II: 19, IV: 01, V: 47.
– obra coletiva – I: 15.
– obra inconclusa – II: 115.
– positivista do Dir. positivo – I: 18, III: 01, III: 38, VI: 04.
– precursores – II: 21, IV: 06.
– princípio metodológico fundamental – IV: 02.
– primeira exposição sistemática – I: 08.
– propósito: salvar o positivismo – II: 15.
– razões da pureza – IV: 03.
– realidade social: eliminação – III: 56, IV: 60.
– realista – I: 19, III: 01, III: 38-49, VI: 58.
– sem Direito – V: 46, V: 48.
– sentido: luta política contra a ideologização – II: 16.
– seu Dir. – III: 30.
– suportes: formalismo e relativismo – II: 09.
– temática – I: 25.
– tendência antiideológica – I: 54, VI: 57, VI: 64, VI: 71.
– única teoria científica normativa – VI: 08.
– universal – I: 17, I: 51, II: 116, IV: 46.
– versão definitiva – I: 09.

Teoria pura do Estado
– a mais desenvolvida de todas as ideologias – VI: 63, VI: 65.
– identidade com a TPD – I: 49, I: 61.
– sem Estado – I: 53, V: 46, V: 48.

Transcendência
– eliminação pela TPD – I: 23.

Validade
– caracterização – I: 58.
– critério – IV: 60.
– fundamento de validade: NFH – II: 50, V: 65, V: 69, V: 77-80.
– identificação com existência – I: 57, VI: 51.
– identificação com vigência – I: 59.

– inadmissibilidade do Dir. natural – I: 56.
– instâncias de validade – VI: 83.
– instâncias de validade e de valor: confusão – VI: 83.
– interrupção do processo: NFH – V: 58.
– não é questão de conteúdo – IV: 60.
– não tem relação com a realidade social – IV: 60.
– norma válida constitui valor – II: 75.
– princ. da graduação – V: 58.
– princ. existencial do Dir. positivo – I: 57.
– processo ad infinitum – V: 58.
– subordinação à eficácia – I: 60, III: 52, IV: 66-68, V: 24, V: 60, VI: 26, VI: 60.

Valor/Valoração
– bipolaridade – I: 21, VI: 87.
– contraste entre realidade e valor – V: 13.
– da conduta – II: 75, II: 79.
– Dir. é dever ser ético e axiológico – IV: 32.
– instâncias de valor: justiça e legitimidade VI: 83.

– negação de valor metajurídico – I: 23, III: 38, VI: 58.
– neutralidade – II: 25, III: 02, VI: 50.
– NFH: base de todos os juízos de valor – II: 75, III: 08, III: 16, V: 32, V: 65.
– norma como padrão – III: 15-16.
– norma válida constitui valor – II: 75, V: 35.
– pluralismo – VI: 87.
– princ. da economia do valor – II:55
– recusa – III: 02, VI: 32, VI: 83.
– refere-se à conduta, não à norma – II: 75, II: 79.
– validade e valor – I: 62, II: 75.
– valor lógico – I: 23.[

Vida real
– não é objeto da ciência jurídica – I: 45, VI: 39.
– tentativa de desvio da TPD para a vida real – V: 02, V: 10, V: 38.

Vigência
– identificação com validade – I: 59.